Colección Psicoanálisis y Psicoterapias
Editor-Propietario: Ricardo Vergara
Compiladora: Dra. Sara Zusman de Arbiser

Dra. Sara Zusman de Arbiser
Compiladora

FREUD, UN CLÁSICO ACTUAL
Sus huellas indelebles en la práctica
Psicoanalítica de nuestro tiempo

Sara Zusman de Arbiser - Cleto Santa Coloma
Juan José Gennaro - María Graciela Ronanduano
Miryan Ruffo - Christian Lopardo
Andrea Grinberg - Kamran Alipanahi
M. Josefina Saiz Finzi - Alejandra Gómez
Jorge E. Catelli - Beatriz I. Mónaco
Hilda Catz - Azucena Tramontano
Nora Koremblit de Vinacur - Osvaldo Bodni
Cecilia Moia - María A. Pacheco

Ricardo Vergara
Ediciones

Zusman de Arbiser, Sara
    Freud, un clásico actual : sus huellas inde-
lebles en la práctica psicoanalítica de nuestro tiempo / Sara Zusman de Arbiser. - 1a
ed. - Ciudad Autónoma de Buenos Aires : RV
Ediciones, 2021.
    260 p. ; 225 x 155 cm.

1. Psicoanálisis. 2. Clínica Psicoanalítica. I.
Título.
    CDD 150.1952

Coordinación de Producción y Edición: Ricardo Vergara
Te: (549) 116-231-2760
email: edicionesvergara@gmail.com
Facebook: Ricardo Vergara
Instagram: @vergara_ric
Colegiales, Ciudad de Buenos Aires
Reoública Argentina

Imagen de tapa: Silvia Berrade "Pulmones nuevos" (Enero 2021)
www.berradesilvia.com.ar

Para comunicarse con la compiladora
E-mail: arbisersara@hotmail.com

Índice

Introducción
Sara Zusman de Arbiser......................7

Juanito. Sueños. Fobia
Sara Zusman de Arbiser......................11

Que no le pase nada
Andrea Judith Grinberg......................27

Freud y el ensalmo de las palabras
Hilda Catz......................39

Aportes de Freud para la comprensión de la psicosis
Su utilidad clínica actual
Alejandra Gomez......................55

¿"Volver" a Freud, o simplemente no alejarse de él?
Juan J. Gennaro......................71

Escribir: una manera de darle vida al psicoanálisis
Azucena Tramontano......................85

Sobre el mito de origen. Abrazar a Freud
Christian Lopardo......................103

Freud, Bion un encuentro ineludible
M. Josefina Saiz Finzi......................111

Y ahora? Cómo seguimos?
Nora Koremblit de Vinacur......................127

Actualidad de un fundamento freudiano:
"Introducción del narcisismo"
Jorge Eduardo Catelli..............137

Psicosomática, vigencia de la teoría fundacional
Beatriz I. Mónaco..............159

Danza y Clínica Psicoanalítica
Kamran Alipanahi..............171

Del Signorelli de Freud al Signorelli de Orvieto
María Graciela Ronanduano..............197

Psicoanálisis: Método, Clínica y Logos
Cleto Santa Coloma..............211

El trayecto de una práctica
Miryan Ruffo..............229

El retorno del parricidio
Osvaldo Bodni..............245

Obras Incompletas
María Angélica Pacheco, Cecilia Moia..............259

Introducción

Sara Zusman de Arbiser

> *"El loco es un soñador despierto"*
> *"Recordar es el mejor modo de olvidar"*
> *"El primer humano que insultó*
> *a su enemigo en vez de tirarle*
> *una piedra fue el fundador de la civilización."*
> *"La ciencia moderna todavía no ha producido un*
> *medicamento tranquilizador tan eficaz como lo*
> *son unas pocas palabras bondadosas"*

Freud dedicó su vida a la investigación y el tratamiento de los pacientes repudiados por la medicina de su tiempo y nos dejó el legado de sus escritos, en los que descubrimos la pasión con que se entregó a la búsqueda de las huellas de la memoria y a la reconstrucción de los recuerdos perdidos.

Nos encontramos, actualmente, con los veinticuatro volúmenes de su obra editada, una cantidad considerable de notas, borradores, agendas, dedicatorias y anotaciones en los libros de su inmensa biblioteca instalada en el Freud Museum de Londres. Además hay un enorme epistolario. Escribió alrededor de veinte mil cartas, de las que se conservan la mitad. Hay entrevistas y textos acerca de unos ciento sesenta pacientes ahora identificados, pero en su mayoría poco conocidos.

Traducidas a una cincuentena de lenguas, las obras de Freud son de dominio público desde 2010.

Sigmund Freud es, sin duda, un clásico del pensamiento del siglo veinte. Nadie podrá ya disputarle su gran proeza. Ahí están sus escritos, de una calidad ensayística y reflexiva que suscita siempre sorpresa, emoción y capacidad de sugerencia.

Freud fue un gran escritor. Un magnífico ensayista. Su limpia prosa, aprendida de su gran maestro Goethe, es quizás una de las primeras sorpresas que experimenta todo aquel que se acerca a él. La segunda es la enorme importancia que la literatura tiene en su obra. Podría decirse que sus principales hallazgos los formaliza a través de grandes referentes literarios. Desde las Tragedias de Sófocles y la poesía de Virgilio, los grandes personajes creados por Shakespeare, Swift, Milton, Spencer, George Eliot, Kipling, Kingsley, Haggard, Max Müller, Charles Dickens; como también las novelas francesas de Balzac, Flaubert, Zola, Maupassant, Rabelais, Molière, Voltaire, Rousseau, Victor Hugo, Pascal, Alexandre Dumas hijo y los grandes clásicos rusos: Dostoievski, Tolstoi y Merejkovski. También la tradición escandinava representada por Ibsen y la literatura alemana en boga durante el siglo XIX leída en autores como Kleist, Uhland, Grabbe, los hermanos Grimm y Goethe fueron objeto de su estudio y la referencia que a ellos hace es reconocible en su obra.

Pero Freud tiene la suerte, hoy, de generar todavía controversia. A diferencia de otros clásicos, Freud no suscita unanimidad ni consenso. Hay voces que siguen sin soportarlo. Hay opiniones que lo cuestionan.

La razón de esa falta de consenso es obvia: Freud tuvo la osadía de internarse en la sexualidad y en la diferenciación sexual. Algunos temas, como *"Tres ensayos sobre la vida sexual"* tienen, aún hoy, carácter subversivo, escandaloso.

Por esa razón la lucha contra Freud, y contra las tradiciones que lo secundan, sigue y seguirá cuestionando la tarea de este auténtico Prometeo.

Freud es mucho más que un clásico de mármol que deja al mundo un corpus literario. Es un clásico vivo que conmociona, hoy como ayer, conciencias y voluntades.

Cada escuela psicoanalítica tiene su Freud: freudianos, posfreudianos, kleinianos, lacanianos, culturalistas, independientes y cada país ha creado el suyo. Cada momento de la vida de Freud ha sido objeto de decenas de comentarios y cada línea de su obra se ha interpretado de numerosas maneras: Freud y el judaísmo, Freud y la religión, Freud y las mujeres, Freud clínico, Freud en familia con sus cigarros, Freud y las neuronas, Freud y los perros, Freud y los francmasones, etc.

Partiendo de las huellas indelebles de las teorías freudianas en la práctica psicoanalítica de nuestro tiempo, en los trabajos presentados en este nuevo libro, en el que intervenimos muchos autores, podemos reconocer que el psicoanálisis no está sólo en lo que el relato alcance a decir explícitamente al respecto. No sólo se habla del inconsciente, sino que es además oportunidad para que éste se exprese con el propio registro de quien escribe y quizás también de quien lee. Una teoría es psicoanalítica porque habla del y al inconsciente.

Los historiales clínicos de Freud nos resultan apasionantes, no sólo por la mera peripecia vital de los personajes que desfilan a través de sus páginas. Si nos dedicamos a escuchar la voz del narrador, (Freud) nos preguntamos ¿por qué nos cuenta todo esto? Probablemente es porque constituye uno de los modos de contarnos su vida. En efecto, a medida que nos relata el conflicto de Catalina, de Lucy, de Rosalía y del resto de los pacientes que atraviesan su obra, asistimos también a la lectura de la gran «novela» del psicoanálisis, lo que es tanto como viajar desde la hipnosis al método catártico y desde este a la asociación libre, pero también desde el mapa del cuerpo, con su conjunto de síntomas, al territorio inmaterial del inconsciente.

La escritura es uno de los caldos de cultivo donde crecen las colonias del inconsciente. Sabemos que el cultivo mayor es la palabra hablada, en la que es más fácil constatar la irrupción del fallido. En la fluidez del hablar irrumpe el inconsciente en el tren del discurso. En la mayor lentificación del escribir, más allá de aislados lapsus calami, el inconsciente tomará, más silenciosamente, por asalto, la escritura. Es la relectura, como espacio externalizado a sí mismo, que suele develar esta acción.

Con la escritura nos ubicamos en las proximidades de esos estados de conciencia propios de la inspiración, la intuición, tal vez también en la cercanía de los sueños, que atraviesan los climas brumosos de la preconciencia-conciencia, los de la meditación y la cavilación haciéndose pensamiento reflexivo. Nos estamos dirigiendo a un interlocutor, porque el pensamiento hablado y después escrito tiene siempre como referencia al otro, al lector.

Juanito. Sueños. Fobia

Sara Zusman de Arbiser

En 1900, en *"La interpretación de los sueños"*, Freud consideraba los sueños infantiles simples realizaciones de deseo sin enigmas latentes. Dice: "Los sueños de los niños pequeños son con frecuencia simples cumplimientos de deseo y en ese caso, a diferencia de los sueños de adultos, no son interesantes. No presentan enigma alguno por resolver; pero naturalmente son apreciables para demostrar que el sueño por su esencia más íntima significa un cumplimiento de deseo"

En 1909 en *"Análisis de la fobia de un niño de cinco años"* (Hans/ Juanito), Freud nos relata tres sueños de Juanito.

El primero a los tres años y nueve meses: "Hoy, cuando estaba dormido, creí que estaba en Gmunden, con Mariedl". Mariedl es una niña de trece años con la que él jugaba en ese lugar de vacaciones. No sólo soñó con ella sino también en sus juegos diurnos actuales habla con Berta, Olga y otros niños como si estuvieran presentes y se entretiene así durante horas. Freud dice: "Su sueño debe comprenderse como una expresión de su añoranza de Gmunden" y los considera típicos sueños de realización de deseos.

El segundo sueño, a los cuatro años y tres meses: "Sabes? Esta noche pensé, hay uno que dice ¿quién quiere venir conmigo? Entonces alguien dice yo. Entonces tiene que hacerle hacer pipí." El padre se hace contar el sueño otra vez. Hans lo relata nuevamente reemplazando "alguien dice" por "ella dice". Freud lo considera un sueño erótico con apariencia de realización de deseo y por eso el niño no se despierta con una pesadilla, pero es el antecedente del tercer sueño que anuncia las primeras manifestaciones de la fobia.

Freud señala que las primeras manifestaciones de la neurosis de este niño surgen poco después de que Juanito de 4 años y nueve meses aparece llorando y cuando la madre le pregunta porqué llora dice *"cuando dormía pensaba que te habías ido y que ya no tenía mamita para hacerme mimos"*.

Se trata, sin lugar a dudas, de un típico sueño de angustia y el que da la señal de alerta del comienzo de la fobia, que se instala poco después.

Entendemos que los contenidos inconscientes del conflicto edípico reprimido se introducen en el espacio preconsciente con la emergencia de este sueño de angustia.

En *La interpretación de los sueños,* en el Cap. IV: «La desfiguración onírica", Freud señala: «Si yo ahora afirmo la tesis de que el cumplimiento de deseos es el sentido de todo sueño, y por tanto no puede haber sueños que no sean de deseo, de antemano estoy seguro de provocar el más decidido desacuerdo. Se me objetará [...] Es que con harta frecuencia se presentan sueños en los que puede reconocerse el contenido más penoso, pero ninguna huella del cumplimiento de un deseo cualquiera'. [. . .]

Esta tesis es retomada frecuentemente en los escritos freudianos, por ejemplo, en el Cap. VIII de *Conferencias de introducción al psicoanálisis: El sueño infantil. Allí nos encontramos con algunos de los ejemplos clínicos ya citados en La interpretación de los sueños y donde arriba a determinadas conclusiones sistemáticas tales como:

1. El sueño del niño habla claramente a partir de su contenido manifiesto.

2. La comprensión se ve facilitada por el conocimiento de los hechos o de un hecho ocurrido en la vida del niño, la víspera del sueño.

3. El sueño infantil realiza un deseo no disimulado.

Puede entenderse como un compromiso, a la manera de los síntomas, entre dos tendencias, una que busca mantener el sueño y otra que responde a la excitación.

4. En 1925, Freud, en una nota agregada a una reedición de " La interpretación de los sueños", aclara que el esquema que hacía de todos los sueños infantiles una realización directa del deseo quedaba en ciertas circunstancias cuestionado frente a la complejidad de ciertos sueños infantiles. " [...]existen los sueños de angustia, en los cuales nos sobrecoge el más horripilante de los sentimientos de displacer hasta que despertamos y a esos sueños de angustia son muy propensos justamente los niños, en quienes hemos hallado los sueños de deseo sin tapujos [...] también los sueños penosos y los de angustia se revelan, después de la interpretación como cumplimiento de deseo [...]"

En *"Más allá del principio del placer"*, Freud reconoce los sueños de la neurosis traumática como excepciones a la regla del deseo.

En ese aspecto se basa la teoría de Ángel Garma, que plantea que los sueños de las neurosis traumáticas no son excepciones a la regla, sino que todos los sueños son intentos de elaborar situaciones traumáticas enmascaradas por aparentes realizaciones de deseos.

Buscando en la vastísima bibliografía de todo lo escrito por este pionero español del Psicoanálisis en Argentina, encontramos algunos de sus primeros escritos publicados en España en una Revista de Pedagogía: "La higiene mental en la infancia" (1932) y "Los sueños de angustia en la infancia" (1933)

Su interés por los niños y sus sueños se remonta al tiempo de su formación como psiquiatra y psicoanalista en Berlín.

De acuerdo a sus investigaciones todos los sueños son pesadillas que buscan ser enmascaradas y por eso algunos pueden tener un contenido manifiesto de realización de deseos logrando mantener oculta la situación traumática, cumpliendo la función de guardián del dormir.

La pesadilla es la resultante de un sueño donde la situación traumática no pudo mantener su apariencia de realización de deseo e irrumpe despertando al soñante, la función del sueño como guardián del dormir fracasa.

Cuando el sujeto despierta de la pesadilla no sabe si está despierto o está dormido. No distingue la realidad del sueño.

Estos sueños donde la situación traumática no queda reprimida son típicos de los niños que se despiertan asustados y llorando.

La frecuencia de los trastornos del sueño en la primera infancia puede quizás correlacionarse con una identidad lábil, con un yo en constitución.

En los terrores nocturnos, como consecuencia de pesadillas, podemos observar que el niño no reconoce inmediatamente a las personas que acuden a serenarlo. Necesita de cierto tiempo para poder salir de las alucinaciones del sueño y conectarse con la realidad exterior.

¿Cómo entendemos el cumplimiento de deseo en el sueño de Juanito?

Leyendo este historial observamos cómo Freud nos va introduciendo en las complejidades del aparato psíquico infantil y cómo aplica sus teorías acerca de la sexualidad del niño. En la epicrisis del caso se ocupa exhaustivamente de la etiología de los síntomas de Juanito.

Este historial fue escrito en 1905, poco después de *La interpretación de los sueños* y de «*Análisis fragmentario de una histeria*", caso clínico desarrollado a partir del análisis de los dos sueños de Dora, que Freud pensaba en un principio titularlo «Sueños e histeria".

Llama la atención cómo Freud deja de lado la labor de interpretación del sueño que precede a la instalación de la fobia en Juanito. Explica exhaustivamente el mecanismo de la fobia, pero no aclara el sentido de este sueño y cuál es el cumplimiento del deseo.

Lacan reconoce distintos momentos del pensamiento freudiano en relación con los sueños. Hay un primer momento en que Freud considera los sueños de la misma manera que los hermeneutas: como si fuese algo a descifrar, con el mismo sentido que para José (en la Biblia) son presentados los sueños del faraón, como un mensaje que está incluido en el sueño.

A propósito del sueño de la inyección de Irma, Freud dice textualmente: «Por aquel entonces creía yo, cosa que después hube de reconocer como equivocada, que mi función terapéutica había concluido al revelarle al paciente el oscuro sentido de su síntoma [...] y revelarle también en la interpretación de un sueño, el sentido que ese sueño tenía [...]"

En el *Seminario 1, Los escritos técnicos de Freud*, al hacer un análisis de la metodología freudiana, Lacan señala el cambio fundamental en la interpretación de los sueños. Cuando Freud deja de ser un descifrador de sueños para tomarlos desde una perspectiva distinta, los va a analizar como un discurso. E introduce el concepto de ombligo del sueño.

Lacan retoma el concepto de ombligo como ónfalo-mesentérico, se refiere al ónfalo del sueño, en griego: puerta del misterio.

¿Cómo articular el contenido manifiesto del sueño

de Juanito con el resto de la historia?

Podemos intentar la labor interpretativa del sueño de Juanito, tomando como asociaciones la lectura del historial, así como otros aspectos de la obra de Freud, comentarios expuestos acerca de este caso clínico por distintos autores como Lacan, M. Mannoni, F. Dolto y algunas reflexiones personales.

Freud y Lacan analizan la zoofobia de Juanito y la enfocan desde dos ángulos distintos.

Freud nos dice que, por convivir con el padre, Juanito desplaza sus miedos hacia algo que está fuera de los límites de la casa, constituyéndolo allí como factor de la castración, porque si se lo concede al padre que vive en su misma casa, de él no puede escapar. Mientras que derivándolo al caballo, podrá tener miedo del caballo.

En tanto que Lacan mantiene lo mismo pero dice que es para encontrar en un lugar un representante de la ley en función de castración mediante, que no está sostenida por este padre.

Freud y Lacan apuntan a lo mismo, pero bajo condiciones distintas. Los dos desplazan la función de castración al caballo, el primero por las exigencias de mantenerlo fuera del dominio del hogar, para escapar a la sanción de una ley, en la medida en que está más allá de los límites accesibles del hogar. Mientras que Lacan considera que la zoofobia se debe a que aquel que está allí, el padre biológico, no cumple con su función.

Lacan señala en el *Seminario IV, Las relaciones de objeto y las estructuras freudianas*, "que a pesar de todo su amor, su gentileza, toda su inteligencia, gracias a la cual nosotros tenemos la observación, no hay padre real [. . .] Porque no hay padre, porque no hay nada para metaforizar, esta relación con su madre, porque para decirlo todo, no tiene otra salida del otro lado, no la hoz, no la C del complejo de castración, no la posibilidad de una mediación, es decir de perder y luego volver a encontrar su pene, que no encuentre del otro lado más que la mordida posible de la madre [...] En la medida en que el problema se presente así para él, es necesario que se introduzca, ya que no hay otro, este elemento de mediación metafórica: el caballo [...]»

¿No se podría analizar el sueño que surge poco antes de presentarse la fobia con el mismo criterio con que Lacan entiende la zoofobia en Juanito?

¿Por qué sueña que la madre se va?

¿Sueña que la madre se va como única posibilidad de instalar una ley, ya que el padre no realiza esta función?

¿Para lograr que la madre no lo seduzca, no le continúe auspiciando la entrada a su cama?

En el sueño observaríamos el mismo mecanismo de la zoofobia. Pero también podríamos decir que es en un sentido ritualista, realizar en el sueño para que no se realice en su realidad, como si fuera un conjuro, un ritual.

Porque Juanito podrá estar en la vigilia con la madre, meterse en la cama con ella, verla semidesnuda, etc., en tanto en el sueño ésta se va.

En el sueño transforma esta realidad, como una función semejante a la del ritual de la magia positiva, realizar un acto que borre otro acto.

Juanito alucina este ritual en el sueño y ante la realización en dicho sueño, por el recuerdo, él ve expiado lo que suscita como culpa su propio deseo.

Al mismo tiempo se trata del retorno de lo reprimido, porque a partir de este temor, Juanito no se mueve de la casa y se queda todo el tiempo con la madre. Ese sueño le garantiza seguir con la madre. Es finalmente el cumplimiento de un deseo.

En la medida en que su deseo es el de permanecer con su madre, estar con ella, desde lo que hace al complejo de castración inconsciente, deberá aparecer en alguna medida sancionado. Soñar que la madre lo abandona es un paliativo del sentimiento inconsciente de culpa. En ese sentido es reparador, porque cae una sanción sobre su deseo.

Observamos que lo que Juanito intenta recuperar, fundamentalmente, es una ley: función del padre que establezca una normatividad de la relación y prohiba el incesto.

Desde lo planteado tanto por Freud como por Lacan, esta búsqueda del padre, más allá de la figura real del mismo, está hablando de la necesidad de algo que lo separe de la relación con la madre.

Desde Freud, Juanito es señalado como un caso particular, que, instrumentando mecanismos de defensa neuróticos, instala la función paterna de esta manera.

Lacan reconoce esta modalidad en Juanito como un elemento estructural y constituyente, necesidad universal de todos los niños. Al no encontrar la función paterna en la casa, tiene que hacerla venir desde fuera.

Lacan se plantea las condiciones del acceso a lo simbólico, es decir el ordenamiento que finalmente al sujeto lo libre de la psicosis y lo abra a un plano de relaciones simbólicas. Ese momento corresponde a la salida de la relación imaginaria con la madre.

De acuerdo con Freud ese momento corresponde a la posibilidad de instalar un yo real definitivo, es decir cuestionar la relación dual del yo de placer.

La condición estructural parece ser la condición triádica y que supone un padre. Esta parece ser una característica ética en la constitución del sujeto humano y que los personajes reales que lo asisten no son sino los que se asumen como representantes que se prestan a esta escenificación en ese momento en que el sujeto accede a lo simbólico.

Acerca de la bisexualidad del niño

Podemos reconocer distintos deseos en el contenido latente del sueño de Juanito. Deseos que en algún momento pueden ser antagónicos de acuerdo con la alternancia del complejo de Edipo positivo o invertido y cuál de ellos predomina en distintos momentos.

Desde el complejo de Edipo invertido, Juanito desea que se vaya la madre, constituyéndola en ese momento en rival en relación a su vínculo con el padre.

Hay un deseo de Juanito de acercamiento al padre, deseo de amor, que se cumpliría con la partida de la madre en el sueño.

Freud señala en el historial que no se le suministró a Juanito la versión correcta acerca del origen de los niños. Fundamentalmente se le niega el acceso al conocimiento del papel del padre en el proceso de la fecundación.

Cuando expresa el deseo de tener hijos como la madre, se le señala que él no va a poder tenerlos, sino que su esposa los tendrá.

Juanito queda poco satisfecho con esta explicación porque tiene impedido el acceso al conocimiento del rol del padre en el nacimiento de los hijos.

Freud desconsideró en Juanito el componente homosexual de identificación con la madre, el deseo de ser mujer y de recibir pene-hijos del padre.

Estos contenidos los describió en relación a la fobia del «Hombre de los lobos". Allí señaló, a partir del sueño infantil, un aspecto fundamental en el análisis de este paciente que estaba relacionado con su deseo de ocupar el rol de la madre en el coito.

¿Por qué en Juanito desatendió su bisexualidad?

Cuando retoma este historial en *Inhibición, síntoma y angustia,* en el capítulo de las «zoofobias", señala el complejo de Edipo invertido en Juanito, pero puntualiza que la represión se ejerce en este caso fundamentalmente sobre el complejo de Edipo positivo, por la hostilidad inconsciente hacia el padre.

Entendemos que el componente del complejo de Edipo invertido debía ser muy importante en Juanito, precisamente por la ausencia del padre en su función paterna y con una madre que no aclara las diferencias sexuales anatómicas. Ella también dice tener «un hace-pipí».

La hostilidad reprimida hacia la madre se transforma en el temor a que la madre lo abandone.

El pegoteo de Juanito a la madre podría ser la manifestación de deseos agresivos sofocados que se sustituyen por proyección.

El pegoteo es un intento de aplacar a alguien con quien se tiene una relación con características de extrema ambivalencia.

Juanito ama a su madre desde su complejo de Edipo positivo, pero reprime el complejo de Edipo invertido y a la madre vivenciada como rival frente al padre y el odio concomitante.

El padre de Juanito describe una característica del niño frente al control de esfínteres: un trastorno de conducta que es presentado como un pataleo muy particular de resistencia frente a entregar sus contenidos anales.

Quiere guardarse «las cacas" para sí, para no renunciar al goce anal.

Hay interferencias en relación a la posibilidad de adquirir las identificaciones secundarias con el padre, que le permitiría el pasaje de la pasividad anal a la actividad.

Esta interferencia puede producirse por la ausencia del rol paterno o porque el hijo no quiere oír la palabra del padre, que puede estar descalificado por la palabra de la madre.

Aunque la madre no exprese manifiestamente esta descalificación, el niño la podría percibir inconscientemente. Recordemos que los padres de Juanito se separaron poco después de terminado este tratamiento.

La madre abandonó la casa, a su marido, así como a su hijo varón («desengañada de los hombres") y se lleva a su hija.

Juanito ¿percibía el rechazo de la madre en aceptarlo como varón?

Podemos reconocer un primer tiempo, en que frente a la dificultad con las identificaciones paternas, él se identifica con el caballo. Esta identificación con el animal se transformó luego en una fobia al caballo.

En un principio, lo que determinó esa identificación se debía a que el caballo hacía barullo y se caía, como Juanito cuando iba al baño y hacía pataletas antes de entregar sus cacas. En esas circunstancias, la erogenidad en relación al caballo estaba centrada en lo anal.

En un momento posterior, el caballo adquiere el aspecto oral que declara la fobia: miedo a ser mordido.

Deseos de características masoquistas

Sabemos que el niño compartía en muchas ocasiones la cama con su madre, ocupaba un lugar que no le correspondía y que el padre dejaba vacante.

En Juanito podría haber surgido un pensamiento: «¿Cómo sería si mi mamá se va de casa?" Es una fantasía masoquista que irrumpe ligada a un deseo en que la angustia potencia la excitación.

En la medida en que su deseo es el de permanecer con su madre, estar con ella, desde lo que hace al complejo de castración inconsciente, deberá aparecer en alguna medida sancionado. Soñar que la madre lo abandona es un paliativo del sentimiento inconsciente de culpa.

En "El problema económico del masoquismo", Freud describe distintos tipos de masoquismo, de acuerdo a la predominancia oral, anal, fálico-uretral.

Al masoquismo oral le correspondería el deseo de ser devorado. En el masoquismo fálico se presentan tres posibilidades:

de arrojarse,

de ser cortado o castrado,

la vergüenza como transformación del deseo exhibicionista.

A cada una de estas tres posibilidades del masoquismo fálico le corresponde un afecto. Existirían distintos afectos displacenteros que potenciarían el deseo masoquista.

Porque la paradoja del masoquismo es que está invertida la ley del principio de placer, o sea que el displacer excita. Lo plantea Freud en «El problema económico del masoquismo" y lo retoma luego Lacan en esa misma línea de inversión del principio de placer en el *Seminario «El reverso del psicoanálisis"*.

Tenemos tres fantasías masoquistas fálicas, cada una acompañada de un deseo y un afecto.

El deseo masoquista de castración o de cortarse se presenta acompañado de un afecto que es la angustia y que potencia el deseo.

En el caso del deseo masoquista de arrojarse, además de la angustia aparece otro afecto ligado a la humillación. Es derrotado y tirado al piso y se le hace morder el polvo de la derrota.

El deseo masoquista de quemarse, de orinarse, como fracaso del exhibicionismo y que está ligado con la vergüenza.

En general, cuando aparecen estos deseos masoquistas que finalmente se reprimen, se suelen dar en dos tiempos.

Un primer tiempo en que aparece el deseo masoquista y un segundo tiempo en que se lo reprime.

En Juanito habría surgido el deseo masoquista fálico de ser arrojado, identificado con el caballo como otro de los contenidos latentes del sueño.

Podemos entender el sueño de Juanito como la condensación de varios significados

Desde el complejo de Edipo positivo: el desplazamiento de los deseos hostiles hacia el padre y un representante de la ley en función de castración.

Desde el complejo de Edipo invertido: el desplazamiento de los deseos hostiles hacia la madre y la identificación de Juanito con el caballo, en la época del control de esfínteres, surgiendo el deseo masoquista fálico de ser arrojado.

Es posible que en la época de dicho control de esfínteres, que parece haber sido ejecutado severamente, haya aparecido en Juanito el deseo de echar a la madre de la casa.

Cuando la madre le exigía que entregase «sus cacas", surge el deseo homosexual.

Allí encontramos el origen del deseo hostil a la madre y el momento previo al desarrollo de las fantasías masoquistas.

Completa el cuadro la figura de la madre como representante de la madre fálica y el temor a ser devorado por ella.

El cumplimiento del deseo del sueño es que la madre abandone ese lugar de la completa, de la total, de la que tiene "el hace-pipí".

Entendemos que el padre deja vacante su función paterna, pero este aspecto está potenciado por el hecho de que la madre en su discurso le hace sentir a Juanito que ese padre no existe.

¿Qué sucede actualmente con la interpretación de

los sueños en el análisis de niños?

Encontramos escasa bibliografía al respecto.

En la presentación de historiales infantiles se privilegia el juego y el dibujo. Algunos terapeutas parecen olvidar que los niños sueñan o quedaron impregnados de la primera teoría de los sueños de Freud, cuando describió los sueños infantiles como muy diferentes a aquellos pertenecientes al mundo de los adultos y donde señalaba dichos sueños como realizaciones de deseo sin enigmas latentes.

Anna Freud, en su libro *"El tratamiento psicoanalítico de los niños"* dice "en el transcurso del análisis, el niño no sueña ni más ni menos que un adulto; la claridad u oscuridad de sus sueños, depende como en el adulto, de sus resistencias". Yo agrego que esas resistencias pueden originarse en la contratransferencia del analista.

¿Cuál es la técnica para interpretar los sueños de los niños? De dónde se toman las asociaciones? De dibujos, de relatos, de juegos que transcurren durante la sesión, de datos que ya conocemos del niño. En algunos casos es una tarea difícil.

Las maneras de interpretar un sueño son múltiples y el niño y el analista transitan diferentes vías de abordaje.

Podemos recordar los sueños de repetición que se dan tan a menudo en los niños en forma de pesadillas más o menos idénticas y los sueños infantiles que constituyen a veces verdaderos recuerdos-pantalla.

El sueño del historial del "Hombre de los lobos" fue soñado de niño y contado siendo adulto. Dicho historial está particularmente orientado alrededor de dicho sueño infantil.

Freud, aclara lo difícil que hubiera sido analizar este sueño cuando el paciente lo soñó, había que prestarle muchas palabras con las que éste todavía no contaba en su preconsciente.

Además, muchas veces, un niño no puede hacer asociaciones verbales, no porque no cuente con el lenguaje, sino porque el monto de ansiedad lo lleva a utilizar otros medios de representación. Están sobreinvestidas las impresiones sensoriales, en especial la vista y la motricidad.

Lo único que puede hacer Juanito, cuando despierta de su sueño/pesadilla, es llorar y no quiere salir más de su casa. No proporciona asociaciones verbales. No describe bien las imágenes de su sueño. Hay un estado afectivo en el que predomina la angustia.

Conclusión

El sueño del niño, de la misma manera que el sueño del adulto, es un intento de elaboración de una situación traumática generada por las pulsiones. Es una dramatización de conflictos inconscientes que algunas veces consiguen ser enmascarados para preservar la función de guardián del dormir y adoptan la forma de realización de deseos.

Referencias

Freud, S. (1900), *La interpretación de los sueños*, A.E. IV y V
____(1909), "Análisis de la fobia de un niño de cinco años", A.E. X
____ (1918), "De la historia de una neurosis infantil", A.E. XVII
Lacan, J. *Seminario IV, La Relación de Objeto* (1956-1957).
Garma, Ángel (1933) "Los sueños de angustia en los niños", *Revista de Pedagogía*, XIII, Madrid.
____ *El Psicoanálisis. Teoría, Clínica y Técnica.* Paidós, Buenos Aires, 1971
____(1933) "Los sueños de angustia en los niños", *Revista de Pedagogía, XIII,* Madrid.
Zusman de Arbiser, Sara, "Sueños en los niños", *Rev. de Psicoanálisis*
APA Tomo XLIII, Nº 4, 1986
____ "Sueños en la infancia. *Diccionario de Psicoanálisis Argentino.* Tomo 3 2020

Dra. Sara Zusman de Arbiser

Médica, Miembro Titular en función didáctica APA, IPA, FEPAL.
Especialista Niños, Adolescentes y Familias.
Ex Coordinadora Departamento Psicoanálisis Niños y Adolescentes APA, en varios períodos.
Ex Coordinadora Departamento Familia y Pareja APA, en varios períodos.
Ex integrante Comisiones Ética, Instituto, Revista, Centro Racker. APA.
Profesora Titular Seminarios Instituto APA.
Profesora Titular cursos virtuales Centro Bleger y en Plataforma digital APA.
Especialista Niños, Adolescentes y Familias.
Integrante de Comisiones: Cultura, Escritura, Cine y Psicoanálisis APA.
Publicaciones:"Familia y Psicoanálisis con niños y adolescentes", "Aportaciones al Psicoanálisis de Niños", "Una travesía por la Fábrica de Sueños", "Psicoanálisis de niños y adolescentes. Trabajando en cuarentena en tiempos de la Pandemia", "Crisis en las parentalidades,"A partir de Freud", "Literatura y Cine. Encuentros con el Psicoanálisis", "Relatos de la práctica psicoanalítica. Transmitiendo experiencias",
"Sueños en la infancia" en tercer tomo del Diccionario de Psicoanálisis Argentino. Numerosos artículos en "Revista de Psicoanálisis APA", Revista digital "La Época On Line" y en otras publicaciones desde 1975 hasta la actualidad. Cuentos de ficción: "La escritura en Tiempo del COVID-19" y "Narrativa y Poesía por Psicoanalistas
E-mail: arbisersara@hotmail.com

Que no le pase nada

Andrea Judith Grinberg

Este caso clínico nos invita a pensar y a preguntarnos por el lugar que los deseos y fantasmas de una madre ocupan en la constitución de la subjetividad del hijo. ¿Qué sucede cuando se producen desencuentros entre las necesidades del infans y los sistemas motivacionales de la madre y del padre? (Emilce Dio Bleichmar 2005).

¿Es posible ser una "madre suficientemente buena" cuando en ella hubo fallas en su propio proceso de separación- individuación?

¿Qué lugar ocupa la alimentación -alimento en la díada madre hijo y en la vida familiar?

...

Les propongo acercarse a Leah de 4 años.

La madre solicita una entrevista luego de la consulta con la pediatra de su hija quien la atiende desde el nacimiento. Es la primera hija de la pareja después de la interrupción espontánea de siete embarazos.

"El embarazo ¿no se trata acaso de una forma de espera especial? (Recalcati, Massimo 2018) *Toda auténtica espera está recorrida por una incógnita, nunca se sabe qué o a quién se espera, nunca se sabe cómo será el momento del fin de la espera. La espera trastorna lo ya conocido, lo ya sabido, lo ya visto, suspendiendo cualquier ideal de dominio que tengamos. Una porción de incertidumbre recorre siempre la espera del Otro aún cuando creamos conocerlo bien."*

Así la describió su madre: *"no come sólidos, no mastica, "tiene un trastorno de la alimentación". Es el día de hoy que le damos de comer todo pasado por la multiprocesadora y en la boca. Todo triturado. Toma leche chocolatada sólo en mamadera. Es tímida, introvertida, le gusta el arte, leer y cantar. Se diferencia de sus compañeros a quienes les agradan otras actividades, a ella le cuesta lo social, como al padre...decires de la madre.*

Su historia...

Leah nace prematura en la semana 34 a través de una cesárea por hipertensión arterial materna. Estuvo en neonatología controlada y a los 15 días la llevaron a su casa.

Así comienza la vida de Leah en su hogar.

Fue creciendo acompañada por su padre Martín y por su madre Gisele. Ella dejó de trabajar antes de la fecha convenida por problemas de presión alta. El papá trabajaba en un comercio permaneciendo largas horas del día fuera del hogar. El desarrollo de la niña se dio dentro de lo esperable a su edad evolutiva.

Su primer año de vida, su crecimiento, la alimentación, el control de esfínteres seguían los percentiles estadísticos de la pediatría. Cuando comenzó a hablar presentó algunas dificultades. Los gritos reemplazaban los balbuceos y las palabras. Al conocerla, aún no hablaba. Utilizaba palabra-frase para comunicarse o miraba a su mamá para que responda por ella.

A los 10 meses intentaron incorporar otras comidas diferentes a la papilla, puré, polenta y frutas pisadas. El padre relata que de ese modo empezaron los "trastornos en la alimentación", que se sostuvieron a lo largo de los años.

A medida que Leah iba creciendo le resultaba cada vez más dificultoso incorporar alimentos sólidos en su alimentación. Todo debía ser procesado, triturado y si encontraba algo con otra textura, lo apartaba de su plato. Esa escena venía acompañada de gritos, enojos, discusiones de la pareja, hasta que Leah cenaba lo que ella quería.

El padre estaba en desacuerdo en sostener esa manera de comer, pero la madre no quería que Leah llorara, gritara, o se enojara. Esta violenta situación finalizaba cuando la madre aceptaba las exigencias de su hija.

Cuando Leah ingresa en el sistema escolar y cursa la sala de 4 años con jornada completa la hora del almuerzo se volvió difícil y angustiosa para Gisele porque sabía que su hija no iba a comer alimentos sólidos. Relató con tristeza que ella almorzaba con sus padres para no estar sola y pensar en su hija.

Madre e hija cada uno en su escenario, compartían la angustia a las horas del medio día.

Leah tenía una hermana de 6 meses que también demandaba cuidados de su madre. Gisele decía que Leah la demanda más y más repitiendo la frase *"ella me puede', no quiero que le pase nada"*.

Mientras realizaba las entrevistas con la madre con el padre y con la niña, me preguntaba ¿para quién era sugerible el espacio terapéutico? ¿Quién estaría disponible para interrogase en relación a Leah y su síntoma?

Gisele la madre de Leah

Gisele es la tercera hija de una familia con características endogámicas, entendiendo la misma como la posición de quien tiene dificultades para independizarse de sus padres. Tienen una empresa familiar donde trabajan juntos. Gisele se apartó de la empresa por la crianza de sus hijos. Sostiene su lugar de hija, ocupándose de los problemas de sus padres y los abuelos maternos repiten este funcionamiento familiar al intervenir en la crianza de Leah excluyendo a su padre.

Para Sergio Lebovici (1983) los primeros momentos del vínculo materno filial se transforman en un momento crítico para toda la vida adulta y sostiene el término de transacción para ese tiempo de la relación objetal.

¿Cómo esas transacciones se organizan en un tiempo y espacio único en cada díada madre-hijo, estableciendo particularidades estructurales del funcionamiento psíquico de los niños y de los adultos. La seguridad que la madre tiene para dar proviene del suministro narcisista ofrecido por la Identificación que estableció en la simbiosis primaria con su propia madre...

Me pregunto: ¿En qué lugar del fantasma materno quedó ubicada Leah? ¿Cómo objeto? Lacan, Jaques (1961)

Martin el padre de Leah

Introvertido, con escasa vida social y con una vida infantil sin padre y madre, fue criado por una tía. No contó mucho más de su historia familiar. Se angustia sobre su función paterna y dice: .."*Quise que Leah tenga una gran mamá, quizás me corrí demasiado y dejé de intervenir, opinar y decidir tantas cuestiones que deberíamos haber resuelto juntos...*"

Desde Lacan, la función del padre constituye un punto nodal en la estructuración psíquica del sujeto. Esta función permitirá vehiculizar el significante fálico, que es lo que separa a la madre del hijo, introduciendo el concepto de la castración y colocando así al sujeto en una posición de falta: fundamental para el surgimiento del deseo en el sujeto.

Adjudica a la madre una función como estructurante del deseo del niño, pero esta estructuración sólo puede considerarse en función de la doble prohibición paterna. Con ello el padre introduce la ley en el vínculo previo, que determina una ruptura y un reordenamiento. El niño y la madre deben reconocer que el deseo es imposible de colmar con objeto alguno, que la ilusión de llenar la falta es imposible de alcanzar.

Así se prepara la declinación del Edipo, en la medida en que el niño acepta la castración simbólica que efectúa el padre al separarlo de la madre, como no siendo el falo. La función paterna posibilita esa condición de falta en la existencia del sujeto, abriendo un vacío que no puede ser colmado. Esta falta posibilita el deseo, la demanda, siempre metonímica, inagotable pues remite a la carencia generada siempre por la castración. Lacan, Jaques (1987-1958)

Conozco a Leah

Gisele había anticipado que le cuestan las adaptaciones y que no pensaba que se quedara en el consultorio. Ese primer día Leah entró corriendo, si decirle chau a su mamá. Ella se angustió. ¿A quién le cuestan las separaciones...?

Leah tenía ganas de jugar con todos los juegos y juguetes que allí encontraba; le propuse elegir alguno de ellos: tomó la masa e hizo comida para los bebés.

Este juego será el que la acompañará en su tratamiento psicológico, ayudándola a manifestar ciertas diferencias entre la comida para el bebé y para los niños más grandes.

Su lenguaje remitía al de una niña más pequeña, realizaba sonidos al querer un juguete, señalando con el brazo: ah..ah..ah, sin nombrarlo, sólo desde lo gestual.

Durante el desarrollo de los juegos requería de mis intervenciones. Frente a las mismas, Leah se enojaba y gritaba. Para ella había una sóla manera de jugar, como un sólo color de marcador para utilizar y un sólo auto para tomar....*una sóla manera de alimentarse....*

En relación al dibujo, realizaba una célula incompleta, sin cuerpo diferenciado de la cabeza, con dos puntitos que eran los ojos. Ver dibujo.

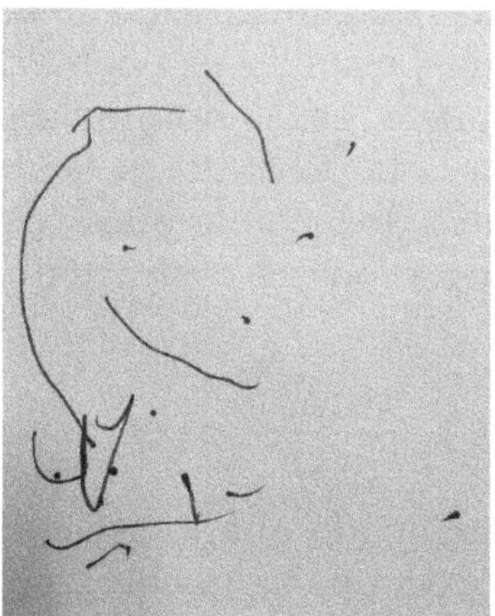

A partir de las entrevistas con Leah, transmití a la familia que trabajaría con ella de manera individual y que ellos tanto la madre y el padre, debían acompañar en este trabajo terapéutico, asistiendo a los encuentros que iríamos pautando. Al comienzo aceptaron el compromiso que se fue perdiendo con el paso del tiempo.

Las manos de Gisele seguían albergando a un bebé, desde el abrazo y el sostén como a un bebé recién nacido y Leah ya no lo era.

¿Cómo armar su subjetividad en Leah al mismo tiempo que ir construyendo una relación de alteridad con su madre?

El alimento que consumía era líquido, se desparramaba, sin un recipiente que lo contenga y organice. Lo sólido carecía de lugar. Así la observaba a Leah en las entrevistas, desmembrada, sin bordes claros, sin un cuerpo que la contenga.

Seguía **tomada** por el deseo de la madre, sólo **tomaba.**

Leah y su alimento

¿En qué lugar del fantasma materno quedó ubicada Leah? ¿Cómo objeto?

En Dos Notas para un niño, Lacan señala que el niño tiene dos posibles posiciones subjetivas: como síntoma de la pareja parental y como objeto a en el fantasma materno.

En el caso de Leah, la niña quedó ubicada como objeto a en el fantasma materno, sin dejar lugar al padre en esa dupla.

Lacan nombró al sujeto de la estructura: parletre: apócope entre parler (hablar) y etre: (ser) nombrando aquello que se pierde del ser en el encuentro con la palabra. *"Por la entrada en el universos simbólico, nunca se alimentará de cualquier cosa y de cualquier manera.."*

Freud menciona que la primera gran pérdida al nacer es una pérdida de goce, es cuando circunscribe la prohibición del incesto, a la entrada a la cultura y al proceso de humanización. La primera ganancia en paralelo a esa primera pérdida: esa Falta, despierta el deseo.

Podemos considerar la alimentación como un proceso con elementos intrapsíquicos y subjetivos que inciden en la elección e incorporación de ciertos alimentos, más allá de su disponibilidad.

Desde Freud, el instinto de hambre deviene pulsión a partir de la primera vivencia de satisfacción, aquella en la que el bebé recibe del pecho de la madre, padre cuidador, el primer alimento. Esta actividad nutricia, en el mejor de los casos, es acompañada de caricias y afecto. Esta primera vivencia, nunca volverá a ser la misma, es una sensación, un objeto que se ha perdido y por el cual se emprenderá una búsqueda toda la vida. Devienen dos conceptos: representación y simbolización, Si la representación es crear un molde psíquico de aquél objeto amado, la simbolización es crear objetos psíquicos que se acerquen al molde para volver a sentir esa satisfacción... S. Freud.

Se emprende una búsqueda por la primera vivencia de satisfacción y la gama de los objetos. alimentos, se va ampliando conforme transcurre la vida del sujeto. Esta satisfacción que en un inicio podría evocarse con la leche materna posteriormente deberá buscarse en elementos más y más complejos que puedan revivirla. No sólo se sacía el hambre biológica sino la emocional (Razón y Palabra) articulo.

Según Piera Aulagnier, el primer sorbo de leche materna, es el primer sorbo del mundo.

Nos preguntamos porqué en Leah, esa búsqueda una y otra vez de la vivencia de satisfacción Icc, quedaba tan acotada, tan triturada, sin forma ni solidez?

¿Era más sencillo que se desparrame como líquido y que pase sin digerirla?

La madre sostuvo desde la primera entrevista al presentar a su hija, una expresión que la acompañó a lo largo del embarazo y de la espera ¨**Que no le pase nada..**¨

Y a Leah, no le pasaba nada: no le pasaba la comida, no le pasaba el juego simbólico, no le pasaba el lenguaje, no le pasaba encontrarse con otros pares, no le pasaba la entrada del Otro.

La madre vivenció La espera, de ese niña tan deseada a través de tantos años, que esa niña ,tal como escribe Massimo Recalcatti se fue alimentando de un modo particular.

..El niño se alimenta del cuerpo materno de sus líquidos tanto como de sus pensamientos y de sus fantasmas...

´´La espera es una interpretación de la ausencia del hijo...se trata de una auténtica vigilia´´

´´Es la propia madre, la madre del deseo ,la que se opone a la madre del goce, que querría apropiarse del hijo, como si fuera un objeto

9 meses de espera

Nueve meses de trabajo, de ausencias, de faltas de pago y deudas que no llegaron a saldar, Leah empezó a aparecer en su espacio analítico, logró dibujarse y representarse como sujeto. Empezó a encontrar un lugar diferenciado de su madre. Esto se vio reflejado en el alimento, que obtuvo consistencia y volumen.

Pensé que las interrupciones a lo largo de esos meses de trabajo fueron tantas como las interrupciones de embarazos que hacían dificultoso sostener el trabajo terapéutico del niño y el acompañamiento de la familia.

Ausencias, faltas y agujeros que quedaban sin palabras, ni explicaciones ni justificaciones.

Leah logró posicionarse en la escena familiar como la hermana mayor que tenía mucho para enseñar a su hermana menor. Se nombró en primera persona y cantó su canción preferida. Leah rió, jugó y comió. Le dio consistencia a su SER.

Mi Familia

Soy Yo

Bibliografía

Aulagnier,Piera (2010). ¨*La violencia de la interpretación: del picto-grama al enunciado*¨. Amorrortu editores. Buenos Aires Madrid

Bleichmar, E.D (2005) *Manual de psicoterapia de la relación padres e hijos* Paidos, Buenos Aires

Freud.S 2006 (1905) ¨Tres ensayos de teoría sexual ¨en *Obras completas* Tomo VII, Ed Amorrortu, Buenos Aires

---------- 2006 (1915) ¨Pulsión y destinos de pulsión¨ en *Obras completas* Tomo XIV, Ed Amorrortu, Buenos Aires.

Lacan, Jaques *Seminario VIII*, clase XIV Demanda y deseo en los estadios oral y anal. El objeto del deseo en la dialéctica de la castración

-----------1987-1958 *Seminario V* ¨*Las formaciones del Icc.* La lógica de la castración¨ Capítulos VIII y IX Ed Paidós .Buenos Aires.

Lebovici ,Sergio ¨*El lactante, su madre y el psicoanalista*¨ ¨*Las interacciones precoces*¨ Colección Psicoanálisis. Amorrortu editores 1983

Mendoza, Ana María Primera revista electrónica en Iberoamérica. Especializada en comunicación. Razón y Palabra. Consideraciones psicoanalíticas sobre la dimensión simbólica de la alimentación. Universidad Nacional de México 2016

Recalcati, Massimo ¨*Las manos de la madre*¨ ¨*Deseo, fantasmas y herencia de lo materno*¨ Ed. Anagrama Barcelona 2018

Winnicott , Donald W. ¨*Los bebés y sus madres*¨1ra Edición en la colección ¨Saberes cotidianos¨ Ed.Paidós

Lic. Andrea Judith Grinberg

Licenciatura en Psicología en la Facultad de Psicología U.B.A 1991-1997
Profesorado de Enseñanza en Educación Preescolar "Instituto Agnón"1988- 1990
Posgrado Psicoanalítico en Clínica de Niños y Adolescentes.Centro Dos. 2005 al 2011
Dispositivo de Investigación teórico-clínica D.I.T.E.C Abuso Sexual y Violencia Familiar. Centro Dos. 2008 -2010
Directora de la página web: www,psiconfiar.com.ar
Trabajos presentados sobre Psicoanálisis y Educación en I Jornada Latinoamericana de Educación y Subjetividad, "Un laberinto con muchas vueltas" Septiembre 2014
A.P.A Asociación Psicoanalítica Argentina "Diálogo entre la Escuela y el Psicoanálisis" Centro de estudios psicoanalíticos Dr. José Bleger Lic. Hilda Catz Junio 2017 Presentación de un caso Clínico "La familia que chorrea sangre" 2020 Dra. Sara Zusman de Arbiser compiladora.Colaboradora en el libro: Relatos de la práctica psicoanalítica Transmitiendo experiencias´´ La mirada apagada y silenciada´´ Ricardo Vergara editores
E-mail: andreagrinberg0370@gmail.com

Freud y el ensalmo de las palabras

Hilda Catz

*"¿Sabía Freud la extensión y alcance
de lo que producía con la creación
del espacio analítico?"*
Bollas, 1990

Hay una fragilidad específica del psicoanálisis que radica en su mismo objeto: el inconsciente que, en el sentido freudiano, siempre puede ser evitado, refutado, temido y por tanto desterrado de la conciencia y de la razón. De aquí proviene la necesidad, para mantener su creatividad, de volver incesantemente al gesto original de Freud que radica en su búsqueda incesante e interrogación permanente contra los dogmas que el propio psicoanálisis suscita, búsqueda de la cual somos sus herederos.

Desde esa perspectiva, quisiera destacar la importancia de volver a sus escritos para recuperar la fuerza transformadora de sus ideas evitando el riesgo de reconstruirla a la manera de un simulacro o de una copia fiel, porque seguramente no era la intención de Freud el ser clonado por sus descendientes.

Esto, por cierto, atentaría contra la esencia misma de la invención freudiana: el descentramiento del sujeto, la abolición del dominio, y la derrota de la autoridad del yo en sus diversos e imprevisibles ropajes y semblanzas.

Sabemos que Freud de a poco decidió ir dejando la hipnosis porque al dar la orden intra-hipnótica de que el sujeto olvidase la situación traumática, no sólo obturaba el proceso de investigación de los síntomas que Freud ya empezaba a realizar, sino que era también una forma de reforzar la represión. Por otra parte, se podía observar que los síntomas de todas formas volvían, o bien se transmutaban en otros. Entonces, Freud practicó la hipnosis durante 10 años, entre 1886 y 1896, pero después la descartó.

Sin embargo, podemos observar que subsistió en su técnica un resto de hipnotismo: *"Mantengo el consejo de hacer que el enfermo se acueste sobre un diván mientras uno se sienta detrás, de modo que él no lo vea. Esta escenografía tiene un sentido histórico: es el resto del tratamiento hipnótico a partir del cual se desarrolló el psicoanálisis. Pero por varias razones merece ser conservada"* (Freud, 1913, p.73).

En 1890 decía: *"la personalidad misma del médico se rodeaba de un halo de prestigio que provenía directamente del poder divino, pues el arte de curar estuvo en sus comienzos en manos de los sacerdotes. Así, entonces como hoy, la persona del médico era una de las circunstancias principales que permitían alcanzar en el enfermo el estado anímico más favorable para su curación".* Y agrega: *"Entonces empezamos a comprender el ensalmo de la palabra. Las palabras son, sin duda, los principales mediadores del influjo que un hombre pretende ejercer sobre los otros; las palabras son buenos medios para provocar alteraciones anímicas en aquel a quien van dirigidas y por eso ya no suena enigmático aseverar que el ensalmo de la palabra puede eliminar fenómenos patológicos, tanto más aquellos que, a su vez, tienen su raíz en estados anímicos"* (pp.123).

Y así llega al **ensalmo de las palabras**, con el infinito que se despliega en las palabras, ese espacio analítico del que nos habla Bollas en el epígrafe, en el que Freud, entre el Edipo y La Gradiva, va narrando la vida.

Y al **ensalmo de las palabras** le suma la disposición tanto del paciente como del terapeuta a ese encuentro cuando nos dice: *"Ahora bien: desde que los médicos* *han reconocido con claridad la importancia del estado anímico para la curación, se les ocurrió la idea de no dejar ya librado al enfermo el monto de solicitación. Entgegenkommen anímica que pudiera producir, y de conseguir el estado anímico favorable buscándolo conscientemente con los medios apropiados. De este empeño nace el moderno tratamiento anímico"* (p.124).

Quiero remarcar que la palabra *Entgegenkommen* puede interpretarse como reciprocidad, venir al encuentro de, e incluidos en ella pueden destacarse los movimientos que hace el médico para acercarse al paciente, su disponibilidad, que inaugura lo que Freud (1890) denomina *"Tratamiento psíquico del alma"*.

Y ahora que estamos atravesando lo que podría denominarse un estado de duelo «global» que tiñe de dolor, tristeza e incertidumbre todos los estratos sociales, geográficos y políticos, recordamos a Freud (1890), y tratamos de tenerlo presente, quizás más que nunca ya que somos deudores, «deudos» del patrimonio de quienes nos han precedido.

Nos transmite la esperanza para resistir y sobreponernos al impacto de los sucesos, la expectativa confiada en la búsqueda incansable al servicio de la preservación de la vida: *"la expectativa esperanzada y confiada es una fuerza eficaz de la que en rigor no podemos dejar de prescindir en todos nuestros ensayos de tratamiento y curación..."*

Puede decirse entonces que en la actualidad nos encontramos ante una crisis en los modos de ser psicoanalistas, aunque no con el psicoanálisis en sí mismo, pues considero que si queremos evitar que el psicoanálisis "se congele en un dogma" como decía Pontalis (1977), es preciso volver a inventarlo siempre.

Desarrollo

El desafío de incluir lo social en su interacción con el conflicto psíquico se ha vuelto ineludible para el psicoanálisis del Siglo XXI por la implicancia que siempre tuvo y que tiene ahora, más que nunca, ante el alcance insospechado de esta especie de *"Tsunami"* viral.

Así, no es lo mismo pensar o interpretar la humanidad de un sujeto centrándolo exclusivamente en el fuero interior de sus pulsiones e identificaciones, que pensarlo inmerso en sus vínculos y acontecimientos internos y externos, que lo determinan.

De este modo, y partiendo de aceptar una realidad distópica que nos atañe a todos, la idea es trabajar en conjunto creando espacios para lo posible, y aceptar con humildad que todas son conjeturas con las que intentamos no dejarnos "colonizar" psíquicamente por el virus y sus impredecibles consecuencias a corto y a largo alcance, con la finalidad de conservar la duda como una forma de salud mental tanto de los pacientes como de los analistas.

Entonces, tendríamos que pensar que el **espacio analítico, el diván** que en este caso es **virtual**, permanece en tanto se puede recrear, hacerlo presente a través del vínculo virtual, aunque quizás no en todos los casos ni con todos los pacientes. En el caso de los niños, que se puede extender a los adolescentes y adultos, es como si le dijéramos:

"¿Vamos a jugar en esa casita?" Y el niño nos respondiera:

- "Pero si no hay ninguna casa ahí" y nosotros le dijéramos:

- "Entonces vamos a construirla".

Se trata de la creación y construcción de un espacio potencial virtual de encuentro que se vuelve a instalar en cada sesión, como un juego que implica ponerse en juego permanentemente, donde incluso en lo presencial es necesario encontrarlo, restaurarlo y transformarlo en cada sesión.

Aspiramos así a sostener un espacio de narrativas, de intercambios, donde se hace presente la palabra pero también la elocuencia del silencio que convoque a los demonios, que albergue la locura y la desesperanza. Especialmente en estos momentos donde "el juego amable de la vida pierde su carácter de juego" como dice Levinas (1982).

Son momentos, entonces, en que no podemos evadirnos ante el incremento de las patologías que atañen a la salud mental y sus imprevisibles consecuencias: enfermedades psicosomáticas, anorexia, bulimia, adicciones, sobre-excitación incestuosa en los adolescentes y sus trágicas derivaciones en conductas de abuso sexual, violaciones, feminicidios, suicidios y violencia intrafamiliar exacerbada.

Y sabemos las derivaciones de estas situaciones si tenemos en cuenta lo que dice Freud (1893), *"Cada suceso, cada impresión psíquica están provistos de cierto valor afectivo del que el yo se libra por la vía de una reacción motriz o por un trabajo psíquico asociativo. Si el individuo no puede o no quiere tramitar el excedente,… el recuerdo de esta impresión adquiere la importancia de un trauma"*

Por ejemplo, ahora el otro es temido, se ha vuelto peligroso, se nos constriñe a tomar distancia de todo aquello que considerábamos propio de lo humano: los afectos, el amor, la amistad, la pareja, los hijos, la familia, asistir a los enfermos, acompañar en los duelos. Aparecen las personas fallecidas como estadísticas, huéspedes de un virus incontrolable, muertes que se producen en soledad, y nos preguntamos cómo puede eso llevarse a cabo sin que la subjetividad resulte perjudicada, dañada, sin que le falte el *"oxigeno"* que proveen los vínculos, denostados por la necesidad de aislamiento social.

Lo azaroso, lo imponderable, lo accidental, así como la contingencia, la vulnerabilidad, y la incertidumbre se hacen presentes cada día, y en ese pasaje del diván a lo virtual se manifiesta el miedo a la muerte y también el miedo a la muerte inminente del analista.

Esto último, por ejemplo, apareció en el silencio súbito de un paciente en sus primeras sesiones virtuales. Pude observar que junto con el alivio de la posibilidad vinculante que emergía en sus derivas asociativas, una súbita sombra de pesar en su mirada me llevó a señalarle su preocupación por mi muerte, por saber mi edad, qué riesgo podría correr. Ante este señalamiento, reconoció con cierto pudor que lo había estado pensando. Y no fue el único paciente que así lo manifestó.

Y agregaría que esta preocupación se presenta muchas otras veces de manera velada y bajo diversos disfraces, de múltiples y variadas formas, con preguntas que los pacientes formulan al comienzo de la sesión, algo que no hacían con anterioridad a la pandemia. Así dicen: "¿Cómo estás? ¿Ya te pudiste vacunar? O si no, ¿Se encuentra bien? ¿Se resfrió? Me pareció que tosía…", y otro tipo de alusiones referidas a la salud.

Puede decirse que estas temáticas, a pesar de que no se desconocían, no tenían, sin embargo, esa "presencialidad" que convoca a lo siniestro y a la incorporación de un vértice de lo mortífero que atenaza de angustia a paciente y analista y que, por tanto, se hace necesario incorporar a la cotidianeidad en nuestra tarea durante la Pandemia.

Sin olvidar que todo conflicto o trauma presente va a venir a reactivar siempre los traumas del pasado, a lo que se suma que algunas subjetividades ya acarreaban lo que puede denominarse "enfermedades pre-existentes", porque ciertas estructuras y formas de vincularse no siempre generaron afectos enriquecedores y ya estaban muy debilitados los vínculos con anterioridad, en todas sus manifestaciones.

Tal es el caso de las anorexias, los cortes en la piel, las retracciones y aislamientos, patologías que debido al encierro se incrementan movilizando la necesidad del tratamiento y la urgencia de atender no sólo al paciente designado, sino de convocar a todo el grupo familiar, más que nunca implicado, para tratar de contener esos desbordes que reclaman ser escuchados.

Por ejemplo, si nos referimos a la intervención psicoanalítica temprana, cualquiera sea la forma en que se realice, podemos comprobar claramente su gran valor preventivo en los casos de patologías en las interacciones, que de lo contrario llevan, a corto plazo, a la medicalización y a la patologización de la infancia

Presentaré aquí el caso clínico de un bebé de dos meses que no se alimentaba y por quien consultan sus padres; la madre presentaba el antecedente de anorexia previa y no podía amamantar a su bebé. En la primera consulta, realizada mediante contacto virtual, están la madre y el bebé en el dormitorio de los padres mientras el padre trabaja en otro ambiente de la casa. Pese al calor del mes de marzo, el bebé está vestido con un enterito muy abrigado, como para ir a la nieve, y se desliza peligrosamente por el regazo de la madre, quien se mantiene impasible. Podría considerarse como la puesta en escena de una interacción madre-bebé fallida donde el bebé se le resbala de los brazos a su mamá sin poder ser albergado ni contenido.

La posibilidad de vivenciar esta experiencia y poder ponerle palabras al "terror sin nombre" Bion (1966), no solo del bebé, sino también de la madre, a través de la pantalla, habilitó que emergieran los "gélidos" temores de la madre a no poder volver a su país de origen donde efectivamente hacía mucho frío.

Surgió así la angustia y el miedo de no encontrarse nunca más con su familia de origen, de que sus padres y abuelos se mueran sin poder despedirlos, angustia que la mujer no podía pensar y mucho menos verbalizar y que interfería seriamente en el establecimiento del vínculo temprano con su bebé. La pantalla actuó como una especie de espejo donde reflejarse a lo que se sumó positivamente el hecho de que estábamos, de modo virtual, en un ámbito familiar compartido, que hacía las veces de esas presencias familiares, que no habían logrado ser transformadas en ausencias a través del lenguaje.

Las sesiones on-line permitieron así ir atravesando fronteras, paradójicamente hablando, al intentar instaurar una *"Rêverie"* pasible de transformaciones en experiencias emocionales compartidas. La paciente, según pudo vislumbrarse, compartía también con su pareja dolores similares, que habían sido enmudecidos por la migración, donde la soledad y la falta de contención afectiva los embargaba e interfería, como consecuencia, en el establecimiento de la díada y también de la triada.

Todo esto no supone desconocer la importancia de observar con atención la dificultad que aparece para que se despliegue la *Rêverie* materna en los nacimientos de bebés que, a causa del peligro de contagio, son separados prematuramente del contacto con la madre. Enfatizamos así que la estructuración psíquica en su delicado equilibrio inicial puede quedar dañada si no se toman los recaudos necesarios para prevenir, dentro de lo posible, sus consecuencias y por tanto, cuán esencial resulta la asistencia terapéutica realizada a tiempo.

En otro ejemplo clínico que quisiera incluir, una pareja de padres comentaba extrañada que su bebe, nacido en esas circunstancias, y separado de la madre al nacer, no respondía a los estímulos como lo habían hecho sus hermanos, que dormía demasiado, y ello les causaba gran preocupación. Eso los trajo a la consulta y hubo que realizar un trabajo de *"reanimación"* del vínculo interferido que tuvo resultados favorables gracias a la colaboración del grupo familiar, sobre todo porque habían tenido experiencias comparativamente diferentes.

Sin embargo, ello nos conduce a comprobar, en particular cuando se trata del primer bebe, lo imprescindible que resulta el trabajo con la diada y la triada desde los inicios, su valor preventivo de futuros trastornos que más adelante suelen ser inabordables en relación al establecimiento de vínculos que van estructurando el psiquismo y constituyendo la subjetividad.

Algunas reflexiones

La propuesta de mantener el espacio analítico de manera virtual en primera instancia parecía imposible, pero a través del aprendizaje de la experiencia abrió camino a lo posible, donde empezaron a incluirse variables inesperadas.

Por ejemplo el tiempo de duración de la sesión, según se trate de niños, adolescentes o adultos, la posibilidad de la presencia de los padres, la inminencia de la enfermedad y la muerte presentes como preocupación cotidiana, el miedo de los niños a la muerte de los padres y abuelos. Es decir, como si paulatinamente la sesión analítica se abriera a un universo de acceso a posibilidades inesperadas, distintas, pero no por eso menos valiosas.

También sucede que los bebés suelen estar más estimulados por la presencia de sus padres y se muestran más activos y conectados acorde a las circunstancias. Los niños suelen jugar con el celular como si fuera "el juego del carretel" (Freud, 1920), y lo esconden haciendo desaparecer al analista, y lo vuelven a hacer aparecer. En algunos casos los niños nos hacen escuchar en directo las discusiones de sus padres y la angustia que les provoca. También suele gustarles mostrar el lugar donde se encuentran, recorrer su casa, y hasta aparecen los objetos transicionales en algún costado olvidado del lugar donde duermen.

El abordaje terapéutico basado en el juego del garabato de Winnicott (1980) en la pantalla, y la posibilidad de guardarlo en carpetas virtuales mediante distintas aplicaciones, facilita el encuentro tanto con niños, como con púberes y adolescentes. Los adolescentes, por otra parte, se parapetan en el celular y nos muestran su necesidad inminente de tomar distancia de aquellos de quienes tienen que separarse, y que la cuarentena imposibilita. Al mismo tiempo, expresan la desesperación que les acarrea el no poder estar con sus pares y muchas veces entran en mutismos infranqueables en los que se resguardan de esas intrusiones temidas.

Puede decirse, en consecuencia, que consideramos normales las respuestas inesperadas y/o sintomáticas en épocas anormales porque los síntomas son un llamado, una forma de pedir ayuda.

Además se agrega a nuestra tarea lo "enorme", lo que está fuera de norma, que es el esfuerzo psíquico que implica trabajar con la pantalla en tanto cualquier desviación de la mirada del terapeuta puede ser vivida como un abandono imposible de soportar. Por ejemplo, si alguna mirada no centrada en el paciente que apunta a un estado de ensoñación, de disposición al encuentro, resulta factible en lo presencial, en lo virtual, en cambio, se hace muy difícil porque puede ser considerada como una distracción.

Tampoco debemos dejar de considerar el cansancio que implica esa exigencia y que se registra al final de la jornada de trabajo. Es una exigencia a la que se le suma la necesidad de desplegar la captación de todo aquello que no tiene presencia, de las evidencias sensoriales que están ausentes.

Nos encontramos con un trabajo de innovación constante que incluye la necesidad de aumentar la mímica y la gestualidad como una contratransferencia concordante y complementaria pero en este caso expresada a través del cuerpo.

Por todo lo expuesto podemos observar que el vínculo virtual se va transformando constantemente e incorpora modelos descartables en constante cambio, que convierten nuestra mente en circunstancial escenario de ese procesamiento: espacio interactivo de la sesión donde **el ensalmo de las palabras**, pero también los silencios, son necesarios. Se empiezan a construir como paredes virtuales elásticas y provisorias que albergan y también arman ese **espacio de un diván virtual** como un continente posible. Arduo pasaje desde la intimidación inicial que vivenciamos tanto los analistas como los pacientes, ante lo inesperado de los cambios que estamos viviendo, a la posibilidad de creación de *intimidad* en esas nuevas formas de interacción.

Como siempre Freud (1892) de alguna manera ya había experimentado estas otras formas de interacción cuando fue llamado para asistir en su domicilio a una paciente puérpera que no podía amamantar a su bebé. Era la época en que Freud usaba la hipnosis, y pudo así mantener intercambios con el marido de la paciente y con el grupo familiar. Concurría varias veces al día a visitarlos hasta que desistió de usar la hipnosis y comenzó a hacer preguntas, y sobre todo a escuchar a la paciente: obtuvo resultados sorprendentes. Puede decirse que fue uno de los primeros casos en que comenzó a trabajar con la asociación libre, habilitando a la paciente a que le empezara a transmitir lo que le pasaba en la relación conflictiva con su madre, a narrar su historia familiar, a asociar y también, por supuesto, a que pudiese empezar a amamantar a su bebé.

Retomando lo que se planteó al comienzo sobre la hipnosis y el pasaje a la asociación libre, podría decirse que también inaugura el análisis de pareja y de grupo familiar, el de binomio madre-bebé y un particular seguimiento esporádico del caso a través del tiempo sin las connotaciones de un análisis clásico.

Algunas conclusiones

Frente a esta experiencia no permanecemos pasivos, sino que trabajamos intensamente ya que la propuesta sería aceptar el pasaje a lo virtual para re-vincularnos, pero sabiendo que no se puede reemplazar lo que se pierde. Por el contrario, nos vemos llevados a aprender de la experiencia y aceptar con humildad nuestra vulnerabilidad frente a un horizonte de incertidumbre en este tramo incierto del siglo XXI.

A partir de esa contigüidad imposible entre los cuerpos confinados, este virus que desbarata toda identidad y toda especie nos remite al espacio de la excepción, de la falta de certezas, nos enfrenta a las pulsiones más primitivas que impone el aislamiento, al darwinismo de una crisis sanitaria y a sus consecuencias como trauma individual, social y colectivo.

Esta situación nos compele así a tender redes interactivas en una trama que genere presencia psíquica pese a la falta de presencia física, y nos enfrenta a la acuciante demanda de perseverar en la mirada psicoanalítica, en el encuadre interno de la mente del analista.

Como una **invariancia** en la que nos apoyamos como psicoanalistas, como una forma de sostener y sostenernos frente a las *"mutaciones cualitativas"* (Motta, 2020) del presente que se extienden al trabajo del consultorio con todas sus innovaciones y en sus diferentes ámbitos para tratar de recuperar el registro subjetivo que cada uno tiene de lo humano.

Dicho en las palabras de Viñar (2020): *"Humano no como resultado de un juicio de valor y atribución, sino precediéndolo, como necesidad y soporte de la palabra necesaria para explorar lo desconocido"*, y que *"...el psi-*

coanálisis pueda restituir un ritmo pensable para recuperar la hiper-producción de significantes que cuando no se procesan es necesario recuperarlos".

"Entonces empezamos a comprender el ensalmo de la palabra...y por eso ya no suena enigmático aseverar que el ensalmo de la palabra puede eliminar fenómenos patológicos, tanto más aquellos que, a su vez, tienen su raíz en estados anímicos"

Freud (1893)

Dra. Sara Zusman de Arbiser

Bibliografía

Bion, W. (1966) *Volviendo a pensar*, Horme Buenos Aires.

Bollas, Ch. (1990) *Ser un personaje*, Amorrortu, Buenos Aires.

Freud (1888-92). "Trabajos sobre hipnosis y sugestión Entramos en el "método". O.C., Amorrortu, Buenos Aires.

Freud, S. (1890) Tratamiento psíquico (tratamiento del alma) O.C., Amorrortu, Buenos Aires.

Freud, S.(1913) Sobre la iniciación del tratamiento" O. C, Amorrortu, Buenos Aires.

Freud, S.(1893)"Algunas consideraciones con miras a un estudio comparativo de las parálisis motrices orgánicas e histéricas, O. C, Amorrortu, Buenos Aires.

Freud, S. (1920) "Más allá del Principio del Placer" en O.C., Amorrortu, Buenos Aires.

Catz, H. y colaboradores (2020) *Psicoanálisis de Niños y Adolescentes, Trabajando en cuarentena en tiempos de Pandemia*, Ricardo Vergara Ediciones.

Catz, H. (2020). ENVIRONMENTAL CRISIS AND PANDEMIC. A CHALLENGE FOR PSYCHOANALYSIS. FRENIS ZERO PRESS. Collection Borders of Psychoanalysis Lombardia.

Catz, H. y colaboradores (2020). *La Pandemia y después...una mirada psicoanalítica*, Buenos Aires, Vergara.

Catz, H y colaboradores (2020). *Trabajando en cuarentena y en la post-cuarentena en épocas de la Pandemia. Transformaciones e invariancias*, Buenos Aires, Vergara.

Catz, H y colaboradores (2020). *Psicoanálisis de Niños y Adolescentes, trabajando en cuarentena en tiempos de la Pandemia*, Buenos Aires, Vergara.

Levinas, E.(1982) *De la Evasión*, Traducción Isidro Herrera, Arenas Libros Introd. y Notas de Jacques Rolland.

Motta,R.D.(2008) Complejidad Publicación anual nro. 34 2018/ ISSN 1853-8118

Filosofía - Estética - Epistemología - Poética - Humanidades – Política "La revalorización de la retórica en la configuración de las competencias generales de la educación en las sociedades complejas"

Pontalis, J. (1978). *Entre el sueño y el dolor*. Buenos Aires: Sudamericana. (Trabajo original 1977).

Pontalis, J.B.(2007) *Al margen de los días*, Topia, Buenos Aires

Viñar, M.(2020) Prologo Serie de libros sobre la Pandemia de Hilda Catz y colaboradores

Winnicott, D.W.(1980) *Clínica psicoanalítica infantil*, Horme, Buenos Aires.

Dra. Hilda Catz Ph.D.

Doctora en Psicología Ph.D, Usal-APA
Lic. Psicología de la Universidad de Buenos Aires.
Miembro titular en función didáctica de la Asociación Psicoanalítica
Argentina, de la Federación Psicoanalítica de América Latina (Fepal)
y de la Asociación Psicoanalítica Internacional (I.P.A.)
Ex-Coordinadora del Departamento de Niños y Adolescentes de la
Asociación Psicoanalítica Argentina "Arminda Aberastury"
Guionista y Co- Directora del cortometraje premiado :"Mi película
Candela" mutismo selectivo en una niña de 4 años-
Coordinadora de Espacios de investigación, Profesora titular in-
vitada de varias Universidades y de Seminarios de la Asociación
psicoanalítica Argentina

Libros:

Catz, H. (2020) Environmental crisis and pandemic. a challenge for
psychoanalysis. Frenis Zero Press.

Catz, H. (2020) "Adulticidio" en "Crisis de la Parentalidad". Comp.:
Tewel,C., Ricardo Vergara Edic. Bs.Aires.

Catz, H. (2020) "Estupidez y desmentida en los tiempos de la
Peste" en "Efectos delCOVID-19 en la Salud Mental, Ricardo Vergara
Ediciones, Bs. Aires.

Catz, H. (2020) Prologo de PSICOANALISIS ONLINE, Comp .Monica
Cruppi, Ricardo Vergara Edic., Bs.Aires.

Catz, H. y colaboradores,(2020) TOMO 4 "La pandemia y des-
pués...una mirada psicoanalítica" Ricardo Vergara Edic., Bs.Aires.

Catz, H. y colaboradores,(2020) TOMO 3 "Las redes de los huma-
no, lo humano de las redes" Trabajando en cuarentena y en la Post-
Cuarentena" Ricardo Vergara Edic., Bs.Aires.

Catz, H. y colaboradores,(2020)TOMO 2 "Trabajando en cuarentena
y en la post-cuarentena en épocas de la Pandemia. Transformacio-
nes e invariancias". Ricardo Vergara editorial, Bs.Aires.

Catz, H.y colaboradores,(2020)TOMO 1 "Psicoanálisis de Niños y
Adolescentes, trabajando en cuarentena en tiempos de la Pande-
mia" Ricardo Vergara edic., Bs. Aires.

Catz, H.(2019) "Tatuajes como Marcas Simbolizantes, la relevan-
cia clínica de los tatuajes para el procesos Psicoanalitico", Ricardo
Vergara Edic., Bs.Aires.

Algunas Publicaciones en capítulos de libros y Revistas de Psicoanálisis:

(2019) Psicoanálisis en el caos, fronteras complejas y horizontes
inciertos,p.12 Docta Revista de Psicoanálisis, año 16 Publicación de
la Sociedad Psicoanalítica de Córdoba.

Dra. Sara Zusman de Arbiser

(2017) Tattoos as "Symbolizing Marks" Fashion, body rite, fetish, or also pure unqualified quantity referring to the terrain of trauma? Book: Psychoanalysis in Fashion, editors: Weinreb Katz and Kramer Richards, IPBOOKS.net Chapter III.

(2016) "Fanatismo", Bion, Lacan e Lê Instituzione La psicoanalisi, 59, Roma, Astrolabio, Italia.

(2015) "Somos de la misma materia que los sueños" Revista de Psicoanálisis. Asociación Psicoanalítica Argentina, LXXII, nro.2/3, Bs.As. (Primer Premio 2015, Bariguete-Yuye Castellon).

(2002) Simon en quête de son histoire" chapitre 22 La Parentalité. Défi pour le troisième   millénaire. Quatrième partie, Les formes particulières de la parentalité à l'aube du III° millénaire Presse Universitaires de France. Hommage international à Lebovici. Paris.
E-mail: hildacatz@icloud.com

Aportes de Freud para la comprensión de la psicosis. Su utilidad clínica actual.

Alejandra Gomez [1]

Introducción

Sigmund Freud nos ha legado el revolucionario aporte del descubrimiento del inconsciente y el desarrollo de su doctrina psicoanalítica como un modelo insuperable para comprender el funcionamiento del psiquismo. Si bien sus primeras descripciones se centraron en el estudio de las histerias y el mecanismo psíquico de estas manifestaciones neuróticas, también hizo un gran aporte sobre las manifestaciones clínicas que quedaban por fuera de su teoría de las neurosis: las psicosis. Desde temprano, y a lo largo de toda su creación fue aportando conceptos para el estudio y comprensión de las mismas, esclareciendo también las diferencias entre ambas. Aunque al final de su obra manifestó sus reservas en la posibilidad de utilizar el psicoanálisis como terapéutica para este tipo de padecimientos, los analistas post freudianos, han tomado la posta sobre las bases sembradas por el maestro y en distintas líneas de pensamiento han continuado, profundizado sus desarrollos y teorizado sobre los trastornos constitutivos del psiquismo, sus posibles causas, su metapsicología y sus posibles tratamientos.

1   gomezalemi@gmail.com/Miembro"gomezalemi@gmail.com/

El propósito de este texto es puntualizar los aportes freudianos para el estudio y comprensión de las psicosis a lo largo de su obra y corroborar su vigencia, ilustrando con una viñeta clínica.

Desarrollos Freudianos sobre las psicosis

Los primeros conceptos sobre la problemática de las psicosis en la obra de Freud datan de 1894 en su trabajo Las Neuropsicosis de defensa. Para esa época ya había apartado su predilección por la neurología y desplazado su interés desde las hipótesis orgánicas a las psicológicas en la etiología de neurosis histérica. En este ensayo plantea una aproximación metapsicológica al mecanismo de formación de las neurosis distinguiendo entre las llamadas actuales (neurastenia y neurosis de angustia) y las psiconeurosis de defensa la histeria, fobias y obsesiones estableciendo una de las primeras distinciones entre estas últimas y las psicosis alucinatorias.

Plantea aquí la temática de la "defensa", la importancia de la sexualidad, la motivación inconsciente y el desplazamiento de cargas psíquicas en la formación de síntomas. Dice *"(...) los pacientes por mí analizados gozaron de salud psíquica hasta el momento en que sobrevino un caso de inconciliabilidad en su vida de representaciones."* (p.49) Y afirma que cuando una vivencia o representación penosa se le presenta al yo despertando un afecto, también doloroso, si a la persona no les es posible aceptarla a través del mecanismo del pensamiento, deberá ésta recurrir a un "tipo de olvido". En el mismo, la representación y el afecto tendrán distintos destinos según las distintas psiconeurosis. En las psicosis describe una modalidad defensiva distinta, aquí la representación no queda aislada dentro de la conciencia. Aparece un mecanismo de defensa, más enérgico. El yo desestima, rechaza o repulsa (verwerfung) la representación insoportable junto con su afecto, se comporta como si nunca hubiese existido y se defiende de la misma refugiándose en una psicosis a la que llama confusión alucinatoria.

En 1895 en el Manuscrito H (Fragmentos de la correspondencia con Fliess) describe un poco más ese mecanismo de proyección y llama a la paranoia " *(...) un modo patológico de la defensa*" (p. 247) , agregando que " *(...)uno se vuelve paranoico por cosas [de la realidad] que no tolera*"(p.247).Pero nos adelanta que para ello se debe tener una predisposición particular. Temática que desarrollara más tarde en sus escritos sobre las series complementarias. (1915-1917) Así en la paranoia, el yo se defiende de la representación intolerable proyectándola al mundo exterior. Este mecanismo de defensa es válido tanto para el paranoico (no es él quien obra mal sino el otro); para el alcohólico (no tolera haberse vuelto impotente por la bebida, y hace un delirio de celos con su mujer a quien culpa de engañarlo); el hipocondriaco, (desplaza su malestar en la vida sexual por la creencia de envenenamiento), el funcionario (que al ser relegado en sus ascensos laborales, no tolera su incumbencia y cree que su empleador lo persigue.) o en el delirio de grandeza (que permite apartarse al yo de un sentimiento penoso de minusvalía). Plantea que la idea delirante se sostiene con la misma energía con la que el yo se defiende de la idea penosa, estos pacientes "*(...) aman al delirio como a sí mismos.*" (p. 251)

Retoma estas ideas en Nuevas observaciones sobre las neuropsicosis de defensa, (1896) en donde describe y profundiza sobre histeria, las representaciones obsesivas y la psicosis. Haciendo foco aquí en los contenidos sobre los que operan los mecanismos de defensa descriptos en 1894: sostiene que se trata de la vivencia traumática de origen sexual sufrida pasivamente por un niño por parte de un adulto. Tengamos presente que un año más tarde en 1897 (Carta 69 a Fliess) admite una modificación en su teoría causal de las neurosis que es consolidada en 1906, cuando describe la potencialidad traumática de las fantasías en los sucesos anímicos.

Retomando nuestra ilación sobre los mecanismos psicóticos, Freud puntúa aquí el concepto de "proyección" y de "alteración del yo" (noción que ampliará en 1937 en Análisis terminable e interminable) Lo que plantea en la esta primera época es que el reproche es "reprimido" y que por proyección se pone fuera, la desconfianza se deposita en los otros. Estas ideas se vuelven ajenas y retornan como ideas delirantes. Se muestra a la conciencia como formación de compromiso de lo proyectado. Dice además que estas ideas no son "modificables ", tienen certeza, de modo que el yo debe adecuarse a ellas, deformándose y constituyendo así un el delirio de interpretación. Parte de este trabajo se encuentra en el «Un cuento de Navidad» (Freud, 1896, Manuscrito K). En donde a través de un ejemplo detalla la vivencia primaria displacentera, la proyección de la misma, la mutación de reproche por desconfianza y muestra como el yo hace intentos de explicación, un delirio de asimilación. Lo "reprimido" retorna en forma desfigurada, y es el delirio interpretado como un comienzo de alteración del yo, una expresión de avasallamiento. Acota que las vivencias traumáticas de la paranoia son tempranas, ocurridas hasta los 14 meses, y son despertadas en la madurez.

En el Manuscrito M (1897) hace un aporte en relación a las fantasías, que se forman por una conjunción inconsciente entre vivencias y cosas oídas de acuerdo con ciertas tendencias. Cuando las mismas crecen en intensidad, forzando su acceder a la conciencia sucumben a la represión (nuevamente emplea aquí una denominación común para psiconeurosis de defensa y psicosis) y se generan síntomas por esforzamiento hacia atrás (Ruckdrangung) desde ella. En esa formación de compromiso diferencia que en la histeria se produce por asociación, por semejanza conceptual en la neurosis obsesiva y por desplazamiento causal en la paranoia.

Freud se interesa por el caso y el tratamiento de un paciente del Dr. Flechsig y por el análisis de sus memorias, escribiendo Puntualizaciones psicoanalíticas sobre un caso de paranoia (Dementa paranoide) descrito autobiográficamente («El caso Schreber») (1911) [1910]). Tengamos en cuenta que esta lectura es posterior a Tres ensayos (1905) textos en los que despliega sus conceptos sobre la sexualidad infantil y el desarrollo libidinal y a sus libros sobre la Interpretación de los sueños (1900). Estos desarrollos le aportaron al entendimiento de la patología de Schreber los ejes para comprenderlo desde el análisis de los sueños y el devenir pulsional. Sostiene Freud que la enfermedad de Scherber fue disparada por la relación transferencial con su médico, Flechsig, reedición del Edipo negativo. Analizó sus delirios al modo de un sueño e interpretó lo alucinatorio como realización de deseo. Explica la paranoia en relación al deseo homosexual reprimido que se deforma por los mencionados mecanismos de proyección y negación y por la constitución del delirio.

Con la introducción del concepto de narcisismo (1914), una colocación libidinal sobre el yo, se modifica también la teoría pulsional existente hasta entonces y las psicosis pasarían a ser encuadras dentro de las afecciones narcisistas, en tanto que la libido es sustraída del mundo externo es reconducida al yo. Diferencia aquí entre paranoia y esquizofrenia, si bien comparten el mismo mecanismo de retiro libidinal del mundo externo. En la primera, la reconducción de la libido regresa a un tipo de elección de objeto narcisista, cuerpo unificado, mientras que en la segunda hay una regresión a un objeto autoerótico, a predominio de las pulsiones parciales, resultando una patología más arcaica y asociada al cuerpo fragmentado. En este punto es importante hacer el diagnóstico diferencial con las neurosis en donde la retracción libidinal, introversión, recarga las fantasías y no al yo o yo fragmentado.

Otra idea fundamental de ese mismo artículo es aquella que sostiene que el delirio es un intento de auto curación del sujeto; un intento de reconectarse con la realidad realizado con los únicos elementos que tiene a su disposición el paciente, tras el desencadenamiento de la crisis psicótica.

Un año después en Lo inconsciente (1915) aporta conceptos metapsicológicos sobre el lenguaje. Y dice que en la esquizofrenia las palabras son sometidas a las leyes del proceso primario. De modo que el esquizofrénico trata a las palabras como si fueran cosas, sin valor metafórico. Como si la representación cosa no pudiera ser representada por la representación palabra e investiera sobre esta. Un lenguaje de órgano.

A partir de 1923 con el desarrollo de la segunda tópica del aparato psíquico, aparecen modificaciones en la explicación de las psicosis a partir del conflicto entre instancias psíquicas. El yo debe responder ante los vasallajes de tres amos: el ello, el superyó y el mundo exterior. Cualquier alteración entre estos lazos es causa de padecimientos psíquicos

En Neurosis y Psicosis (1924) agrega que, tanto en la neurosis como en la psicosis, la patología se desencadena por una frustración en la realidad. En la primera el conflicto se da entre el superyó y el yo y en la psicosis entre el yo y el mundo exterior, prevaleciendo la fuerza del ello sobre el yo frustrado en la realidad. Así habiendo un fragmento de realidad, insoportable y desgarrado se intenta rellenar el agujero producido en el psiquismo con una nueva realidad que construye el sujeto y que es el delirio. Una defensa que intenta la reconexión con el mundo. En Pérdida de la realidad en la neurosis y en la psicosis (1924), reitera que en la psicosis se desmiente la realidad y que intenta reconstruirla a partir del delirio, pero agrega que éste contiene, fragmentos del vínculo de ese sujeto con la realidad (representaciones, huella de memoria, huellas perceptivas) punto muy importante que retomará más adelante.

En Análisis terminable e interminable (1937), además de describir cuales serían las indicaciones para la finalización de un análisis discurre sobre los alcances terapéuticos del mismo. El final se acerca cuando el paciente deja de padecer sus síntomas, cuando haya superado angustias e inhibiciones y cuando el analista juzgue haber abolido en el enfermo lo reprimido, eliminado la resistencia y tenga el convencimiento de que no se repetirán los procesos patológicos. He aquí una de las dificultades con el tratamiento de los pacientes psicóticos. Para Freud la etiología traumática ofrece al análisis una oportunidad más favorable para la curación. Mientras que la intensidad constitucional de las pulsiones y la alteración del yo adquirida en la lucha defensiva son limitaciones desfavorables. Las alteraciones del yo están asociadas a la intensidad pulsional y a su propia etiología. Deja para sus seguidores el estudio de estos impedimentos que complejizan a la práctica analítica.

En el mismo año 1937 en Construcciones, Freud compara la tarea del analista con la de un arqueólogo. Y sostiene que mientras en la arqueología la re construcción es la meta, en el análisis es la labor preliminar. A diferencia de la interpretación que es una intervención dirigida a un elemento singular, en la construcción al analizado se le presenta una conjetura. *"Una pieza de su prehistoria olvidada."* (p. 262) de modo tal que, al comunicársela, éste puede tener una respuesta por sí o por no y sólo, en el devenir del análisis, podremos saber si ésta ha sido correcta o no. *"En el curso de los acontecimientos todo habrá de aclararse"* (p.267). En el punto III se refiere a algo muy importante que es la verdad material y la verdad histórico vivencial y su relación con la alucinación y el deliro en las psicosis.

Según Freud, en algunos análisis, luego de que el analista hace una construcción acertada pueden aparecer recuerdos hipernítidos, aun cuando no recuerden totalmente el episodio que estaba unido a la construcción, emergerían los detalles próximos a ese contenido. Da a modo de ejemplos, las asociaciones y recuerdos fragmentarios de rostros hipermarcados, lugares u objetos asociados apareciendo en sueños o en vigila como sueños diurnos. Freud habla así de la "pulsión emergente" (Auftrieb) de lo reprimido que habría sido movilizada por la construcción y agrega que podrían ser llamados "alucinaciones" a esos recuerdos, si se le sumara a la nitidez, la creencia en su actualidad. Y propone una tesis fundamental como carácter universal de la alucinación, que contenga ella un retorno de algo vivido en edad temprana y olvidado luego " (...) *algo que el niño vio u oyó en la época en que apenas era capaz de lenguaje y que ahora esfuerza su ascenso a la coincidencia probablemente desfigurado y desplazado por las fuerzas que contrarían ese retorno*"(P.268) Y, tanto o más importante, que las formaciones delirantes asociadas a esas alucinaciones sean también producto de la pulsión emergente y del retorno de lo reprimido. Destaca dos factores: el extrañamiento de la realidad y de sus motivos y el cumplimiento de deseo en el contenido del delirio

Dicho de otro modo, en la locura el delirio contiene un "*(...) fragmento de verdad histórico vivencial (Historisch)*" (P .269) y agrega que la creencia contundente en la misma cobra su fuerza en esa fuente infantil. Esto es un punto capital para el abordaje terapéutico. No se puede convencer al paciente de la realidad objetiva. Lo valido es "su" verdad, singular y subjetiva, aunque sea delirante. Para Freud, el trabajo consistiría en liberar "*(...) el fragmento de verdad histórico vivencial de sus desfiguracio-*

nes y apuntalamientos en el presente real- objetivo. Y resituarlos en los lugares del pasado a los que pertenece." (P.269) Sin embargo, opina, que el éxito terapéutico con psicóticos por esta misma convicción es bastante más complicado, cuando no, imposible. La tarea del analista será descubrir los vínculos íntimos entre el material de la desmentida presente y la represión de aquel tiempo. El delirio debe su fuerza de convicción, a la parte de la verdad histórico vivencial que pone en el lugar de la realidad rechazada.

Finalmente, en La escisión del yo en el proceso defensivo (1938) y Esquema del psicoanálisis (1940), plantea que en la escisión psíquica en la paranoia, el yo acoge la realidad objetiva por un lado y por el otro, bajo el influjo del ello, se deshace de ella. La última concepción del conflicto inherente a la psicosis es el conflicto entre instancias que incluye al superyó como otro imperativo que obliga al yo a alterar y suprimir su vínculo con la realidad. Para que la psicosis se manifieste, es necesario que la realidad se vuelva insoportablemente dolorosa, o bien que el ello avasalle al yo con la demanda pulsional. Existe un conflicto en el sujeto entre su libido y su yo. Para Freud en las psicosis la libido sustraída de los objetos, no circula, queda confinada en el interior del sujeto. Reitera aquí que esta condición la hace una de las patologías inaccesible al psicoanálisis. Son pacientes que no pueden entonces establecer transferencia o bien diríamos, en nuestros tiempos, establecen un tipo particular de transferencia. Las transferencias psicóticas fueron luego estudiadas por muchos autores con características singulares: de gran intensidad, masiva, simbiótica, insaciable. (Etchegoyen 1986)

Viñeta

A modo de ilustración y para dar cuenta de la vigencia de los aportes freudianos, mostraré una viñeta (ficcional), construida a partir de distintas y similares situaciones clínicas.

FS, una mujer de mediana edad es traída a la consulta en el momento en que atravesaba una crisis psicótica y su tratamiento duró muchos años. La misma había comenzado, refieren, cuando sus dos hijas se acercaban a la edad de la pubertad. FS había sido nacido en el seno de una familia numerosa, precedida por varios hermanos Su madre estuvo siempre abocada a la crianza de los mismos y manifestaba que FS era una nena "buenita", que siempre se arreglaba sola y no daba trabajo, colaborando enormemente en la crianza de los hermanos menores y en las tareas domésticas. Su padre era viajante y estaba muy poco tiempo con la familia. Era muy aplicada en el colegio. Padeció desde muy pequeña una enfermedad osteomuscular por la que recibió tratamientos de inmovilización prolongados que le dejaron poco tiempo y posibilidades de jugar y moverse como el resto de sus amigos. Mientras cursaba la secundaria, se pone de novia con un compañero y se casa con él al finalizarla. Tiene dos hijas a las que cuida con mucha dedicación. Cuando estas comienzan la primaria FS manifestó no saber qué hacer con su tiempo, se sentía rara y desmotivada. Inició la práctica de actividades deportivas (running). Durante los entrenamientos grupales, comenzó a sentirse incomoda con un compañero. Al principio interpreta que ese hombre, al que llamaremos E. tenía interés por ella, pero como ella no le correspondió, éste se sintió despechado y comenzó a prestar atención en sus movimientos diarios primero y a perseguirla luego. El delirio interpretativo se fue instalando de a poco. Resultaba evidente que el interés inicial, la atracción, era de FS hacia su compañero. Al haberse sentido ignorada por éste, situación que le resultó insoportable, se produjo una ruptura con esa realidad y una proyección de su propia situación traumática: no soy yo quien esta sexualmente atraída y es rechazada, sino que es él. El delirio persecutorio que se instala al inicio con un componente erotómano torna luego a una persecución maligna. FS. estaba convencida de lo que le sucedía, y se enojaba con quienes la contradijeran. El vínculo transferencial conmigo era amable y colaboraba en el análisis con asociaciones, pero se defendía enérgicamente cuando sospechaba que yo podía tener una interpretación diferente a la de ella sobre su padecimiento. Tratando de buscar en el delirio un resto de "verdad histórica", comenzamos a indagar sobre escenas infantiles. Surgen recuerdos sueltos: ella solita mientras la madre cuidaba a su hermana menor, ella pasando largas estadías en la casa de los abuelos. Cuando le pregunto por ellos, me dice que era su abuelo quien mayormente estaba con ella y la asistía. La ayudaba a bañarse y cambiarse la ropa. A veces veían películas recostados durante la siesta. Lo describe como un hombre culto, que tenía gran estima por el arte. Tenía en su biblioteca muchas reproducciones de estatuas con cuerpos desnudos. Recuerda que en uno de sus viajes a Europa había visto una estatua que le recordó a una que tenía su abuelo. Se trataba de una estatua que había visto en Roma, el Rapto de Proserpina, Gian Lorenzo Bernini, (1621). Le digo que ella tenía una relación demasiado estrecha con su abuelo, y que eso era el efecto de no poder estar junto a su familia. Refiere entonces que le había impresionado la imagen en el mármol en donde el personaje masculino apretaba el muslo de su amada. Vuelven imágenes de los "pellizcos" en el muslo que su abuelo le daba mientras la cambiaba y jugaba. El relato se torna angustioso y dice recordar palabras sueltas en italiano, canciones, la voz del abuelo, el calor del verano. Los ojos del personaje masculino de la estatua, le habían hecho acordar la expresión de los ojos de su abuelo, que interpretaba que miraban de "reojo". Finalmente se recuerda a ella corriendo con dificultades, saliendo a la calle para irse a la casa de una vecina. Reconstrucción posible. FS había nacido en una familia numerosa, su madre le ha dispensado poca atención. Su padre no parecía tener contacto emocional con la familia. De pequeña tuvo que "sobre adaptarse". La enfermedad osteomuscular no logro convocar la atención materna y fue derivada a la casa de sus abuelos para ser allí atendida. Vivió una infancia en soledad, con poco estímulo y con un padecimiento físico. Las asociaciones de la construcción hacen presuponer situaciones erotizantes de abuso tempranas, confundidas con sentimientos de cuidados, situaciones traumáticas que han quedado repudiadas, (pulsión emergente) y que se manifestaron cuando se siente, por primera vez atraída por un hombre. Situación intolerable, ya por la exigencia pulsional, ya por el desinterés del hombre, frustración en la realidad que despiertan esas situaciones traumáticas expulsadas y que retornan como delirio. Ilustran la esencia en la psicosis el fracaso de la defensa, la desestimación de la realidad y aparición de otra neo realidad delirante. En este caso al menos alguien, E. se ocupa de ella. A través del trabajo psicoanalítico la ideación delirante fue perdiendo fuerza, pero nunca desapareció del todo. Cuando tenía algún "rebrote" pudo recurrir a la consulta. Reconociendo que le estaba "volviendo a pasar lo mismo", habiéndose constituido el espacio analítico un espacio confiable para pedir ayuda.

Consideraciones finales

Si bien Freud no ha tratado a pacientes psicóticos y desarrolló su teoría psicoanalítica sobre la base del padecimiento neurótico, desde sus tempranos escritos aportó las bases para realizar un diagnóstico diferencial sobre los mecanismos de producción de ambas patologías y sirvieron de soporte para el desarrollo teórico de los analistas pos freudianos. que han profundizado en distintas líneas sobre las psicosis y sus posibles tratamientos.

Sus principales aportes a la comprensión de las mismas versan sobre el tipo de fijación libidinal en estadios tempranos del desarrollo: autoerotismo para la esquizofrenia y narcisismo, componente homosexual, para la paranoia. Un mecanismo de defensa especifico, el rechazo, repudio o desestimación (verwerfung) en donde el yo rechaza la representación intolerable junto con su afecto, la proyecta masivamente y se comporta como si no hubiese existido, con alteración primaria de la relación con la realidad y un intento posterior de restablecimiento del lazo objetal en la construcción delirante, un intento de auto curación. Dicho delirio siempre tiene en su formación restos de lo que Freud llamaba realidad histórico vivencial, que puede llegar a re construirse en un análisis, lidiando siempre con la fuerza de la convicción delirante que no cede tan fácilmente. Por estas características y por tratarse de patologías narcisistas, Freud planteaba que no podían hacer transferencias ni ser analizadas. A pesar de sus objeciones, sus conceptos tienen vigencia hoy y siguen siendo de gran utilidad en el abordaje psicoanalítico de las psicosis. Actualmente contamos con la posibilidad de sumar a los tratamientos individuales otros dispositivos terapéuticos como las terapias vinculares, familiares o grupales. En nuestro país Jorge García Badaracco ha desarrollado un gran trabajo creando la práctica del Psicoanálisis Multifamiliar, espacio de reflexión y conexión emocional para el paciente, sus allegados y el equipo de salud. También contamos con los recursos de terapias ocupacionales, artísticas, sociales y de salidas comunitarias; el apuntalamiento farmacológico si fuese necesario, disciplina científica desarrollada posteriormente. Sin embargo, la labor del analista será siempre la de ofrecer una escucha al sufrimiento y proporcionar palabras transformadoras del mismo. Aporta su presencia y continencia, un vínculo confiable en donde se puedan reconvertir las situaciones traumáticas creativamente y editar nuevas formas de transitar la vida.

DESCRIPTORES- PSICOSIS- DEFENSA- PROYECCION- RECHAZO- DELIRIO-REALIDAD MATERIAL-REALIDAD PSIQUICA

Bibliografía

Etchegoyen, H. (1986) *Los fundamentos de la técnica psicoanalítica. 13. Psicosis de transferencia.* Buenos Aires. Amorrortu. 3ª edición. 2014

Freud, S. (1894) Las neuropsicosis de defensa. *Obras Completas.* Vol. III. Buenos Aires. Amorrortu .1979.

Freud, S. (1895) Manuscrito H. *Obras Completas* . Tomo I. Buenos Aires. Amorrortu. 1979

Freud, S. (1896) Nuevas puntualizaciones sobre las neuropsicosis de defensa. *Obras Completas* . Vol. III. Buenos Aires. Amorrortu .1979.

Freud, S. (1897) Manuscrito M. *Obras Completas.* Tomo I. Buenos Aires. Amorrortu. 1979

Freud, S. (1897) Manuscrito K. Las neurosis de defensa (Un cuento de Navidad) *Obras Completas.* Tomo I. Buenos Aires. Amorrortu.1979

Freud, S. (1892-99) Fragmentos de la correspondencia con Fliess, Carta 69. *Obras Completas.* Tomo I. Buenos Aires. Amorrortu. 1979

Freud, S. (1911) Puntualizaciones psicoanalíticas sobre un caso de paranoia. (Dementia paranoides) descrito autobiográficamente. *Obras Completas.* Tomo XVII. Buenos Aires. Amorrortu.1979

Freud, S. (1914) Introducción al narcisismo. *Obras completas.* Tomo XIV. Buenos Aires. Amorrortu. 1979

Freud S. (1915) Lo inconciente. *Obras Completas.* Tomo XIV. Buenos Aires. Amorrortu. 1979

Freud S, (1916) Conferencias de introducción al psicoanálisis. 23ª conferencia. Los caminos de la formación de síntoma. *Obras Completas.* Tomo XVI Buenos Aires. Amorrortu.1979

Freud, S. (1923) El yo y el ello. Obras Completas. Tomo XIX. Buenos Aires. Amorrortu 1979

Freud S. (1924) Neurosis y Psicosis. *Obras Completas.* Tomo XIX. Buenos Aires. Amorrortu.1979

Freud, S. (1924) Pérdida de realidad en la neurosis y la psicosis. Tomo XIX. *Obras Completas.* Buenos Aires. Amorrortu.1979

Freud, S. (1917) Fetichismo. *Obras Completas.* Tomo XXI. Buenos. Aires. Amorrortu. 1979

Freud, S. (1937) Análisis terminable e interminable. *Obras Completas.* Tomo XXII. Buenos Aires. Amorrortu.1979

Freud, S. (1937) Construcciones en psicoanálisis. *Obras Completas.* Tomo XXIII. Buenos Aires. Amorrortu.1979.

Freud, S. (1940 [1938]). La escisión del yo en el proceso defensivo *Obras Completas.* Buenos Aires. Tomo XXIII. Amorrortu.1979

Freud S. (1940.) Esquema de Psicoanálisis. El aparato psíquico y el mundo. *Obras Completas.* Tomo XXIII. Buenos Aires. Amorrortu.1979

Dra. Alejandra Gómez

Medica Psicoanalista. Miembro Adherente APA. Miembro IPA,
Fepal. Fellow IPA RTP. Secretaria del Departamento de Psicosis
de APA. Ex Coordinadora de la Comisión de Hospitales de APA.
Egresada de la Asociación Argentina Escuela de Psicoterapia para
Graduados. Egresada del Instituto Psicosomático de Buenos Aires
Especialista en Psiquiatría. Ex Residente y Ex médica de planta
del Servicio de psicopatología del Hospital Evita de Lanús. Magis-
ter en Psiconeurofarmacología. Presidenta del Capítulo Interfase
Neurociencia y Psicoterapias. Asociación Argentina de Psiquiatras
Argentinos.
E-mail: gomezalemi@gmail.com

¿"Volver" a Freud, o simplemente, no alejarse de él?

Juan J. Gennaro

Cuando Sara Arbiser me propuso escribir un texto para incorporarlo a este libro, acepté entusiasmado porque siempre pensé que los trabajos de S. Freud, en su totalidad, no solamente representan una fuente prácticamente inagotable de enseñanzas, sino que, al mismo tiempo, constituyen el núcleo mismo del pensamiento psicoanalítico. Al comenzar a pensar en un plan posible para desarrollar en este trabajo, surgió una idea, o mejor dicho un recuerdo que me parece útil compartir: Durante los años setenta, en uno de los numerosos encuentros psicoanalíticos que se desarrollaban en esa época, escuché a Fernando Ulloa contestar una pregunta de alguna joven colega formulada con un cierto mohín de sapiente provocación: "Profesor, ¿podría usted explicarnos cuál es su lectura de Freud?". El célebre psicoanalista quedó un momento en silencio y luego, con una sonrisa pícara le contestó: "le explicaré, primero voy a mi biblioteca y saco el libro de Freud que quiero consultar, luego elijo una silla, de preferencia cómoda, pongo mis asentaderas en la silla (el profesor eligió una palabra mucho más sabrosa), abro el libro en el artículo deseado y.... leo". Este recuerdo, ciertamente humorístico, encierra, sin embargo, un importante mensaje: leed Freud, para tratar de asimilar la riqueza de su pensamiento, para interrogarlo en las múltiples derivaciones de su investigación de los procesos inconscientes y no para tratar de traducir o transponer otras ideas, a veces totalmente contrapuestas, a su pensamiento original. El frecuente: "para decirlo en términos freudianos", es numerosísimas veces un argumento retorcido para hacer decir a Freud algo totalmente distinto a lo que su pensamiento plantea en realidad y para tratar de dar cierto "label" de procedencia freudiana a lo que es totalmente ajeno a esta fuente.

Por mi parte, siempre he encontrado, en las sucesivas lecturas, a lo largo de los años, de sus numerosos trabajos, releídos una y otra vez, nuevas ideas, enseñanzas, reflexiones, caminos a desarrollar; nunca tuve la impresión de terminar de releer un texto con la sensación de perder mi tiempo o de recorrer ideas o conceptos que habían perdido vigencia o actualidad, todo lo contrario.

Mis primeras lecturas, durante mi adolescencia, se centraron en los casos clínicos, que leí ávidamente como si se trataran de novelas de misterio, como las historias de Wilkie Collins o Conan Doyle; sin embargo, permanecía escéptico en lo que se refería al descubrimiento de los procesos psíquicos inconscientes y el papel predominante de la sexualidad y las fantasías sexuales infantiles. Mi formación científica en la Facultad de Medicina no me hacía particularmente permeable a ideas que sonaban tan alejadas de mi formación, centrada en los funcionamientos biológicos. Me sentía más identificado con la definición que hacía Jorge Luis Borges de las ideas de Freud: "una sexología de ciencia ficción" ... Claro está que la vida, que muchas veces es sabia, se encarga de rectificar las arrogantes convicciones de la adolescencia, así es que, molesto por ciertas tensiones y sentimientos angustiosos, decidí pedir ayuda a un querido amigo, que sumaba a una enorme aptitud a la escucha, una larga experiencia como psiquiatra y terapeuta. El me recomendó consultar a una psicoanalista que seguía las enseñanzas de Winnicott (yo no lo sabía todavía), así lo hice y concurrí a su consultorio muy atildado y puntual. Escuchó con atención y benevolencia los motivos de mi consulta y la larga lista de prevenciones y desconfianzas y cuando hube terminado, me indicó con una sonrisa una mesa baja en la que había hojas y lápices y me dijo: "haga un garabato", me sentí, en un primer momento, perplejo, desconcertado y pensé que no había entendido bien, ¿Cómo? – le pregunté, "sí, - me contestó – tome una hoja y dibuje un garabato". Como soy de un natural respetuoso y obediente, lo ejecuté; mi garabato era un ovillo disparatado con una vaga forma triangular, "¿Qué ve allí? – me preguntó la analista – Pues... no sé... ¿una pirámide? La analista guardó silencio y al cabo de un tiempo volví a mirar mi garabato y agregué: "sí, una pirámide, justamente anoche soñé que estaba en una, en Egipto...claro que, ahora que lo pienso... una pirámide es en realidad una tumba y.... esto me recuerda que mi madre siempre decía que...

La sesión prosiguió poblada con mis asociaciones y recuerdos, algunos de ellos mezclados con mis lágrimas... cuando salí a la calle, estaba confuso y una pregunta se repetía una y otra vez dentro mío: "pero finalmente... ¿de dónde salió todo esto?" ... ¡Acababa de descubrir mi inconsciente!

Luego siguieron largos años en el diván en los que, progresivamente, fui descubriendo mis pliegues más escondidos, pero lo más importante, fui adquiriendo ese maravilloso instrumento, en su mayor parte inconsciente, que me permitió luego hacer vibrar en esa íntima resonancia el diapasón de mi contratransferencia en las sesiones con mis pacientes.

Mis lecturas de Freud cambiaron, pero nunca se interrumpieron. Cada vez que renuevo la lectura de alguno de sus trabajos encuentro nuevos senderos que se abren a mi reflexión, nuevos cuestionamientos e hipótesis. Parece ser que lo mismo sucedía con el propio Freud que acostumbraba volver a trabajar sus textos, una y otra vez, reformulando sus ideas durante años, mostrando, al hacerlo, que su pensamiento permanecía abierto, nunca cerrado sobre sí mismo de manera autosuficiente y dogmática, como, en oportunidades, podemos observar en los desarrollos de algunos de sus continuadores.

Lo extraño inquietante

Quisiera, hoy, detenerme en uno de sus trabajos de 1920, que me parece, como el resto de su obra, de una total vigencia. Me refiero a *Das Unheimliche* que en nuestro medio encontró una traducción nada feliz como "lo ominoso" o aún "lo siniestro", por mi parte, prefiero utilizar la traducción de Marie Bonaparte: *L' inquiétante étrangeté* (Lo extraño inquietante), que encuentro mucho más adecuada y respetuosa del contenido que Freud le da a este trabajo.

Durante los años 20 Freud despliega una intensa producción teórica. Luego de la Introducción del narcisismo, en la que diferencia la libido de objeto de la libido del Yo, una gran cantidad de trabajos abordan una considerable transformación a nivel de la metapsicología y la teoría de las pulsiones, pero también, un cambio de perspectiva importante en relación al trabajo clínico mismo, en la medida en que Freud comienza a desplazar sus investigaciones del trabajo interpretativo que permite desentrañar los contenidos y representaciones inconscientes hacia el trabajo psíquico elaborativo; de lo que se trata ahora, ya no es solamente hacer consciente lo inconsciente sino también y principalmente lograr que: "donde estaba el ello, el Yo debe advenir", es decir que el esfuerzo terapéutico debe orientarse hacia el restablecimiento de las funciones del Yo en su capacidad elaborativa y de ligamen de la tensión de excitación psíquica o de energía libre propia de los procesos primarios. En esta nueva perspectiva, los procesos transferenciales, tanto en el paciente como en el analista, cobran una importancia primordial.

En los casos en que situaciones traumáticas o carenciales han creado fallas en el repliegue pulsional necesario a la constitución del Yo, es decir, el narcisismo primario, las vivencias vinculadas a esas situaciones traumáticas o carenciales no tienen acceso a la representación y su transposición en palabras. Es allí donde el "contacto" con esos espacios que, por decirlo de alguna manera, son "ciegos" y "mudos", son vividos como sensaciones de "angustia sin nombre" o de "vértigo" o aún de vacío, acompañado de una experiencia de "desmoronamiento o de derrumbe inminente". En todo caso, se encuentra siempre presente la vivencia que explora Freud en el artículo que nos ocupa, la de "extrañeza inquietante". Pero vayamos al encuentro del artículo de Freud.

Luego de un extenso estudio del contenido, extremadamente ambiguo, de la palabra alemana *"unheimliche"*, que, como Freud lo señala, según las circunstancias, indicará lo familiar o lo que no lo es y vinculada con el sentimiento de inquietud o de extrañeza, el autor se dedica a encontrar las raíces de dicho sentimiento o vivencia. Para hacerlo, utiliza los cuentos de E. T. A. Hoffmann y en particular "El hombre de arena"[1]; en él, el protagonista Nathanaël no puede, como lo narra Freud, "a pesar de su felicidad actual, exorcizar los recuerdos que se vinculan para él con la muerte enigmática y aterrorizante del padre que amaba", un recuerdo previo, que se asemeja a la rememoración de un sueño, o más precisamente la evocación deformada y condensada de un acontecimiento de naturaleza traumática (o una sucesión de situaciones traumáticas), y que vuelve de manera recurrente a la memoria del joven, reuniendo a su padre, un invitado enigmático, el abogado Coppélius y el propio Nathanaël

---

[1] En la tradición popular de varios países de Europa, el "hombre de la arena" o "mercader de arena", es utilizado por los padres para amenazar a los niños y enviarlos sin protestas a dormir: "si no vas a acostarte vendrá el mercader de arena". Sería, junto al croque-mitaine en Francia, un equivalente aproximativo de nuestro "cuco".

que, escondido, los espía: "el padre y su invitado están ocupándose de algo cerca de una chimenea en la que arde un fuego intenso. El niño que observa escondido, escucha Coppélius gritar: "Por aquí los ojos, por aquí los ojos", Nathanaël lanza un grito y es descubierto, Coppélius lo atrapa y quiere lanzarle en los ojos granos ardiendo que retira de las llamas para arrojar luego los ojos en la chimenea". Según Freud, en el sueño se hallarían condensados otros recuerdos, y particularmente el de su madre que: "tenía la costumbre de enviar temprano los niños a la cama con esta advertencia: el Hombre de arena está llegando... el niño escucha entonces los pasos pesados de un visitante que acapara al padre por la noche", Freud interpreta a los dos personajes del "recuerdo/sueño" traumático como un desdoblamiento de la imagen del padre: "el padre y Coppélius presentan la imago-padre descompuesta por ambivalencia en dos opuestos; uno amenaza con la ceguera (castración) y el otro, el padre bueno, intercede para salvar los ojos del niño"[2], aunque aquí se abre también otro camino interpretativo en la dimensión de la conflictiva edípica de Nathanaël, que, enviado precozmente a su cuarto por la madre y escuchando los "ruidos" del "visitante", desobedece y "espía" a la pareja de los padres que son sorprendidos en una "ardiente" ocupación, es decir una escena primaria, reprimida y luego representada por la escena-sueño posteriormente relatada. Pero avancemos, más aún, en el escrito de Freud y la historia de Hoffmann. Años más tarde, el estudiante Nathanaël encuentra un enigmático vendedor ambulante italiano, Giusepe Cóppola que le ofrecerá venderle un barómetro, y ante la negativa del joven, le ofrece "bellos ojos"[3] lo que desencadena un sentimiento de extrañeza inquietante en Nathanaël y un acceso de angustia, finalmente le compra

---

[2]   S. Freud, Lo ominoso [1919], *Obras Completas*, Amorrortu ed., Buenos Aires, 1979, p. 232-233.

[3]   *"occhiali"* en italiano (anteojos), lo que provoca la confusión

unos prismáticos con los que espiará (como cuando era niño) el departamento vecino del Profesor Spalanzani[4] y su bella hija, o la que el joven toma como tal, Olympia y de la que se enamora "ardientemente" aunque, como lo señala Freud, permanece "enigmáticamente lacónica e inmóvil" (retengamos este rasgo); Nathanaêl descubre finalmente y con espanto que el objeto de su amor ardiente es un autómata y que Coppola, que le ha aportado los ojos, disputándose con Spalanzani, se los arranca a Olympia y los arroja, ensangrentados, al pecho del atribulado joven que ha acudido a salvar a su amada. Pero dejemos por ahora el relato de Hoffmann para reflexionar en las enseñanzas que éste nos ofrece. Freud interpreta esta escena desgarradora como una repetición del episodio traumático de la niñez: "[...] en la historia ulterior de la vida del estudiante, el profesor Spalanzani y el óptico Coppola, el profesor es por sí mismo una figura de la serie paterna y Coppola es reconocido como idéntico al abogado Coppelius. De la misma forma que anteriormente ambos trabajan alrededor de la chimenea misteriosa fabricando en común a la muñeca Olympia; el profesor es llamado, por otro lado, padre de Olympia. Por esta actividad común, en dos oportunidades, se revelan como los clivajes de la imago paterna, es decir que, tanto el mecánico como el óptico son los padres de Olympia y asimismo de Nathanaël. Anteriormente, durante la escena aterrorizante de la niñez, Coppelius, luego de renunciar a enceguecer al pequeño, le desarticula los brazos y las piernas a título experimental, es decir que operó sobre él como un mecánico con una muñeca. Este rasgo singular que sale completamente de la representación del Hombre de arena, pone en juego un nuevo equivalente de la castración; pero se vincula también con la identidad interna de Coppelius con su réplica ulterior, el profesor Spalanzani, y nos permite la interpretación de Olympia. Esta muñeca

---

[4]   En italiano *"spalancare gli occhi"* (abrir bien los ojos).

autómata no puede ser otra cosa que la materialización de la posición femenina de Nathanaël en relación con su padre en su primera infancia. Los padres de ella – Spalanzani y Coppola – no son, en efecto, nuevas ediciones, reencarnaciones de la pareja de padres de Nathanaël"[5]. Hasta aquí el cautivante trabajo interpretativo de Freud. Pero si pensamos en la manera en que se estructura nuestro funcionamiento psíquico en capas sucesivas de profundidad creciente, como las capas de una cebolla o como la célebre metáfora arqueológica tan apreciada por Freud, se abren a nuestra reflexión otras posibilidades interpretativas que, sin excluir las que Freud mismo nos propone, se sitúan en regiones más profundas o arcaicas del relato de las desdichas del joven Nathanaël. Pero antes de abordar las mismas, planteemos, muy brevemente, algunas ideas en relación a la cuestión de la repetición. En el "Más allá del principio de placer", Freud nos muestra tres formas diferentes en las que la repetición se muestra como una tentativa de elaboración o, más precisamente, como una manera "compulsiva" a elaborar propia del funcionamiento psíquico. Como escribíamos en otro trabajo, "El sujeto revive y reedita sin cesar [...] la escena trágica de su desamparo, dibujando los contornos de un abismo insondable, pero en esta repetición, se esboza también la tentativa de una posible reconstrucción, al mismo tiempo que un llamado desesperado al que frecuentemente sólo responde el silencio..."[6], es lo que plantea asimismo A. Green: "El objeto está manifiestamente ausente en la compulsión a la repetición, pero todas las expresiones de ésta lo llaman a manifestarse, gritan en su dirección: herida de una misión inconclusa o mal iniciada que se enreda en sus esfuerzos por emerger del atolladero en el que corre el riesgo de ser devorado, reproche dirigido a la/el desconocido/a que habría debido cumplir la función

---

5   S. Freud, Op. Cit. , p. 232.

6   Gennaro J. *En los desfiladeros de la psiquis*, p. 102-103

de ayudarlo y que parece haber puesto todos sus medios al servicio del naufragio – o provocarlo – apóstrofe que contiene una última esperanza que la salvación llegará en la culminación de la catástrofe, pero antes de su conclusión, todas estas características apuntan a un objeto inaccesible, infigurable, insondable, de manera que lo que debe ser repetido y vivido, lo que se "reproduce", es el acto de sobrevivencia al que el sujeto debe su salvación *in extremis*, pero del que surge definitivamente mutilado y sin embargo pronto a renovar indefinidamente esta mutilación".[7]

¿No es acaso lo que nos plantea la trágica historia del joven Nathanaël en la reedición de un traumatismo originario que se renueva de manera terriblemente angustiosa una y otra vez? Pero, ¿Cuál es este desgarro originario, el traumatismo o la carencia que se esconde detrás del atroz sufrimiento del personaje de Hoffmann?

En la historia de Nathanaël, su madre aparece totalmente desdibujada, a pesar de los terribles e inquietantes acontecimientos que se tejen alrededor de su hijo, lo que no deja de plantear su papel o, mejor dicho, su ausencia, en su función materna, contenedora y protectora. Esto último nos permite, tal vez, aventurar otra hipótesis interpretativa a los hechos narrados, como también intentar explicar la evidente fragilidad narcisística del joven.

Podemos postular, entonces, que estamos en presencia de lo que A. Green ha denominado "la madre muerta", es decir "una madre que sigue viva, pero que está, por decirlo así, muerta psíquicamente a los ojos del pequeño niño que ella tiene bajo su cuidado"[8]. Madre que, como lo escribíamos en otro trabajo, es capaz de "efectuar un despliegue, más o menos ansioso, de cuidados que pue-

---

[7]   Green A. Le temps éclaté, *Les Editions de Minuit,* Paris, 2000, p. 120.

[8]   A. Green, *Narcissisme de vie, narcissisme de mort,* Cap. VI, La mère morte, Les éditions de minuit, Paris, 1983, p. 222. La traducción y las itálicas son mías.

den tener la apariencia de una buena relación"[9], pero cuya mirada sólo refleja un abismo sin fondo o simplemente la nada, como el autómata de cuencas vacías del cuento de Hoffmann, la muñeca Olympia. El resultado es, como lo dice Green, "la constitución de un agujero en el entramado de las relaciones de objeto con la madre; lo que no impide que las investiduras periféricas se mantengan" una madre que "se siente impotente de amar a su hijo, aunque siga amándolo"[10], la identificación con esta madre muerta, madre transparente (Racamier) e inaccesible, que empujará al sujeto a una repetición sin esperanza buscando un encuentro imposible, repetición sin término de la experiencia de la nada o el vacío, vacío al que el joven Nathanaël se arroja en su trágico fin.

No cabe duda que el estudio clínico y teórico del sentimiento de "extrañeza inquietante", al igual que los conceptos de repetición elaborativa, y la intrincación de los dos flujos pulsionales, constituyen un remodelado de la teoría metapsicológica que ha permitido la investigación y comprensión del vasto campo de las patologías narcisistas, que A. Green denomina la "clínica del vacío", pero también, ha impulsado el estudio de los procesos más arcaicos implicados en la constitución del narcisismo primario y la edificación del Yo. De allí que podamos afirmar que dichas nociones introducidas por Freud en lo que se ha denominado el "giro de los años 20", revisten una gran importancia teórica y clínica y guardan una gran actualidad.

---

[9]   J. Gennaro, *En los desfiladeros de la psiquis, Hazme una casa,* Ed. Biebel, Buenos Aires, 2016, p. 193.

[10]   A. Green, op.cit., p. 231

La extrañeza inquietante en los sueños

Recientemente, Paul Denis, ha estudiado la frecuente manifestación del sentimiento de unheimlich en los niños y adolescentes, aportando otro campo clínico a la vigencia de este concepto freudiano[11].

Intentaremos, por nuestra parte, introducir algunos ejemplos de la manera en que se manifiesta el sentimiento de extrañeza inquietante en los sueños, que en su trayecto regresivo nos conectan frecuentemente con nuestros pliegues más profundos y las huellas más arcaicas, poniéndonos en contacto, como lo decía Freud, con "épocas en las que el yo no estaba todavía rigurosamente delimitado respecto al mundo exterior y al otro"[12], y que producen, también frecuentemente, un intenso sentimiento de "extrañeza inquietante".

Veamos algunos ejemplos:

Una joven mujer que había logrado consolidar, a lo largo de un largo trabajo analítico, su fragilidad narcisista y que, sin embargo, se había sentido fuertemente desestabilizada luego de mudarse a su nueva casa, dejando atrás, al hacerlo, la casa de sus padres y su infancia, me relata el siguiente sueño: "Me encontraba en un lugar extraño, no sabía donde estaba, me invadía una sensación rara, angustiosa, llegaba a una especie de castillo, entraba y encontraba que no había nada adentro". Se despierta angustiada y agrega: "Me siento bloqueada, siento que no sé hacer nada. No puedo agarrarme de nada".

Un joven paciente, estudiante de medicina, ha tenido, en sus cursos de anatomía, contacto con los cuerpos que

---

[11]   P. Denis, No me gusta ser otro, lo extraño inquietante en el niño, en *Controversias en psicoanálisis de niños y adolescentes*, Ed. APdeBA, Buenos Aires, 2015, p. 14-23.

[12]   S. Freud, OCF, *L'inquiétant*, [1919], PUF, Paris, 1996, p. 170. (La traducción es mía).

debían ser disecados. Muy impresionado por ello, me narra el siguiente sueño, que se repite noche tras noche: " Caminaba por un pueblo extraño, parecía una pequeña ciudad europea, con calles estrechas y viejas casas pintorescas, el camino se hacía escarpado, me costaba avanzar; esforzándome, lograba llegar a una especie de plazoleta en la que había un gran montículo de huesos que obstruía el camino que debía seguir, trataba de escalar y los huesos se desprendían cayendo encima de mí, lograba ascender algunos metros pero me resbalaba y retrocedía una y otra vez. Con gran esfuerzo logro llegar a la cima y descender del otro lado y allí encuentro una especie de pequeño taller en el que un viejecito está esculpiendo los pequeños y delicados huesos de la base del cráneo. Siento que es alguien bueno que va a ayudarme y eso me tranquiliza". El análisis de este sueño inquietante, a lo largo de varias sesiones, nos permitió entender que se trataba del difícil trayecto de su análisis, en el que intentaba desprenderse del sentimiento culposo de avanzar en su vida y en su carrera dejando atrás los reproches maternos y sintiéndose responsable de su muerte, para poder encontrar un padre (analista) bondadoso y protector que le permitiera reorganizar y consolidar los fragmentos de su yo.

En el trabajo interpretativo de los sueños, nos encontramos frecuentemente con sentimientos de extrañeza inquietante, que, frecuentemente, despiertan en nosotros, contra transferencialmente, sentimientos análogos, frente a los que podemos erigir barreras defensivas, impidiéndonos escuchar analíticamente el material de nuestros pacientes. Como en el sueño que acabamos de relatar, un viejecito siempre dispuesto a ayudarnos en nuestra tarea, nos escucha y aconseja en las páginas de inagotable riqueza, de las obras de Sigmund Freud.

Bibliografía

Freud S., Lo ominoso, [2019] *Obras completas*, T. XVII, ed. Amorrortu, Buenos Aires, 1976.
Freud S., Más allá del principio de placer,[2020] *Obras completas*, T. XVIII, ed. Amorrortu, Buenos Aires, 1976.
Gennaro J., *En los desfiladeros de la psiquis*, ed. Biebel, Buenos Aires, 2016.
Green A., *Narcissisme de vie, narcissisme de mort*, Les éditions de minuit, Paris, 1983.
Green A., *Le temps éclaté*, Les éditions de minuit, Paris, 2000.

Juan J. Gennaro

Miembro Titular didacta de la Asociación Psicoanalítica Argentina
Ex miembro de la Sociedad Psicoanalítica de París
Ex miembro de la Comisión de Redacción de la Revista de Psicoanálisis de APA
Director de la Biblioteca "W. Baranger" de la Asociación Psicoanalítica Argentina.
E-mail: juan.gennaro@yahoo.com.ar

Escribir: una manera de darle vida al psicoanálisis

Azucena Tramontano

"Mirando atrás, sobre toda esa labor de parches y remiendos que es la obra de mi vida, puedo decir que he iniciado muchas cosas y ofrecido muchas sugerencias. Algo saldrá de todo esto en el futuro, aún cuando por mi parte yo no podría decir si será mucho o poco. Pero puedo, eso sí, manifestar la esperanza de haber abierto un sendero para un importante progreso en el terreno del conocimiento" -Presentación autobiográfica.
(S.Freud 1924)

Confesiones de un viaje

Hace tiempo...recorriendo una ciudad desconocida... iba al encuentro del lugar que había sido la residencia de Sigmund Freud en Viena. Ansiaba llegar y en cada paso reeditaba lo que había leído innumerables veces y que en mi fantasía representaba algo familiar. Tenía cierta inquietud ante la mera posibilidad de que algo frustrara la intención. Con expectativa anhelante los pasos eran cada vez más apurados y a ritmo sostenido.

Llegando a Berggasse 19 (domicilio donde vivió desde septiembre de 1891 hasta emigrar a Londres en 1938) el cielo se había puesto entre grises oscuros y claros y una nube ofrecía la imagen de enormes condensaciones, de imágenes sin nombre, sin definición ni estilo. Dirigía la mirada hacia el paisaje, los detalles que en su voluptuosidad iban abriendo el camino desde donde se dirigía Sigmund, después de encontrarse en el café Landtmann (muy cerca de su casa) con sus seguidores, con quienes compartía ideas sobre la histeria. En ese sitio, en su casa y en las tertulias con amigos se delinearon los contornos de huellas indelebles. Un edificio psicoanalítico que nunca pudo ser derribado por su fuerte construcción amalgamada en cada fusión de ideas que atravesaron las disciplinas afines a las ciencias humanas.

¡¡Estaba en Viena!! Crucé la puerta de entrada con gran emoción. Subí los escalones que conducían hacia la casa del Dr. Sigmund Freud. Leí en la puerta de entrada a su departamento su nombre y entré …a un lugar casi vacío, con escasos objetos, souvenirs, un video sobre algunos detalles de su vida, algunos objetos de colección, una cinta que separaba unos muebles para mirar a distancia.

Una casa llena de fantasmas, convertida en museo que no enaltecía al creador del psicoanálisis. Solo era atractiva porque allí había vivido cuarenta y siete años

Casa de posguerra, casa vacía y emigrada a Londres, donde Freud se protegió del nazismo y terminó su vida.

En un cuaderno para visitantes escribí unas pobres palabras en agradecimiento y consideración a su figura. Ubicada como obrera del consumo que requiere el cuadernito y que como ofrenda recibe las notas de aquellos, que como yo, llegan a ese lugar histórico. Fueron unas líneas, una breve carta escrita con sentimiento y agradecimiento por haber heredado un ejercicio psicoanalítico que contiene en la actualidad esas huellas indelebles

Salí por la puerta de la emblemática residencia Vienesa y a poco de caminar encontré una fiaca, (pferdewagen) carruaje con hermosos caballos negros conducido por un señor de galera. Subí a él disimulando el cansancio de la caminata previa; tuve la posibilidad de volar por los entornos de los castillos de Sissi la emperatriz, con paso elegante y al son del típico tintinear de las patas de esos caballos sobre el adoquín.

Ni Mozart ni el mundo de princesas victorianas tenían la cadencia de algunas notas que volvían al recuerdo de mi práctica e identidad como psicoanalista, después de haber visitado la casa de Freud donde se desarrolló el Psicoanálisis. Todo aquello acompañaba la ensoñación de estar en un tiempo pasado, los castillos y los recordatorios musicales vieneses le daban sello al lugar.

Esa noche al volver, honrada por ser parte de una historia en continua construcción, repasé los motivos que me llevaron al deseo de ser psicoanalista.

Luego dormí y soñé. No recuerdo el sueño... infantil, sexual, edípico.

Al despertar reflexioné sobre las palabras escritas en el cuadernillo. Esa carta que no iba a llegar a su destinatario, seguramente llegará en cada intervención a mis pacientes donde incluya el sostén que mantiene mi práctica y que da cuenta de una filiación psicoanalítica. Primera huella ineludible que recojo de la enseñanza freudiana: escribir según sea el impulso que lleva a hacerlo y en consonancia con las inscripciones de las cuales damos testimonio. En esa oportunidad fue una carta.

¿Por qué la carta?

Las cartas fueron esos escritos a los que recurrió Freud para dar forma tanto a sus expresiones emocionales, como a vehementes propuestas científicas. Acercamiento a los otros con la intención de ser convalidado en alguna extravagancia o en la construcción de una teoría revolucionaria que modificó desde entonces y para siempre el paradigma del sujeto. Freud se comunicaba epistolarmente con quienes amaba y con quienes necesitaba discutir sus ideas.

Las mil quinientas cartas de amor escritas a su novia Martha Bernays muestran el amor y contención prodigado por su amada.

La llamaba ¨mi preciosa y amada niña¨. Fue ¨la mujer delicada a quien pudiera cuidar¨. Pensamiento patriarcal de época que lo mostraba impulsivo, celoso y arrebatado por desear estar con ella. Según sus biógrafos, es por su tremendo ímpetu amoroso que el Psicoanálisis pudo gestarse.

El engarce entre el hombre enamorado y el investigador inscriben historia , como asimismo instalan la necesidad de hablar con otro a quien se confían algunas verdades sospechadas.

Esas cartas de amor y erotismo fueron la forma de enrolar un enlace para siempre. Martha y Sigmund se casaron, tuvieron seis hijos (Mathilde, Martin, Oliver, Ernst, Sophie y Anna). Quizás fueron felices... todo vínculo de amor, en su segunda elección de objeto, da la posibilidad de amar con la incompletud que eso incluye.

Construir con otro - Unión y disenso.

> *Desde luego, también muy pronto supe que las pasiones (Leidenschaften) fácilmente nos hacen padecer (Leiden)*[1]

Muchas fueron las cartas con discípulos tales como Karl Abraham, Carl Jung, Sándor Ferenczi. Como así también los intercambios epistolares con Arnold Zweig, Lou Andreas-Salomé y su hija Anna (psicoanalista). Especial atención despiertan las cartas a sus hijos y yernos, dado que muestran una delicada ternura, una forma de ejercer su lugar de apoyo amoroso y necesario en todo terreno que convoca al padre y a la ley.

Entre 1887 y 1904 mantuvo correspondencia con Wilhelm Fliess. Elocuente   expresión de un intercambio amistoso y científico dando forma a una manera distin-

---

[1] Freud, tomo IV pag. 189

ta de explicar el padecimiento humano.Los mecanismos puestos en juego en la etiopatogenia de los síntomas y conceptualizaciones sobre la nosografía, arrojaron un estatuto diferencial con la psiquiatría de la época.

El 6 de diciembre de 1896 escribe:"tu sabes que trabajo con el supuesto de que nuestro mecanismo psíquico se ha generado por superposición de capas porque de tiempo en tiempo el material existente en huellas mnémicas experimenta un reordenamiento según nuevas concernencias, una inscripción". (pag 218)

Con profundidad y templanza reconoce en su autoanálisis compartido con Fliess supuestos de desarrollos futuros que dieran origen a la concepciones del aparato psíquico retomado en la "Interpretación de los sueños" , en "Más allá del principio de Placer", en "El yo y el ello" y en "Notas sobre la pizarra mágica". Asimismo explora los hechos de la infancia donde cruelmente quedan expuestos la sexualidad infantil, los celos, la culpa y los deseos más ocultos-"una observación... yo había recibido a mi hermano varón un año menos (muerto de pocos meses) con malos deseos y genuinos celos infantiles ..desde su muerte ha quedado en mi el germen para hacerme reproches"(Pag 289 carta del 3 de octubre de 1897). Muchas de las cartas son reveladoras

El 21 de sep 97 escribe:-"no creo más en mi neurótica... "(pag 284) dando lugar a la instalación del concepto de realidad psíquica por sobre el de realidad material...-"en lo inconsciente no existe un signo de realidad de suerte que no se puede distinguir la verdad de la ficción poblada con afecto... la fantasía sexual se adueña del tema de los padres". Así las escenas de seducción trocan por fantasías.

Al poco tiempo el 15 de oct 97- "ser sinceramente sincero consigo mismo es un buen ejercicio. Un único pensamiento de valor universal me ha sido dado. También en mi he hallado el enamoramiento de la madre y los celos hacia el padre y ahora lo considero un suceso universal de la niñez temprana" Y agrega-"cada uno fue una vez en germen y en la fantasía un Edipo así, y ante el cumplimiento del sueño traído a la realidad retrocede espantado con todo el monto de la represión que separa su estado infantil de su estado actual"(Pag 293).

Escribiendo cartas se fue formando el pilar sobre el cual se asienta el psicoanálisis. Bosquejos de investigaciones enmarcadas en un lugar, un topos donde depositar y contener su descubrimiento: el inconsciente y su legalidad

O sea aparato psíquico, sexualidad infantil y complejo de Edipo pisan fuerte el terreno de comprensión compartido en las cartas. Son escrituras que portan huellas ineludibles. Solía despedirse diciendo: caro mío o tu Sigmund, tu fiel Sigmund.

Luego historia de desencuentros y reproches .

En el esplendor de la juventud de ambos y signados por el énfasis en el conocimiento, produjeron una magnífica correspondencia. Freud necesitaba un interlocutor investido para llevar con osadía la medicina a otras esferas. Ambos participaban de ello.. pero como toda pasión llega a su fin, se produjo una ruptura por desencuentros científicos e intolerancia por la diferencia sobre todo en cuanto a la teoría de la bisexualidad.

La ultima carta del 27-7-1904 los muestra desencontrados, enojados, con reproches y desamores sostenidos. Hicieron mucho, compartieron cartas y manuscritos. Ya maduros deciden separarse. Quedaba poco espacio para seguir con los entretejidos de esa historia de amor, produciéndose el desasimiento de este vínculo que se tornó pasional.

Escribir historia

Así como Freud se distanció de Joseph Breuer en sus comienzos luego de una amistad profunda, llegaría el turno de hacerlo con Fliess. La necesariedad del otro, las ausencias, las idealizaciones, la angustia, marcaron el camino del encuentro y posterior desencuentro. Construcciones de un devenir marcado por la lucha, la creatividad, las dudas pero sobre todo por la clínica. Las propuestas freudianas quedaron impresas en sus obras y en su recorrido minucioso y profundo. Fue construyendo y deconstruyendo su propia historia para poder dar a luz el Psicoanálisis. Al ser las cartas referentes de los intercambios producidos con los otros constituyen el rasgo que le otorga a su producción un: No sin otro.

El Psicoanálisis se roza inevitablemente con la experiencia del otro, del intercambio, de la crítica interna y externa. Por eso es tan importante la relación con otros discursos contemporáneos, resituarlo permanentemente en el conjunto de otras teorías y convalidar que nunca es una teoría cerrada. Es por ello que las huellas indelebles vuelven en la práctica psicoanalítica de nuestro tiempo para confrontarlas con otros discursos, con la experiencia que le dió origen y con los problemas que han jalonado y dirigido su evolución. Para no santificar un solo decir; para darle vida en cada reflexión que como acontecimiento nuevo nos interrogue.

La historia del Psicoanálisis, prolífica en pensadores, vió nacer a aquellos que le siguieron, realzaron, modificaron y vivificaron en cada uno de los pilares que lo sostiene, escribiendo también novedosas contribuciones. El valor de la palabra escrita en consonancia con el valor de la palabra para el Psicoanálisis.

Otra de las condiciones insoslayables de su obra será entonces entenderla como una construcción con otro, desde donde el encuentro se ofrece como facilitador de marcas que son indelebles. Escuchar, escribir cartas, escribir sobre los pacientes y sus relatos, generan experiencias de prácticas únicas e irrepetibles que encontrarán acuerdos y disensos según los discursos de la época.

Construir con otro y ser leído arma lazo entre los psicoanalistas. Compartir experiencias clínicas también. Las huellas están recorriendo nuestro quehacer e historia psicoanalítica. Sobre todo por el compromiso de cada analista que, al prestarse a la escucha de un paciente, contiene una teoría que no elude al inconsciente que habla por sus resultados y que no puede menos que incluir que de huellas se trata. Como así también de inscripciones de dichas huellas en quien ejerce el psicoanálisis habiendo sido a su vez analizado.

Aún en Viena

Esperando un café y una deliciosa sacher torte miré hacia atrás y disfruté el momento... el cielo sostenía su color gris .. pasaban conceptos que ya siendo propios no podía imaginar cómo los había descubierto Freud, cómo esa mente privilegiada arribó a la interpretación de los sueños, al Inconsciente y a la sexualidad infantil. Luego al Más allá, al superyó, la culpa, el castigo, el masoquismo...

Conceptos que leí innumerables veces y que a partir de la lectura me convertían en partícipe necesario de su obra. Todos los aspirantes a psicoanalistas lo somos.

La casa vacía de Freud empezaba a ser recuerdo. Con congoja y algarabía llegaba la hora de la despedida. Quedaba en el cuadernillo escrito un tenue agradecimiento. Continuaba en mi lo que queda del otro, su huella que se reedita en cada intervención, señalamiento, transferencia y fenómenos de interlocución donde la palabra adviene la única herramienta posible, generando historia y escritura.

De regreso a Argentina

Seguí reflexionando sobre el impacto de aquel viaje, tratando de refugiarme en la teoría para repensar algunas significaciones que aplacaran las emociones. Ubicando ahora más el devenir de los hechos y los cambios necesarios por los que tuvo que atravesar para ser él también sujeto de época.

Recordé situaciones vividas por quien en su lucha e investigación padeció pérdidas, muertes de seres queridos, guerras y exilios.

La construcción que llevara a cabo en los primeros años fue muy resistida y con enormes tropiezos caía en sus intenciones y volvía a levantarse, dando como resultado final no solo al joven impetuoso que acudía ansiosamente al encuentro de su amada Martha, sino también a la incesante búsqueda de la comprensión de lo que anida en el psiquismo humano. Gran valentía soportando el aislamiento y la intolerancia de la comunidad científica. Cuando ya estaba consiguiendo instalarse en el reconocimiento de sus colegas y habiendo desde 1906 recibido el reconocimiento de la escuela de Zurich y sus ideas estaban en ascenso estalla la primer guerra mundial. Sus hijos varones y su yerno sirvieron en el ejército. Al terminar la misma renace con fuerza el movimiento psicoanalítico y junto con él nuevas preguntas, nuevas observaciones clínicas y por lo tanto nuevas teorías. Muere su hija Sophie. En 1923 enferma de cáncer de paladar; posteriormente sufre la sustracción del maxilar superior.

Iban quedando atrás las emociones de una ciudad florida y llena de música, como lo es Viena, apareciendo la crudeza de la teoría y la inevitable relación entre la muerte y la vida .

Volver a las cartas

Releyendo las que escribía a sus hijos se nota una ética de la franqueza hablando temas que hacen a la sexualidad con sus hijas a quienes les habla sobre la menstruación y los métodos anticonceptivos.

Las cartas a Martin son en su mayoría en el período de la guerra. El 8/8/1914 le escribe:-Querido Martin así como hay que cargar con lo que a uno le toca vivir, también hay que saber gozar de lo que se recibe como obsequio, en este caso, la oportunidad de vivir.... Y luego el 16/8 cuando Martin ya tenía destino, sigue...-si la fortuna no te resulta demasiado adversa, es probable que más adelante, cuando contemples en retrospectiva tu decisión, sientas satisfacción por ello... hazme saber que necesitas de mí...escribe todo lo que puedas. Te saluda con afecto y te pide noticias frecuentes: tu padre (pag 122).

También son desgarradoras las cartas a su yerno luego de la muerte de su hija.

Muerte y vida. Desnudez de la pulsión. Guerras y pérdidas inelaborables. Y un gran espíritu de lucha.

En 1918 escribe "Los nuevos caminos de la terapia Psicoanalítica" dado a conocer en su madurez, en el preámbulo del ¨Más allá del pricipio de placer¨ y de la enfermedad que lo hizo padecer grandes tormentos. Un hombre desgarrado por los acontecimientos de la guerra, que incluían a sus hijos. Pero renacía vitalmente con todo su esplendor. Paralelamente escribe este último artículo que presenta en el Congreso de Budapest, al final de la primer guerra mundial y en el terreno de la desesperanza y destructividad. Sin embargo ya estaba en el hall de entrada la posibilidad de seguir revisando hasta llegar a un vuelco rotundo en sus conceptualizaciones después de 1920: compulsión de repetición, pulsión de muerte, superyó, masoquismo y profundización sobre el tema de la angustia. Quizás en ese doble transcurrir conflictivo de vida y muerte que arremete hasta el día final, él pudo hacer algo más y opinar sobre el futuro de la terapia analítica, no dejando que la pulsión de muerte expresara sus más condicionantes desencuentros con la vida. Estaba desvelado, preocupado por sus hijos y yerno, pero convocado a restablecer su capacidad creativa y producir el hallazgo más espléndido de toda su obra marcando definitivamente el camino de la terapia analítica.

Escribe:-"Nunca nos enorgullecimos de poseer un saber o un poder hacer completos y concluidos". Advirtiendo sobre la incompletud y también sobre la humildad. Pero por sobre todo deja en claro, que existe un método y sobre él hay que seguir los nuevos caminos que se vayan presentando.

Pasado más de un siglo desde aquel momento seguimos insertos en un proceso que por su movimiento sigue vivo y pujante en cada analista que hace el recorrido.

Las cartas y su escritura muestran cómo hizo su propio pasaje por la vida, la investigación, la destructividad y la fuerza del deseo. La vida tiene ese sabor que compromete el deseo y por eso el psicoanalista Freud nos cuenta sobre qué trata aquello que hacemos: psicoanalizar.

Acerca de la clínica psicoanalitica

"El psicoanálisis nació como una terapia; ha llegado a ser mucho más que eso, pero nunca abandonó su patria de origen, y en cuanto a su profundización y ulterior desarrollo sigue dependiendo del trato con enfermos...el psicoanálisis es realmente una terapia como las demás. Tiene sus triunfos y sus derrotas, sus dificultades, limitaciones e indicaciones".(Nuevas Conferencias de introducción al Psicoanálisis-1932)

Agregaría, que sobre todo, tiene una posición que lo particulariza, apela al uso de la palabra en asociación libre y esto marca que en el encuentro terapéutico no podemos dejar de incluir que la escucha compromete al ser del analista.

Son los sujetos hablantes, con los que nos encontramos en nuestra práctica, los que nos dan a conocer sus posiciones subjetivas; nos involucran en la transferencia. Ellos con sus soledades, temores y deseos y nosotros intentando llevar a cabo una práctica que tal cual lo anunciara Freud se torna por momentos imposible. Quizás el factor que más podría destacarse es la presencia del dolor, que por su naturaleza se expande y atraviesa, asimismo, a quien lo escucha. El dolor mudo, el dolor quejoso, el dolor del desamor, el dolor y el miedo por no ser "dueños ni en nuestra propia morada". Empezar a darle sentido a esos relatos e intentar simbolizar algo de lo dicho es una tarea que deberá soportar el analista consustanciado en la trama de la transferencia para poder ir abriendo el abanico de aquello que se esconde detrás de los síntomas produciendo daño, dolor, renuncias, imposibilidades afectivas, fracasos amorosos y toda la gama de reacciones que con su singularidad los pacientes nos presentan.

Sin desconocer que al empezar el tratamiento aparecen las paradojas.

El paciente que consulta lo hace porque sufre; sin embargo en la práctica nos encontramos frecuentemente con que ese sufrimiento es sostenido vehementemente por quien lo padece, resguardándolo, como si al perderlo la vida toda estuviese en una situación de riesgo mayor, que aquél al que somete el dolor psíquico. Siendo el sufrimiento estructural a la constitución del psiquismo humano el manifiesto deseo de los consultantes de librarse de él suele ser una trampa que rodea por el borde un núcleo más indiscernible y oscuro que goza con ese entrampamiento.

Una práctica que solo puede ofrecer un matiz de posibilidad al entender que el tema no es evitar el sufrimiento de nuestros pacientes, sino acompañarlos a que intenten darle otro sentido, que vaya mitigando los imperativos a los cuales se hallan sometidos. Los pacientes dan batalla transmitiendo un relato deformado del meollo pulsional que detrás de él, activamente, se instaura como su amo.

Nuestra función tolera la contradicción de una solicitud de ayuda, a veces para la misma puesta en escena de la más consolidada tendencia a la destructividad.

En la cura habrá que encontrar resultados modestos, tal como anunciara en "Análisis terminable e interminable". Siempre habrá impedimentos para llegar a ella. Solo podemos desde el atravesamiento que cada analista ha hecho en la experiencia de su inconsciente, ofrecer una escucha.

Pensando sobre estos aspectos del ejercicio clínico aparece otra huella ineludible que ancla en el autoanálisis de Freud y su escritura. Se trata de aquellos signos e inscripciones puestos a trabajar en el analista vía su análisis personal

Reflexiones

La obra de Sigmund Freud se fue reformulando permanentemente, nunca estuvo estática, siempre ante la ausencia de significación se reinstaló una segunda oportunidad. Empezó tibiamente junto a los síntomas que ofrecían las histéricas para su comprensión. Articulando luego con las primeras teorizaciones sobre la interpretación de los sueños. Desde entonces Inconsciente , sexualidad infantil y represión se hicieron presentes y para darles un lugar donde alojarse surgió la primera tópica. Luego una gran expansión del pilar construido sobre estos ejes durante aproximadamente quince años, entrando en un lapso de reflexión sobre si mismo hasta llegar al cambio más radical que diera el giro de 1920.

Años de escritura, cartas, disensos, aislamiento, controversias, lucha, empuje, tozudez y amor por el conocimiento.

En ese espíritu febril, la clínica siempre acompañó cada descubrimiento. Desde fines del siglo XIX y principio del siglo XX basta con estudiar su obra para observar cómo se desnudaba la esencia del ser, en cada síntoma que se prestara a la observación.

Freud fue un ser sufriente que acompañó muchas de sus conquistas con fuerte dolores por su cáncer de mandíbula desde 1923 hasta su muerte el 23 de septiembre de 1939. Nunca aplacó su fuerza y en sus tropiezos iba comprendiendo más sobre el sujeto y la furia destructiva de la cual sería protagonista.

Aún más, observó que también el sujeto humano puede ser destructivo consigo mismo y que, crueldad mediante, gozamos cuando sufrimos.

Vemos por lo tanto que el Psicoanálisis no es una práctica romántica. Es una teoría que descarna al yo del sujeto no haciéndolo "dueño ni en su propia morada". Hiere la sensibilidad que idealiza todo proyecto de vida y confronta con la imposibilidad, la castración, el sentimiento de culpa y la necesidad de castigo. Pero nos hace dueños de lo que somos y de la libertad de hacer con ello lo que querramos o podamos luchando, vía el análisis, a mitigar al superyo que con su fuerza poderosa nos impone el sacrificio, la deuda y la culpa.

El camino de la formación analítica tiene grises y luces, sin embargo no hay que perder el entusiasmo, aún cuando la práctica roce el sufrimiento y la desazón. Vale la pena vivirla y el modesto resultado espera como una bocanada de aire puro que oxigena las miserias neuróticas.

Es un desafío de las nuevas generaciones, recoger el guante de las huellas ineludibles, recrearlas y modelarlas según sujetos de época.

El retorno a los fundamentos da ocasión a lo nuevo y plenitud a la escritura promovida por el deseo.

Una carta

Estimados :

El viaje a Viena dejó una marca plagada de emociones. Visitar la casa de Freud renovó la lectura de las cartas escritas por él para reencontrar sus comienzos, la manera de trasmitir descubrimientos, dudas y aciertos.

Al releerlo sigue sorprendiéndome. Siempre encuentro algo revelador.

Escribir, compartir con otros y con ustedes, reafirma el legado que le da vida al Psicoanálisis.

Afectuosamente

Azucena Tramontano

Bibliografía

Assoun, Paul Laurent: *Introducción a la Metapsicología Freudiana*-Paidós,1994.
Barthes, Roland: *Fragmentos de un Discurso Amoroso*-Siglo XXI, 2002
Braunstein, Néstor: *Goce*-Siglo XXI, 1999
Chemama, Roland: *Diccionario de Psicoanálisis*-AE, 1998
Cosentino,J, y otros: *Puntuaciones freudianas de Lacan: Acerca de Más allá del principio de placer*-Manantial, 2000
Etchegoyen, Horacio: *Los fundamentos de la técnica psicoanalítica*-AE,*1993*
Freud, Sigmund: *Obras completas*-AE, Cartas a Wilhelm Fliess-1887/1904- AE,1986
---------*Cartas a sus hijos*-Editorial Paidós
---------*Cartas a la novia*-Tusquets Editor
Gerez Ambertín, Marta: *Imperativos del Superyó*-Lugar Editorial,1999
L , Manantial, 1993
Miller, Jacques Alain: *Recorrido de Lacan*- Quehacer del psicoanalista-Manantial,1996
Roudinesco, E; Plon, M: *Diccionario de Psicoanálisis*-Paidós,1998
Weisz Alvarez,C; Buora,A; Cothros,H; Galak,L; Kury,J; Lauriña,C; Novelli,E; Tramontano,A: *Las máscaras del superyó*, Prístino Ediciones, 2003

Lic. Azucena Tramontano

Miembro titular en función didáctica de la Asociación Psicoanalítica Argentina (APA) y de la Asociación Psicoanalítica Internacional (IPA)
Se ha desarrollado en el ambito de la docencia como profesora adjunta y coordinadora de cátedra de las materias de Psicoanálisis I en la Universidad de Belgrano. En la materia Autores Argentinos de Psicoanálisis en la Universidad Favaloro. En la materia Psicología de la Personalidad en la Universidad de Buenos Aires. Ha sido profesora titular del postrado de Psicoanálisis del Colegio de psicólogos de Morón-Pcia de Buenos Aires . Cargos obtenidos por todos por concurso. Dicta seminarios en el Instituto Angel Gama de la APA y ha dictado seminarios de posgrado en la Universidad de Belgrano.
Tutora y jurado de tesis de final de carrera. Ha recibido varios premios y reconocimientos en mérito a la labor académica en la Universidad de Belgrano (1988, 1993, 1998, 2001, 2003, 2008,2013,2018).
Ex psicóloga del Servicio Infanto-Juvenil del hospital Tobar García y del servicio de Geriatría y adultos del hospital A. Ameghino
Ex Supervisora del Servicio de Psicopatología Infanto-Juvenil del hospital Ramos Mejía y del servicio de adultos del hospital Argerich. Actual supervisora de los candidatos a psicoanalistas de la Asociación Psicoanalítica Argentina.
Ex miembro de la Comisión Directiva y de la Revista de Psicoanálisis de la APA.
Coautora del Libro "60 años de psicoanálisis en Argentina", Buenos Aires: Lumen (2002), "Las máscaras del Superyó", Buenos Aires: Ediciones Prístino (2003) , "Los Enigmas de la sexualidad", Buenos Aires: Editorial Travesía 2007, "Trabajando en cuarentena en épocas de Pandemia" y "Las redes humanas. Lo humano de las redes" Buenos Aires: Ricardo Vergara Ediciones 2020
Ha presentado trabajos en diferentes congresos y jornadas nacionales e internacionales. Fascículos de orientación docente, artículos en la revista de Psicoanálisis de APA y en la Revista Moción de APA.
Ha desarrollado y Coordinado los cursos virtuales de la APA (2005/2018).
Actual Coordinadora de la Comisión de Evaluación de los trabajos de promoción a miembro titular de la APA.
Actual integrante de la Comisión de Enseñanza del Instituto de Psicoanálisis Angel Garma de la APA.
E-mail: azutramontano@gmail.com

Sobre el mito de origen:
Abrazar a Freud[1]

Christian Lopardo

"Bernardo de Chartres decía que nosotros somos como enanos que están sobre los hombros de los gigantes, de modo que podemos ver más lejos que ellos no tanto por nuestra estatura o nuestra agudeza visual, sino porque, al estar sobre sus hombros, estamos más altos que ellos."
Juan de Salisbury
(Metalogicon ,1159)

Es probable que si se les preguntara a los analistas cual consideran es el inicio del psicoanálisis no haya una respuesta unívoca. Estarán quienes apelen a un hecho puntual, como por ejemplo la publicación de "La interpretación de los sueños" (1900a [1899]), otros que remitan al vínculo entre Freud y Fliess o la construcción de un concepto específico como el inconsciente dinámico, la transferencia o la apreciación de la realidad psíquica. Estarán, además, quienes se refieran a un hecho clínico y consignarán al análisis completo del sueño de la inyección a Irma o el autoanálisis de Freud. Es factible que todos ellos tengan sus razones para optar por una u otra respuesta o que incluso haya otras respuestas posibles. Y también es probable que todas ellas sean correctas. El propio Freud, en un comienzo, dijo que fue Breuer el que diera nacimiento al psicoanálisis al vincularlo al tratamiento de Anna O (1910a, p. 7) y sólo años más tarde modificó está consideración (1914d p.7). Por consiguiente, se puede decir que nuestra ciencia no posee un origen

---

[1] Una versión acotada de este artículo fue presentada en el LV Symposium y XLV Congreso de la Asociación Psicoanalítica Argentina.

preciso; me refiero a una fecha o hecho que dé cuenta de su nacimiento y sea más bien una construcción progresiva, donde varios elementos o piezas den cuenta de un conjunto no establecido desde el comienzo.

Sin embargo, tanto los individuos como los pueblos han sabido tejer respuestas acerca de la pregunta por sus orígenes. Los primeros brindan pistas por medio de sus sueños, acompañados por relatos de sus antecesores y fantasías diversas, se observa particularmente en los niños un intento de comprensión al elaborar las teorías sexuales infantiles. Los segundos por medio de las fábulas y mitos -los llamados "sueños seculares"-, que como construcciones sociales han sido trasmitidas de generación en generación. Sueño y mito comparten, desde ya, ciertas características. Sobre ellos los psicoanalistas han trabajado poniendo de relevancia que poseen un sentido oculto y que si tienen ese disfraz no es más que para velar aquello que no puede mostrarse abiertamente.

Si continuamos con la lógica que el psicoanálisis le imprimió a los mitos y los sueños y buscáramos en la bibliografía psicoanalítica una escena que en su forma condensada nos permita pensar acerca del origen del psicoanálisis estaríamos en la senda para responder la pregunta. Si existiera una escena que con viva plasticidad dé cuenta de lo orígenes míticos del psicoanálisis, entiendo, sería la siguiente:

> *"Un buen día hice una experiencia que me mostró bajo una luz brillante lo que venía conjeturando desde tiempo atrás. Me encontraba con una de mis pacientes más dóciles, en quien la hipnosis había posibilitado notabilísimos artilugios; acababa de liberarla de su padecer reconduciendo un ataque de dolor a su ocasionamiento, y hete aquí que al despertar me echó los brazos al cuello. El inesperado ingreso de una persona de servicio nos*

> *eximió de una penosa explicación, pero a partir de entonces, en tácito acuerdo, renunciamos a proseguir el tratamiento hipnótico. Me mantuve lo bastante sereno como para no atribuir este accidente a mi irresistible atractivo personal, y creí haber aprehendido la naturaleza del elemento místico que operaba tras la hipnosis."* (Freud, 1925 [1924] pp.26-27)

Diversas consideraciones, que trataré de explicitar a continuación, me instan a darle especial valor a esta escena y homologarla a los llamados mitos de origen.

Quizás sea la más superficial el hecho que ningún historiador ha podido determinar con exactitud la cronología de la escena, quien era la paciente o ni si quiera si la escena relatada fuera verídica. Chertok y de Saussure (1973), quienes se han acercado más al estudio de la prehistoria del psicoanálisis, ubican la escena entre 1890 y 1892, más como bien afirman "no se puede fechar con precisión el episodio" (p.170).

Más importante es considerar que en ella se observa un salto cualitativo en sus aspectos técnico, clínico y teórico; se da el pasaje de la sugestión a la conceptualización de la transferencia, los trabajosos métodos para lograr la hipnosis a la asociación libre, pero además, suspender la hipnosis permite el afloramiento de la resistencia como observable clínico de la represión, ambas veladas por su uso, permitiendo que el trabajo con ellas diste de la búsqueda catártica al exponerse el conflicto psíquico. Sorprendido por la manifestación del amor de transferencia, la escena relatada nos brinda la oportunidad –a nosotros, los psicoanalistas- de observar como Freud descubre y trabaja en simultáneo con la transferencia y la contratransferencia, incorporándolas como herramientas indispensables del trabajo analítico y de ese modo llegar más lejos que el limitado Breuer.

En suma, en la escena mítica se conjugan en simultáneo los principales componentes del edificio doctrinal del psicoanálisis, los pilares de nuestro arte y ciencia; la doctrina de la represión y la resistencia, la sexualidad infantil, el uso y la interpretación de los sueños para conocer lo inconsciente.

Sobre esto último me expido a continuación.

Movilizados por la "luz brillante", conforme a como el soñante observa un sueño al excitarse el sistema perceptivo, propongo que consideremos este recuerdo, además, como una construcción onírica y la analicemos tal como nos enseñó Freud, para así poder interpretar su contenido y deducir el pensar inconsciente que se esconde tras lo manifiesto.

Vislumbramos entonces, que cuando habla de la atribución a sus encantos personales subyace un verdadero análisis de la transferencia y la contratransferencia. El "despertar" se refiere a los sentimientos que en él (Freud) se despliegan y la mención a la "serenidad" como un hecho confirmatorio. Entiendo, además, el ingreso del tercero como la aparición de una idea, la cual le permite "haber aprehendido la naturaleza del elemento místico". El producto del interjuego entre transferencia-contratransferencia da lugar al desarrollo del psicoanálisis como teoría y al lugar del psicoanalista en las escenas que se despliegan. Hecho que se repite en cada análisis, ¿A qué otra cosa refiere la persona de servicio si no es simbólicamente a la aparición del analista? (Á, Garma, 1962)

En otro registro del sueño, y hasta biográfico de Freud, la imagen del tercero nos remite al complejo de Edipo. La luz brillante, símil al alumbramiento con el que se describe al nacimiento, da paso al encuentro de la madre con su bebe. En este sentido, Freud es el "dócil paciente" que abraza a su madre y "el inesperado ingreso de una persona de servicio" -a los ojos del niño- en la escena edípica representaría al padre, vivenciado como intruso que interrumpe la fascinación materna pero que a la vez lo sustrae del encantamiento de la madre y su posible infatuación, permitiendo, con su presencia, una salida exogámica (representado claro está, en su contrario: "entrar al cuarto"). Vale recordar un fragmento de "Vida y obra de Sigmund Freud" escrito por Jones: "(Freud) Había nacido con la cabeza cubierta por una membrana fetal, hecho éste que se interpretó como seguro augurio de felicidad y fama. Y cuando cierto día una anciana, con quien la joven madre se topó por casualidad en un almacén de pastas, reforzó esta creencia, informándole que había traído al mundo un gran hombre, la orgullosa y feliz mamá creyó firmemente en la predicción". (p.14)

En la misma línea, ¿no es la hipnosis el producto de vestigios de esa relación materna y el pasaje al psicoanálisis una posible superación? ¿No podríamos afirmar que fue Freud el que con sus descubrimientos conquistó los secretos del inconsciente al realizar este pasaje? ¿No se caracterizó Freud por abrazar su descubrimiento y defenderlo de cuanta amenaza interna o externa surgía?

Freud dirá; "Cuando uno ha sido el predilecto indiscutido de la madre, conservará toda la vida ese sentimiento de conquistador, esa confianza en el éxito que no pocas veces lo atraen de verdad" (1917, p.150)

Reconocemos, además, en este recuerdo una versión distinta del padre, con otro matiz al que habitualmente nos tiene Freud acostumbrados (¿menos parcial podríamos decir?), y que uno de los clásicos ejemplos figura en la carta a Romain Rolland, donde la visita a la Acrópolis es interpretada como la conjugación de culpa y satisfacción por intentar sobrepasar la prohibición de llegar "más lejos que el padre" y lograr así "la superioridad de los hijos" (1936a, p. 221).

Por último, si nos aventurándonos un poco más ¿no observamos en los tres personajes de la escena una representación plástica de las tres instancias psíquicas? El despertar de la paciente representando la movilización de los impulsos sexuales del ello, el superyó intentando detener, al modo de la censura, el despliegue de los mismos y el yo, lidiando con sus servidumbres "en tácito acuerdo".

El renunciar al tratamiento hipnótico para crear el psicoanálisis da cuenta del proceso que hizo Freud a partir del análisis de la transferencia y la contratransferencia dando valor no solo a la figura del paciente o del analista sino al vínculo que se suscita entre ellos y lo que en la potencialidad este es capaz de desplegar. Abrazar a Freud es abrazar su modo de pensamiento, es identificarse y diferenciarse, abrazar a Freud como punto de partida del psicoanálisis, abrazar a Freud como nacimiento del psicoanalista.

Bibliografía

Anzieu, Didier, (1980), *El autoanálisis de Freud y el descubrimiento del psicoanálisis*, Siglo veintiuno, México.

Chertok L y Saussure R (1973), *Nacimiento del psicoanalista, vicisitudes de la relación terapéutica de Mesmer a Freud*, Gedisa, Barcelona, España.

Eco, Umberto, (2001), *A hombros de gigantes en A paso de cangrejo*, Sudamericana, Buenos Aires.

Freud, Sigmund, (1900a [1899]) *La interpretación de los sueños*. AE 4 y 5.

(1912b) *Sobre la dinámica de la transferencia*. AE, 12.

(1917) *Un recuerdo de infancia en Poesía y verdad*. AE, 17.

(1925d [1924]) *Presentación autobiográfica*. AE, 20.

(1936a) *Carta a Romain Rolland (Una perturbación del recuerdo en la Acrópolis)*. AE, 22.

Garma, Ángel, (1962), *El psicoanálisis: teoría, clínica y técnica*, Paidós, Buenos Aires.

Jones, Ernest, (1960), *Vida y obra de Sigmund Freud*, Lumen-Horme. Buenos Aires, 1966.

Lopardo, Christian, (2017), Acerca de la construcción de "Puntualizaciones sobre el amor de transferencia a la luz de la correspondencia entre S. Freud y sus discípulos. Presentado en 50° Congreso de la IPA, 2017.

Winocur, Jorge, (1978), Una interpretación al "Sueño del niño ardiendo" en *Revista de Psicoanálisis*, Vol. 35, N° 1 pp. 61-68. Asociación Psicoanalítica Argentina, Buenos Aires.

Christian Lopardo

Licenciado en Psicología por la Facultad de Psicología (UBA). Profesor en Psicología por la Facultad de Psicología (UBA). Miembro de Gea, Centro de Supervisiones Clínicas. Analista en formación de la Asociación Psicoanalítica Argentina. Actualmente se desempeña como secretario científico del Claustro de Analistas en Formación (APA). Autor de diversos trabajos presentados y publicados en diferentes ámbitos.

E-mail: christianlopardo@hotmail.com

Freud, Bion un encuentro ineludible

M. Josefina Saiz Finzi

[...] Ninguna otra técnica de conducción de la vida liga tan firmemente a la realidad como la insistencia en el trabajo que al menos lo inserta de manera segura en un fragmento de la realidad , la comunidad humana [...]
El malestar en la cultura Freud(1930)

Esta frase me resulta inspiradora para pensar en la actualidad del trabajo analítico y sus circunstancias sociales, así como la vigencia de los escritos técnico-clínicos-sociales de la gran obra de Freud.

Freud continúa : "[...] La posibilidad de desplazar sobre el trabajo profesional y sobre los vínculos humanos que con él se enlazan una considerable medida de componentes libidinosos, narcisistas, agresivos y hasta eróticos le confiere un valor que no le va en zaga a su carácter indispensable para afianzar su vida en sociedad. La actividad profesional brinda una satisfacción particular cuando ha sido elegida libremente [...] No obstante el trabajo es poco apreciado como vía a la felicidad por los seres humanos [...] uno no se esfuerza hacia él como hacia las otras posibilidades de satisfacción[...]". (N. pie de pág. 80).

Pocos años mas tarde escribe Por qué la guerra? (1933) en respuesta a la carta enviada por Einstein, muestra su interés permanente sobre temas sociológicos en época de alerta, antes de desencadenarse la segunda guerra mundial. Allí, entre su dolor por las acciones bélicas que el hombre produce, aparece un sentimiento esperanzador: pone como condición psicológica para que se dé el paso de la violencia a un nuevo derecho de poder de la comunidad, que se cumpla "[...la unión de los muchos, teniendo que ser ésta permanente, duradera [...]" Cuando los miembros de un grupo humano reconocen esta comunidad de intereses aparecen entre ellos vínculos afectivos, sentimientos gregarios que constituyen el verdadero fundamento de su poderío. [....]" (p. 189)

Mas adelante expresa su escepticismo, aunque reconoce que lo que impulsa la evolución cultural obra contra la guerra.

W.Bion, es un original psicoanalista continuador de la obra de Freud, creador de teorías sobre neurosis y psicosis, estados mentales, pensamiento esquizofrénico. Toma en cuenta hasta que punto la personalidad psicótica difiere de la no psicótica, reconoce los principios de "El malestar en la cultura" sobre la importancia del conflicto entre los instintos de vida y muerte.

Vive dos experiencias personales en tiempos de la guerra que marcan sus descubrimientos teóricos sobre la dinámica de los grupos.

Siendo joven participa en la primera guerra mundial como soldado, lucha en el frente viendo morir a su grupo de compañeros.

En la segunda guerra es nombrado psiquiatra director del sector de rehabilitación de un hospital psiquiátrico militar, trabaja con grupos conformados por personal en adiestramiento de tareas.

Desarrolla la teoría de los grupos, diferencia el grupo de trabajo de los estados emocionales inconscientes que subyacen, los llama grupo de supuestos básicos.

Si no se resuelven dichas emociones, el grupo y el objetivo del trabajo está amenazado. La cooperación es una parte voluntaria , saludable, del estado del grupo. El terapeuta es parte de los sentimientos grupales amor- odio, conceptos tomados de la teoría de M.Klein.

Describe los sentimientos de bienestar que proporciona el lugar de la realidad, cuando se logra el objetivo del trabajo. Al resolver las fantasías de ataques y destrucción, se estimula la experiencia de la actividad mental.

Bion(1976) observador de sí mismo en la interrelación, formula ideas como mentalidad grupal, cultura grupal afianzando la investigación sobre el conocimiento de los vínculos continentes de emociones primitivas en una realidad de hechos observables.

Freud (1911) en un importante trabajo considerado por Bion, investiga la relación del hombre con la realidad , partiendo desde los procesos inconscientes presenta el yo de placer ligado a la fantasía, mientras que el yo de realidad desde la función del pensar, acepta lo desagradable, lo asegura contra perjuicios, permite beneficios. Describe como el aparato psíquico desde el polo perceptual desarrolla la atención, la memoria, el registro y el proceso de pensar. Concluye con la mención del arte que reconcilia al hombre frente a la incertidumbre del principio de realidad y junto con el principio del placer le concede a la vida anímica libertades a través de las fantasías.

El desarrollo de la ciencia derrota al principio del placer por el de realidad, descubriéndose una ganancia del placer intelectual ligado al logro científico.

Bion acuerda con Freud que el aparato mental se activa por las demandas del principio de realidad, ya que el pensamiento permite tolerar la frustración. Su hipótesis es que dicho estado de frustración es anterior y condiciona para que aparezcan los pensamientos y el aparato para pensar. Elabora su teoría del pensamiento destacando el reverie materno, capaz de contener las emociones-frustraciones del bebé, transformadas en pensamientos por la acción del mecanismo de identificación proyectiva, un canal de comunicación entre ambos.

Su última epistemología tiene como paradigma la multidimensionalidad, explora el psicoanálisis desde vértices como la filosofía, las matemáticas de los patrones, la física cuántica, la geometría topológica, el arte , inscribe al psicoanálisis en una matriz de espacio abierto infinito. Así la mente, los vínculos, se dan en un espacio multidimensional.

Por lo tanto investigar el vínculo desde la transferencia-contratransferencia, intuición, cesura, cambio catastrófico, reverie, amplía la capacidad mental de ambos, paciente -terapeuta en un encuentro emocional a descubrir. La función reverie del analista interviene en la comunicación y transformación de emociones en ideas y pensamientos.

El valor de estos dos grandes pensadores ilumina el trabajo clínico, sus teorías parten de la observación psicoanalítica en una realidad multideterminada, compleja, intentando moderar la frustración, el poder-hacer: desarrollar la imaginación, un estado ligado a la fantasía anclada en la realidad de lo posible a conquistar.

Encuentro con la clínica de nuestros días

En estos años 2020-21 la pandemia planetaria ocasionada por el virus Covid 19 es una realidad insoslayable. La angustia despertada por el dolor, ataque, muerte, representa para la humanidad una evidencia del desvalimiento humano y su vulnerabilidad.

En tanto las amenazas a la vida continúan y marcan la caída de las ilusiones como una nueva realidad, la relectura de las obras freudiana y bioniana, produce un efecto de verdad comprobada: juego de pulsiones , manifestación exterior de pulsión de muerte, pulsión de vida, creatividad, apuesta libidinal, inermidad, rotura de lazos, narcisismo-socialismo, cooperación.

Destaco la cooperación, capacidad intersubjetiva del ser humano de comprender la mente del otro, de transmitir las intenciones de supervivencia, de la necesidad de estar cerca y asistirlo, de la búsqueda de seguridad creando lazos afectivos capaces de sostenerse frente al miedo de la pérdida de uno y del semejante. Modelo bioniano continente –contenido.

En el trabajo científico, Freud (1911,1927) se puede conocer algo acerca de la realidad del mundo, a partir de lo cual podemos aumentar nuestro poder y organizar nuestra vida. La actividad científica ha demostrado, que lo por- venir no es una ilusión, sino esperanza. Hoy, la rápida investigación de las vacunas y su aplicación atenúan esa presencia amenazante y real de la muerte.

Al mismo tiempo se confirman las tres fuentes de sufrimiento que aqueja al ser humano, Freud (1930) : 1) brotan del cuerpo, con señales de dolor, muerte, 2) del mundo exterior con los desastres naturales o inmunológicos y 3) de los vínculos enloquecidos con otros seres humanos cuando se rompe el sistema de protección natural.

La vida actual se impone dolorosa, frustrante. Sin embargo, en una paradoja existencial, escuchar el dolor, intervenir, sostener la angustia de quien consulta, reafirma la vida en ese juego de transferencia-contratransferencia en momentos de urgencia.

El trabajo analítico en tiempos de crisis planetaria representa una de las formas posibles de crear bienestar y sostener-se desde las palabras y actos donde las emociones-sentimientos como el amor da un modelo de "relativa felicidad." Freud (1930).

Las demandas son por descompensaciones, estados límites, duelos recientes o congelados, ataques de ansiedad, pánico, rupturas del pensamiento, acciones en el cuerpo, intentos de suicidio. Saiz Finzi,(2021)

Es necesario diferenciar la pre-pandemia donde situaciones de sufrimiento, duelos disociados de la conciencia, eran contenidos precariamente por redes: familia, grupos, trabajo. Se mantenía la estructura débil del yo.

La violenta ruptura de la realidad provocada por los contagios y muertes marcaron el pasaje-cesura al estado de pandemia. Los estragos, el conocimiento de los hechos que la provocaron siguen siendo parte de explicaciones donde la fantasía y la realidad dieron lugar a mitos colectivos, falsas teorías, conocimientos pseudo-científicos en una danza de angustias persecutorias.

En la post-pandemia, si así se puede llamar, se presentan cuadros francos de crisis, descreímiento, agotamiento, fobias , consultas cargadas de emocionalidad desbordada.

Adolescentes con cortes en la piel, vínculos enfermos, ideas de suicidio, amenazas.

Un señor con arrebatos de furia psicótica, a partir de la enfermedad y muerte por covid 19 de su progenitor.

Muchos casos se suceden, familias donde el contagio y la muerte es realidad, no un mal sueño perseguidor.

Una madre, su soledad del hijo desaparecido, enfermedades y vínculos rotos.

Alteración del sueño de bebes y papás sin saber qué hacer, encierro endogámico, situaciones de violencia física y psicológica , actos sin pensamiento.

Embarazos de riesgo con ataques de angustia , medicación psiquiátrica, estados depresivos. Preocupación por el sufrimiento fetal en partos prematuros. Madres aisladas.

Estados psicóticos con delirios de persecución, caída en alucinaciones.

No estamos en guerra como Freud se encontraba en 1917 o 1937.

Diferenciarnos es imprescindible, se trata de un estado semejante al comprobar la indefensión humana y sus derivados; la presencia y acción del poderoso virus, desata estados mentales primitivos de pérdidas afectivas reales, con ansiedades catastróficas. El virus es un significante abierto para investigar las representaciones personales.

 En mi experiencia actual al trabajar en programas de atención comunitaria, con encuentros online, gratuitos o bajos honorarios, tratamientos institucionales, recordé la frase con la que comienzo este trabajo. El efecto continente del escuchar receptivo, el poder de la palabra, disponibilidad afectiva, contención, que tienen los encuentros, cambia la soledad al ser recibidos, siendo alojados en sus temores y esperanzas.

En muchos casos era la primera vez que hablaban con un psicoanalista, no conocían cómo, qué significaba pasar por esa experiencia nueva. La oportunidad de ser parte activa reclamando escucha, es un efecto de la presencia del virus. En las consultas -conversaciones se observa psicoanalíticamente la mente intervenida por las fuerzas activas en el tiempo y en el espacio abierto, transgeneracional y el azar. De acuerdo a la filosofía de Bion la multidimensión complejiza la mente humana abriendo más ventanas, dando sentido a los pensamientos existentes y los por- venir, en estado "nascente". (1967)

A su vez, la re-lectura de los escritos técnicos que Freud escribió en épocas de guerra, lucha, exilio, produjo en mi, un estado de confianza, una contención, una identificación de lucha contra la adversidad y un marco teórico-clínico donde reafirmar el conocimiento en transformación.

En estos tiempos las consultas virtuales a distancia, llevan a la creación de una intimidad dentro de un encuadre ¿flexible? Entonces es imprescindible pensar el encuadre interno como parte de la identidad analítica, en revisión, en momentos de cambios personales y sociales. Al decir de Bion (1992) puede ser una catástrofe o un verdadero cambio psíquico. Lo llama cambio catastrófico, cuando considera el crecimiento mental, lo compara con las crisis en momentos evolutivos: nacimiento, niñez, adolescencia, adultez, senectud, muerte, acompañado de los estados mentales en turbulencia. Sor(1998)

Dra. Sara Zusman de Arbiser

Re-visitando a Freud: la técnica psicoanalítica.
Permanencias - Cambios

Desde 1910 hasta 1937 Freud escribe sus trabajos sobre técnica.

Congreso de Nuremberg"[...] el éxito que la terapia es capaz de alcanzar en el individuo tiene que producirse también en la masa [...]" 1910 (pag.140) cuando se refiere a que los síntomas ya se conocen en la sociedad aunque se pretenda ocultarlo y dejan de ser "ganancia de enfermedad ", alerta que "[...] la neurosis tiene su función biológica como dispositivo protector y su justificación social, puede ser el desenlace mas benigno entre todas las posibilidades [...]"pág.141 "

[...] igual es necesario el esclarecimiento de la masa de la que se espera la más radical profilaxis de las neurosis [...] desde lo social [...]" pág.142

"[...] En el futuro como analistas [...] la mejora de nuestras posibilidades: el progreso interno, el aumento de autoridad de la práctica analítica, el efecto universal de nuestro trabajo [...]"(pág. 133)

Freud (1911 -15) "Trabajos sobre técnica psicoanalítica". Sus discípulos necesitan seguir avanzando con el maestro en la praxis de la doctrina psicoanalítica.

Puntúa la importancia de los sueños [...] ese "arte " interpretativo [...] del analista y ese interés que despierta en el analizando [...] su producción hacia el conocimiento del inconciente [...] La transferencia [...] ligada a ver la "necesariedad" de su comprensión en el tratamiento, cómo se "repite" normalmente hacia el analista, sus modelos, resistencias, ser vistas, nadie puede ser *ajusticiado in absentia o in effigie.*

En "Consejos al médico" (1912) considera la "individualidad" del analista, el rasgo personal incluido en la cura. ¡Hoy decimos la persona del analista! Desautoriza tomar notas durante la sesión, prestar la misma atención libremente flotante a todo, (pág. 111) "prestaremos atención pareja a todo cuanto hay que observar, contrapartida de la regla fundamental del psicoanálisis, en la que se le pide al paciente que refiera todo lo que aparezca en su mente sin seleccionar sus pensamientos y ocurrencias [...] abandonarse a sus memorias inconscientes". (pág112)

Al decir de Bion, sin memoria, sin deseo, sin comprensión. Se trata del valor de no obturar la mente del analista con conceptos que cambien su estado de observación atenta, al mismo tiempo espontánea, intuitiva, para captar lo nuevo en cada situación de encuentro.

Freud utiliza la metáfora del cirujano que en la mesa de operación deja de lado sus afectos, su compasión humana y realiza una operación acorde a las "reglas del arte". Para Bion la técnica virtuosa de las manos del cirujano que deben ejercitar sus dedos para manipular pequeños huesos [...] el ejercicio mental para tener un instrumento afinado [...] la escucha.

Freud "[...] Peligro de "obtener un logro convincente para los demás" en pos de falsear los fracasos y obstáculos frecuentes en la práctica ya que no es nuestro deseo de curar el que se impone sino la posibilidad siempre inestable de la persona del consultante [...]" "[...] Volver hacia el inconsciente emisor del enfermo su propio inconsciente receptor, acomodarse como el auricular del teléfono se acomoda al micrófono]...]" (pág 114).

Desconectar la crítica a lo inconsciente y a sus retoños [...]

Para Bion los prejuicios son parte de un estado anterior a la formación de los juicios, si queda detenido el proceso del pensar no se produce el conocimiento.

Freud deja abiertas las puertas para revisar nuevas ideas sobre la técnica y al mismo tiempo se muestra riguroso con los pilares de la teoría psicoanalítica.

En (1913): "[...] la extraordinaria diversidad de las constelaciones psíquicas intervinientes (incluida la personalidad del analista) se opone a la fijación mecánica de una regla [...]".

Insiste en un punto clave: el dominio de la técnica a partir de la experiencia clínica y no de los libros.

Bion, desde la observación del hecho real en la clínica va descubriendo los modelos o patrones del paciente, desde las inferencias conoce la teoría individual del paciente, sus mitos propios.

Freud se adelanta a la rigidez del uso de las reglas técnicas "[...] las variadas formas de las enfermedades que tratamos no pueden tramitarse mediante una misma técnica, ello implica una actividad nueva [...] nuevos desarrollos aguardan a nuestra terapia [...] Notan ustedes que se abre un nuevo campo para la técnica analítica [...]" (1918).

Cuando piensa en los beneficiarios del análisis considera a las clases pudientes que pagan sus propios médicos y se apartan del psicoanálisis con variados prejuicios.

Toma la posición de reconocer que "[...] algún día la conciencia moral de la sociedad despertará y le recordará que el pobre no tiene menos derechos a la terapia anímica [...] se abrirán lugares de consulta donde pueda ser atendido [...]". Habla de tratamientos gratuitos. "[...] y hasta los que tengan menor cultura se beneficiarán, se buscará para las doctrinas teóricas expresiones simples e intuitivas [...]". (1919)

Su último escrito presenta una modificación técnica, poniendo fecha para finalizar el tratamiento de su paciente y su observación de cómo se encuentra el yo, si fortalecido o debe ser seguido, teniendo en cuenta sus recaídas.

"[...] construir o reconstrucción como el arqueólogo [...]" (1937)

Dice que el psicoanalista debe ser en su consultorio una especie de poeta, artista, hombre de ciencia y teólogo, ser capaz de dar una interpretación o una construcción.

Pasaron 104 años, de estos artículos de Freud, su vigencia es absoluta.

Al destacar algunas de sus ideas centrales, pienso en el valor clínico contenido en el inicio de un encuentro-conversación, un diálogo analítico espontáneo, intuitivo, gratuito, hasta resolver la guía a un tratamiento o no. Activando los principios del psicoanálisis en la persona del analista que dispone una mente receptiva, abierta en sus capacidades.

"[...]El analista debe ser capaz de construir una historia, pero no sólo eso: debe construir un idioma que él pueda hablar y el paciente entender. Entre tanto, tiene que saber tolerar este universo en expansión que crece con mas velocidad de la que cree. El analista puede pensar con la rapidez suficiente para llegar de la nada a las interpretaciones, pero cuando ha terminado de hablar, el universo ya se ha extendido hasta que sus límites se pierden de vista. El problema es como ser lo suficientemente fuertes para tolerar tal situación: propuesta mucho mas modesta que tratar de agregar algo nuevo al psicoanálisis [...]" (Bion ,1978, p.31).

Identidad analítica – Observación psicoanalítica

Considero la identidad en estado de transformación, esculpida como una obra de arte donde al seguir trabajándola se encuentre una posición analítica madura, Lisondo (2020) destaca la importancia de la Observación de bebes (E.Bick) en la formación de la identidad analítica, ya que la personalidad del analista se conmueve a partir de profundas experiencias emocionales en contacto con la realidad externa de la familia y el bebé. Aprende a observar las relaciones y auto-observarse. Desarrolla capacidades para transformar las emociones en comprensión desde una mentalidad creativa.

La capacidad de espera, sin certezas, con sabiduría, respeto a lo desconocido, aceptando los misterios, dudas, componen un repertorio de logros que fortalecen el Ser de un analista apasionado.

En el encuentro con sucesos inesperados: accidentes, enfermedad, muerte, migraciones, esculpe su personalidad sensible, ética, ante el sufrimiento humano.

El lugar del objeto externo real en la construcción de la psique del analista es continua, renueva sus propias experiencias infantiles resignificandolas.

De acuerdo al torbellino emocional en ese espacio mental interno resuenan "los estados primordiales" de la constitución psíquica primitiva, se activan las angustias. Vamos del desvalimiento traumático que se representa en toda situación de cambios que nos sobrepasan y sus efectos en la desubjetivación, al despertar de la capacidad sensible, receptividad conciente –inconciente, donde la empatía acerca a captar sensaciones sin palabras, intuidas desde estados anteriores muy primarios, en una creatividad de ritmos, climas, tonos de voz, gestos, todo contenido en el vínculo transferencial.

Freud proponía la posibilidad de re-análisis cada 5 años, es imprescindible el autoanálisis, el estado de observación vitalizante.

La observación psicoanalítica presente en el campo observacional se nutre de la atención consciente e inconsciente dirigida hacia los acontecimientos internos y externos como bien Freud aprendiera de su admirado maestro Charcot en La Salpetriere.

*"[...] Solía **mirar una y otra vez** las cosas que no conocía, reforzaba día tras día la impresión que ellas le causaban, hasta que de pronto **se abría el entendimiento** [...]"*(Freud, 1893, 1914, 1924).

Representa ese estado que Bion resalta, de espera, no apresurarse a querer saber hasta que se presente el dato, momento oportuno. Si bien la intención refiere a esa curiosidad propia del científico para comprender la clínica, desde Bion también está ligada a la propia experiencia intrauterina, de haber sido bebe gestado, contenido en una relación sensorial muy activa, rica en estados de envolturas psíquicas que fueron transformándose hasta llegar a nacer.

"Existe mucha mayor continuidad entre la vida intrauterina y la mas temprana infancia de lo que la impresionante cesura del acto de nacer quisiera hacernos creer". Freud(1926).

Esta frase da lugar a un gran desarrollo de conjeturas sobre la continuidad y cambios en el crecimiento de la mente humana.

Bion imagina la formación de los estados protomentales existentes en el bebe antes de nacer, donde cuerpo y psique están indiferenciados y la vida prenatal contiene movimientos, tacto, sonoridad, sensaciones.

El trabajo psíquico de observar y transformar los prejuicios en curiosidad, en capacidad activa de comprensión, en confianza, aceptando los cambios que todas las consultas promueven tanto en el analista como en el paciente, lleva a encontrar la habilidad para ser un observador psicoanalítico.

Volviendo a las recomendaciones técnicas de Bion: "*sin memoria, sin deseo y sin comprensión*", grandes aliados en lograr el mejor estado para observar. Sin la memoria obstructiva que usa el pasado como refugio saturando el campo con lo ya conocido. Para admitir lo nuevo y lo desconocido ayuda la memoria evocativa que aparece sin buscarla. Sin comprensión que sature e impida ver más allá de lo conocido.

Bion como Freud, a lo largo de sus vidas, cada uno, fueron desprendiéndose de conceptos y transformándolos.

Piensa la imaginación, como la habilidad para mover la mente en diferentes direcciones, vértices desde donde observar y dar sentido a los hechos con diversas hipótesis o conjeturas imaginativas.

La intuición ligada a la imaginación como un talento que se desarrolla, se logra a través de la experiencia de observación, ampliando la percepción de lo inconsciente a develar.

Su libro *Transformaciones. Del aprendizaje al conocimiento* es un aporte a la observación minuciosa. En él afirma *"La teoría de las transformaciones y su desarrollo no se relacionan con el cuerpo principal de la teoría psicoanalítica, sino con la práctica de la observación psicoanalítica. Las teorías psicoanalíticas, los enunciados del paciente o del analista son representaciones de una experiencia emocional"* (Bion, 2001).

La capacidad de sentir y entender la pasión y la fe psicoanalítica, cómo las conceptualiza, lleva al compromiso para mantener las condiciones del tratamiento, como el encuadre y sus derivaciones.

Pone la atención sobre más escucha y menos interpretación, hasta que se sienta que el paciente ya está allí donde puede comprender.

La confianza, saber esperar en la relación entre paciente y analista. Esto da la paciencia, prudencia y sabiduría.

Poder ser minucioso en la escucha, ya que muchos datos están esperando ser recogidos.

Agrego la esperanza que fertiliza el encuentro oportuno de dos pensadores humanistas continentes, comprometidos con el descubrimiento de la verdad de las emociones del ser humano, en un compromiso pulsional entre vida y muerte.

Para concluir

Retomando a Freud en su escrito "El malestar en la cultura" y como contrapunto a la vulnerabilidad del hombre y sus sufrimientos, se expresa así:

> *El amor [...] modelo de toda dicha [...] el amar
> y ser amado.*
>
> *La técnica de vida fundada en el valor de la feli-
> cidad del amor, la belleza de formas y creaciones,
> la actitud estética mitiga los sufrimientos [...]*
>
> *La belleza y el encanto propiedades del objeto
> amoroso [...]cada uno debe ensayar las formas
> para encontrar eso que se llame bienestar.*
>
> *[...] Posibilidades de cultivar cada uno su jar-
> dín, satisfacciones que mitiguen las irreparables
> pérdidas imposibles de cambiar o controlar [...]*
>
> *La felicidad alternancia de estados , es episó-
> dica, las satisfacciones anheladas alternan con es-
> tados de desdicha [...]*
>
> *Como llevar la satisfacción a la realidad? Va-
> liéndose de la fantasía [...] dicha y sosiego, ex-
> trañarse del mundo con lo posible de la creación,
> sin embargo los dolores del cuerpo se convierte en
> fuente del padecer insoportable!*
>
> *Hay una manera de encontrar el camino : como
> miembro de la comunidad trabajando con la técni-
> ca de la ciencia, trabajar con todos para la dicha
> de todos.*

Bibliografía

Bick, E. (1964) Notas sobre la observación de lactantes en la enseñanza del psicoanálisis. *International Journal of Psychoanalysis*
XLY,4

Bion W. (1976) *Experiencias en grupos.* Buenos Aires: Paidos

__________ (1977) *Volviendo a pensar.* Buenos Aires Horme

__________ (1978). *Seminarios de Psicoanálisis.* Buenos Aires . Paidos

__________ (1992) *Catastrofic change en Atención e interpretación*
Cap. 12 Londres Karnaks Books

__________ (2001) *Transformaciones.* Valencia : Promolibro.

Freud,S. (1910) *Las perspectivas futuras de la terapia psicoanalítica.* Vol.XI Buenos Aires: Amorrortu 1976

__________ (1911) Formulaciones sobre los dos principios del acaecer psíquico Vol XII Buenos Aires: Amorrortu 1976

__________ (1911-1913) *Trabajos sobre técnica psicoanalítica* Vol.XII BuenosAires: Amorrortu 1976

__________ (1919) *Nuevos caminos de la terapia psicoanalítica.* Vol. XVII Buenos Aires: Amorrortu 1976

__________(1927) *El porvenir de una ilusión* Vol.XXI Buenos Aires: Amorrortu 1976

__________(1930) *El malestar en la cultura* Vol. XXI Buenos Aires: Amorrortu 1976

__________(1933)*Por qué la guerra?(EinsteinFreud)Vol. II BuenosAires: Amorrortu

__________(1937) Análisis terminable e interminable BsAs.:Amorrortu 1976.

Lisondo, A.D.(2021) La importancia de la Observación de bebés. E. Bick en la formación de la identidad analítica. Conferencia en México.

Saiz Finzi, M.J. (2021) Despertando luces en la oscuridad. En Sara Z. Arbiser y col. *Relatos de la práctica psicoanalítica.* Buenos Aires: Ricardo Vergara Ediciones 2021

Lic. M. Josefina Saiz Finzi

Psicoanalista Miembro titular en función didáctica APA
Full-member IPA - Fepal.
Docente de seminarios del Instituto de Psicoanálisis APA y del Centro de Estudios Dr. Jose Bleger APA.
Integrante de la Comisión Directiva del Centro de Investigación y Orientación Enrique Racker APA.
Miembro de ALOBB-AIDOBB Asociación Latinoamericana de Observación de bebés. Método E. Bick. Asociacion Internacional Observación de bebés E. Bick.
Miembro de IAN Argentina Asociación Internacional Apego.
Miembro del Espacio Bowlby APA.
Miembro Grupo Latinoamericano de Estudios Bionianos.
Doctoranda del doctorado en Psicología USAL-APA
E-mail: josefinafinzi@gmail.com

Y ahora? Cómo seguimos?

Nora Koremblit de Vinacur

¿Cómo se deviene psicoanalista? Formándose desde el trípode: análisis personal, supervisión y estudiando psicoanálisis.

De dónde partimos en el recorrido psicoanalítico?, indudablemente desde Freud. Esto significa que en nuestro propio psiquismo nos vemos marcados por la teoría freudiana, a veces sin siquiera darnos cuenta.

En nuestra clínica cotidiana, muchas veces, no registramos su presencia, sus palabras y sus enseñanzas. Sin embargo, todo nuestro trabajo se ve envuelto y nos acompaña, marcado por un rumbo que ineludiblemente es, el de poder develar el inconsciente.

Consideramos a Freud como el punto de partida y luego de eso, todo lo que hacemos, escribimos y pensamos psicoanalíticamente es siempre desde la obra freudiana.

Las consultas actuales en el siglo XXI nos llevan a muchos nuevos cuestionamientos que necesitan formas diferentes al momento de pensarse en la clínica.

En un trabajo presentado en el congreso de psicoanálisis de FEPAL del 2016, en coautoría con José Sahovaler, recordamos que Freud en "El malestar en la cultura," nos dijo: " Con ayuda de todas sus herramientas, el hombre perfecciona sus órganos, los motrices así como los sensoriales, o remueve los límites de su operación. Los motores ponen a su disposición fuerzas enormes que pueden enviar en la dirección que quieran como sus músculos; el barco y el avión hacen que ni el agua ni el aire constituyan un obstáculo para su marcha. Con las gafas corrige los defectos de las lentes de sus ojos; con el largavistas atisba lejanos horizontes, con el microscopio vence los límites de lo visible que le impondría la estructura de la retina [...]" En este párrafo Freud describe diferentes herramientas que los hombres fueron inventando para ayudarse.

Nos preguntamos en ese trabajo realizado con mi colega:

"[...]Pensemos juntos acerca de los cambios que esta era, dominada por la información y por la estimulación senso- perceptual va generando en el psiquismo, especialmente en niños y adolescentes.

En ese texto fuimos considerando diferentes conceptos evolutivos y madurativos pensados desde Freud y post freudianos, tales como los descriptos por René Spitz, psicoanalista austro-estadounidense, fallecido en 1974. En su célebre libro: El primer año de vida del niño, describe el concepto de organizadores del desarrollo psíquico infantil.

En la actualidad, en nuestro trabajo clínico, los organizadores descriptos por dicho autor los observamos de un modo mucho más anticipado del modo cronológico que él los describe

En forma recurrente surge la pregunta acerca de los niños y las pantallas.

Quisiera repensar muchas cosas que fui describiendo a lo largo de estos años, ya que a partir de la pandemia, la tecnología se transformó en herramienta esencial de trabajo tanto para adultos como para niños.

Fuimos viendo que los niños frente a las pantallas a lo largo de los años iban adquiriendo un lenguaje neutro, casi en sustitución con los primeros modos de hablar dado a través de la comunicación con otro humano.

Empezaron a aparecer cada vez más niños muy inquietos, sobreexcitados en contextos que no siempre eran atribuibles a situaciones familiares promiscuas que justificarían excesos de estimulación sexual.

Recuerdo, en una oportunidad, escuchar en una conferencia a Elizabeth Roudinesco, la célebre psicoanalista, que al iniciar su exposición agradecía, para mi enorme sorpresa, haber nacido en Francia y no en Estados Unidos.

Ella se describía como una persona inquieta, excitada, muy movediza y pensaba que si hubiera nacido en USA ya hubiera sido rotulada como ADD y probablemente medicada con Ritalina.

Por haber nacido en Francia ella sentía que se le dio la oportunidad que, gracias a su propia inquietud, la fue llevando a curiosidades y nuevos horizontes en la investigación.

Me pregunto si ocurre lo mismo con las nuevas consultas que estamos recibiendo.

Acerca del tema de identidad de género, en un trabajo que presenté en las jornadas interregionales de Niñez y adolescencia en Asunción en 2019, me surgieron todos estos interrogantes.

Allí me refiero a las preocupaciones en torno a estos conceptos, la mirada desde los propios niños, como se autoperciben, de los padres y escuelas desde momentos muy tempranos en el desarrollo.

En un trabajo muy minucioso sobre el tema, Graciela Woloski menciona un concepto que describe muy bien Silvia Bleichmar. Sostiene que "la identidad sexual es el resultado de una síntesis del conjunto de identificaciones, en clave de registro narcisista y se refiere a lo que el sujeto siente que es, mientras que la elección de objeto se ubicaría en la coordinada del registro objetal. El interjuego entre identificación y elección de objeto es constante y cambiante"

Puntualmente, es un tema nuevo que viene dando lugar a distintas controversias y posturas, que sin duda, si no hubiéramos partido desde los desarrollos de Freud, nada de todo esto hubiera tenido lugar para ser pensado y cuestionado.

Aurora Pérez, psicoanalista argentina fue recopilando trabajos en su libro: " Psicoanálisis, pediatría y derecho" donde describe su mirada interdisciplinaria, cómo la realizó a lo largo de toda su obra.

Parece ser un eje conductor la inclusión de la familia en el abordaje de la problemática del niño, permitiendo la comprensión del origen de sus trastornos. La autora planteó la necesidad de establecer variaciones al dispositivo clínico para incluir tanto entrevistas familiares como vinculares que permitieran resolver situaciones que mostraban obstáculos de diversa índole en el tratamiento psicoanalítico tradicional individual.

?En qué momento nos encontramos ahora?
Estamos transitando una pandemia.
Según Luisa Rossi, en una presentación en FEPAL de febrero de 2021 [...] "12 psicoanalistas conversando sobre la pandemia [...]" sostiene
"[...] La salud mental se ha colocado en el vértice de innumerables foros de discusión, flotando en un ambiente de consternación colectiva que invade todos los órdenes de la vida cotidiana [...]"
Queda claro que nuestro quehacer analítico no es el mismo. La situación nos ha atravesado a todos por igual: pacientes y analistas.
Janine Puget y Leonardo Wender en 1982, escribieron en: Analista y paciente en mundo superpuestos: "[...] Talón de Aquiles del psicoanalista y del psicoanalizado dado que esta problemática se inscribe en el dilema aun no resuelto de realidad externa y psicoanálisis. El mundo superpuesto es un momento de eclipse analítico[...]"
Sostiene José Sahovaler "[...] Desde que el niño nace la madre, los objetos primordiales y la sociedad entera

se encarga de construirle un porvenir. La edificación de un futuro posible es central en cualquier proyecto educacional y es determinante en el momento del armado del principio de realidad [...]"

Coincido que el apocalipsis pandémico en el que vivimos y la falta de futuro se articula con la amenaza vital presente. En esto nos encontramos todos inmersos, con sentimientos de desazón y de desesperanza y temores a nuevos proyectos.

Sin embargo, quisiera destacar que hay franjas etarias en las que todo esto los impacta de manera diferente.

Quisiera remitirme a mi propia experiencia clínica y a los múltiples foros e intercambios que se fueron dando a lo largo de este último tiempo.

En la revista Controversias: Adolescentes en pandemia: en torno al concepto de astenia psíquica, Susana Mauer, psicoanalista argentina hace una excelente descripción. Describe las conductas observadas "[...] Cambios bruscos de humor, desgano, angustia, trastornos del sueño, comportamientos alterados, como algunas expresiones psíquicas de estos tiempos de cuarentena extendida muchos meses del año 2020 [...] Un estado psíquico de falta de deseo, al que llamo astenia psíquica, constituye uno de los malestares predominantes de la vida psíquica en pandemia. Se presenta como una fatiga anímica en las que las motivaciones y los intereses parecen desvanecerse. Una suerte de desinvestidura libidinal temporaria del mundo que habitan. Podría interpretarse como una depresión, sin embargo insisto en diferenciarlas aunque las separe una sutil línea en sus manifestaciones. La astenia psíquica no necesariamente implica tristeza. No se instala con la contundencia de un estado depresivo con vivencias de desmoronamiento y pérdida del sentido de la vida [...]"

De un modo exquisito, la autora va haciendo una muy adecuada descripción de lo que vamos observando en nuestra clínica actual.

"[...] El desánimo y la falta de recursos para enfrentar el imperativo del aislamiento y la adversidad activó en muchos adolescentes un amplio espectro de síntomas como comportamientos fóbicos, ritualización obsesiva y ansiedades persecutorias que los llevaron a estados de retracción preocupantes.

Es curioso como el mismo entrenamiento de la virtualidad ha servido para encontrarse, sostenerse y defenderse de lo desconocido porvenir.

Cada generación tiene una manera de ver el mundo debido a los acontecimientos globales y cambios tecnológicos económicos y sociales que les tocó vivir y desde 2010 llegó la primera oleada de personas que es completamente nativa digital. Se los conoce como la generación alfa.

Una de las características de esta generación es que mira al mundo a través de una pantalla, ya sea a través del teléfono, de la Tablet o de la computadora.

Las generaciones anteriores se definían por sucesos históricos importantes pero actualmente se pueden diferenciar por el uso de tecnologías. Están criados en familias en las que los roles parentales tradicionales están más desdibujados que décadas atrás. Hoy las tareas se comparten, sin embargo, el ambiente en el que se desarrollan, completamente conectados a los móviles y a internet, podría afectar la disponibilidad emocional que los padres tienen con sus hijos, así como la atención que les brindan.

Son niños que tienen menos interacción a través de historias narrativas y menos intercambio de lenguaje lo que provoca que haya mayor patología vincular y discursiva entre otros síntomas.

Si volvemos a la pandemia, a los padeceres de las familias, es interesante considerar que surgen los dispositivos electrónicos como refugios de momentos de sufrimientos de los hijos.

Lo que muchas veces es leído por los padres como grandes ensimismamientos es, tal vez, el recurso posible y conocido para transitar estas nuevas adversidades.

También son momentos de encuentros con sus pares que, a pesar de la distancia, siguen estando juntos.

Breve viñeta clínica:

Consultan los padres de Gabriel de 14 años porque le tiene miedo a las palomas.

Regresaron al país por razones laborales de su padre. Antes habían estado en dos países diferentes durante cuatro años en cada uno. Llegaron a la Argentina y al poco tiempo de instalarse comenzó la pandemia y no pudo concurrir a clase ni conocer a sus compañeros.

No manifestó enojo ni tristeza por tener que irse del último país que residieron. Me sorprendió ese comentario y luego fui entendiendo que a través de las redes Gabriel seguía vinculado a ellos, casi, como si no se hubieran despedido. Los juegos en red le fueron dando un marco de sostén que transitoriamente permitió hacer una separación de los vínculos que dejaba.

Lo nuevo, eran las palomas que en los países que estuvo no había, y al mejor estilo estudiado por Freud en el caso Juanito, le permitía expresar, su fobia, al desplazar en las palomas un gran temor a soportar sus vivencias parricidas, consecuencia de una resignificación del Edipo. Vivía con sus padres y la pandemia no le permitía salir, quedando enclaustrado con ellos y sus salidas siempre terminaban con palomas al acecho que le recordaba que estaba en el exterior pero sólo con su familia.

Lo virtual era un" como si", estoy afuera aunque sigo adentro.

La tecnología le fue sirviendo, al menos transitoriamente, para ir elaborando sus propios cambios corporales, ingreso en la adolescencia y distintos duelos por sus propios cambios, físicos y psíquicos.

Si en algo ayudó esta pandemia fue a reconsiderar los beneficios de la virtualidad, tan mal visto y con tan mala prensa desde los adultos que no sabíamos de sus enormes ventajas.

Constantemente nos preguntamos si volveremos a lo mismo de antes cuando todo esto termine. Estaremos idealizando lo que teníamos por incapacidad para adaptarnos a lo nuevo?

En eso creo que, tanto los niños como los adolescentes nos han dejado importantes enseñanzas.

Además de los fallecidos por esta tremenda pandemia, fuimos viendo como tuvimos que repensar muchas ideas acerca de la virtualidad que, creo que debido a nuestra propia dificultad de comprender y a un saber único y poco flexible, fuimos reconsiderando los dispositivos como malas influencias para nuestros hijos.

Me quedo con este concepto de la generación alfa, padres desdibujados, crianza diferentes a décadas atrás.

La pregunta que surge es: como se posicionan los padres actuales? Cuáles son las funciones posibles en contextos tan difíciles donde supuestamente son los hijos los que parecieran tener los saberes sobre los propios padres?

Entendemos que como psicoanalistas no podemos pensar a una familia si no es dentro de un contexto, esto implica que las consideraciones acerca de la socialización, la comunicación y los roles de los padres y de los hijos deben ser recontextualizados.

A pesar de los cambios existentes, la familia sigue teniendo una función socializadora y de transmisión de normas y valores. Es un conjunto de pactos y acuerdos inconscientes donde se acordarán lo permitido y lo prohibido.

Aurora Pérez entiende la familia como la matriz del nacimiento, organización y estructuración de lo psíquico. Plantea que un niño sin adultos significativos que le den respuestas psicológicas adecuadas no estructuran bien su aparato psíquico.

Los padres y madres de hoy, así como la familia en su conjunto sufren las crisis de los modelos tradicionales y del mundo líquido de nuestros días, tal como lo plantea Bauman.

Las funciones maternas y paternas son lugares cambiantes, por el contexto, por la época y por diferentes circunstancias.

Todos estos cambios tan profundos hacen tambalear a los propios padres sin saber qué camino tomar en la crianza. De este modo, los propios hijos quedan muy solos y perdidos en su propia virtualidad.

Es necesario fortalecer a los adultos en sus funciones, empoderarlos nuevamente para que puedan sentirse capaces de sostener a sus hijos, aún ante la propia ignorancia virtual, que refleja la necesidad imperiosa de poder ser acogidos y guiados en la vida.

Seguir siendo referentes ante sus propios ojos y por ende ante sus hijos con posibilidades de imitar y rivalizar dando la posibilidad de un sano crecimiento.

Bibliografía

Freud Sigmund: El malestar en la cultura (1927-1931) *Obras Completas*, Tomo XXI. Amorrortu editores

Koremblit Nora: Nuevas consultas y nuevas escuchas. Jornadas interregionales de Niñez y Adolescencias. Agosto 2019

Koremblit de Vinacur, Nora(2020) El niño y el encierro en la pandemia. Publicación de www/e-journal *Psychoanalysis Today/* Respuestas al Covid

Mauer Susana. *Adolescentes en pandemia: en torno al concepto de astenia psíquica. Controversias en Psicoanálisis de Niños y Adolescentes.* N 28-2021 pp 115-128

Pérez Aurora(2001) *Psicoanálisis, Pediatría, Familia y Derecho.* Buenos Aires, Carybe Editare

Pedrón de Martín, Liliana: Comunicación personal

Puget Janine y Wender Leonardo : Analista y paciente en mundos
superpuestos. *Revista APDEBA*. VolVI n3 1982
Sahovaler Jose: El huevo de la serpiente. Comunicación personal
Sahovaler José, Koremblit Nora y otros: Las tecnologías y el psicoa-
nálisis. Trabajo presentado en las jornadas de FEPAL en Cartage-
na en 2016
Spitz Rene. *El primer año de vida*. Ed. Aguilar 1972
Woloski, Graciela y otros: Particularidades de la identidad de género.
Facultad de Psicología. UBA. Anuario de investigaciones/ volumen
XXII. 2017

Lic. Nora Koremblit de Vinacur

Licenciada en Psicología. Universidad de Buenos Aires. Argentina
Miembro titular en función didáctica de la Asociación Psicoana-
lítica Argentina (A.P.A.). Miembro de FEPAL.(Federación Psicoa-
nalítica de América Latina). Full Member de I.P.A. (International
Psichoanalytical Association).
Especialista en Niños y Adolescentes de la Asociación Psicoanalíti-
ca Argentina.
Miembro del Comité Políticas Públicas de la Comisión de Niños y
Adolescentes de FEPAL (2018-2020)
Coautora del libro: Parentalidades: Interdependencias transforma-
doras entre padres e hijos. Compiladora. Lic. Eva Rotenberg.
Coautora trabajo junto con José Sahovaler Las tecnologías y el psi-
coanálisis, presentado en Jornadas de Fepal en Cartagena 2016
Coautora del libro: Relatos de la práctica psicoanalítica: Transmi-
tiendo experiencias. Compiladora: Dra. Sara Zusman de Arbiser.
2021. Ricardo Vergara Ediciones.
Autora de " El niño y el encierro en la pandemia". Comunicación
breve. www/e journal Psychoanalysis. Today/ Respuestas a Co-
vid-19-2020
Autora de artículo publicado en la Revista de A.P.A. de 2015: Ado-
lescencia y redes sociales.
Colaboradora en varios seminarios del Instituto de Psicoanálisis de
APA
E-mail: noravinacur@gmail.com

Actualidad de un fundamento freudiano: "Introducción del narcisismo"

Jorge Eduardo Catelli[1]

[...] Y el remanso respondió:
'Pero yo amaba a Narciso porque,
cuando recostado en
mis orillas se inclinaba a mirarme,
en el espejo de sus ojos,
veía mi propia belleza reflejada.'
Oscar Wilde, 1894

1. De las huellas en un recorrido

Cuando la célebre introducción del narcisismo a la teoría de la libido cumpliera cien años, tuve el gusto de escribir un artículo publicado en la Revista de Psicoanálisis de la Asociación Psicoanalítica Argentina, alusivo al centenario de aquel escrito fundamental. Esto me condujo a investigar y puntualizar algunas cuestiones en relación con las ideas acerca del narcisismo a lo largo de la obra freudiana, con algunas consideraciones, acerca del mismo, "cien años después", (Catelli 2014 d), siguiendo líneas teóricas de algunos de mis maestros, desarrollos compartidos con otros colegas e ideas que la práctica clínica, fueron corroborando o refrendando acerca de esta temática.

Me propongo aquí, gracias a la convocatoria de la querida Sara Zusman de Arbiser, retomar el mencionado artículo, para repensar la vigencia de un clásico fundante, pilar de nuestra teoría y práctica clínica, en tanto huella

[1]   jorgecatelli@gmail.com

indeleble de nuestro psicoanálisis. Sea esta también una oportunidad para retomar algunas articulaciones posibles con algunos otros conceptos fundamentales freudianos, que a lo largo de casi ciento treinta años de construcción del psicoanálisis, se imbrican y cobran renovada fuerza para nuestro arte y ciencia.

2. Problematizaciones, historia y contexto de un clásico

> *[...] Y ahora un año más adentrado*
> *en esta rara vida en la que el estado anímico*
> *es por cierto el único valor efectivo.*
> *El mío vacila, pero como ves, como*
> *dice en el escudo de armas de*
> *nuestra querida ciudad de París:*
> *Fluctuat nec mergitur. [...]*
> Freud a Fließ.
> Carta del 21.09.99

Si necesitamos hablar de un "clásico actual", en una suerte de oxímoron que reafirma la vigencia freudiana, es seguramente por nuestros propios cuestionamientos -junto con los que desde otras ciencias nos profieren- desde el nacimiento mismo del psicoanálisis, que tanta resistencia ha despertado y suscitado, cultivando generaciones de detractores del mismo. *"Fluctuat nec mergitur"*[2] es la respuesta de un Freud fecundo y lúcido, al escribir la "Contribución a la historia del movimiento psicoanalítico", ante los fuertes embates del momento.

Esta frase, atribuida a san Juan Crisóstomo, es el lema de París, y se encuentra en el escudo de la ciudad, que contiene un barco navegando en un mar agitado. Se dice que París es representada por un barco porque la Isla de la Ciudad (*Île de la Cité*) tiene la forma de una embarcación. Divisa y escudo de armas tienen como origen la Corporación de Barqueros del río Sena; este po-

---

[2] N. del A.: Lat. "Se sacude –fluctúa– pero no se hunde"

deroso gremio controló el transporte y comercio probablemente desde la misma era romana, ya que para llegar a la Isla de la Ciudad había que utilizar embarcaciones. Aun cuando a través de los siglos se convirtió en una institución más parecida a un gobierno municipal que a una organización de comercio, se conservó el lema y escudo de armas original, y es por eso que la Municipalidad de París las conserva hasta la fecha.

Es interesante que Freud ya hubiera utilizado esta cita en dos cartas a Fließ, unos catorce y quince años antes. La primera en la que aparece es del 21 de septiembre de 1899[3] y la otra, del 9 de junio de 1901[4] . En la primera, le hace una doble alusión a Fließ, que también me resulta muy interesante comentar, ya que Freud, estaba en ese entonces en las pruebas de galera del libro de los sueños, y le dice a Fließ que *"no puede prescindir"* de él, como corrector, pero sobre todo por su amistad y por ser "el representante del 'otro'". En esta carta hace referencia a su preocupación por el libro de los sueños, sus correcciones, sus notas y también en relación con el dinero. Es ahí en que dice que *"en esta rara vida [...] es el ánimo el único valor efectivo"*. Dice que el suyo vacila, pero como se lee en el escudo de armas de *"nuestra querida ciudad de Paris, Fluctuat nec mergitur"*.

En 1914, escribe la "Contribución a la historia del movimiento psicoanalítico", con motivo de las fluctuaciones de la nave del psicoanálisis, que venía observando en sus más cercanos colaboradores, fundamentalmente en Adler y Jung. Los desacuerdos del primero con las opiniones de Freud habían alcanzado su punto máximo en 1910, y los del segundo en 1913, según cita Strachey, y Jones en la célebre biografía (Cf. Jones, p. 142 y sig.)-. Tal como señalaba en 2014d, en la *"contribución"*, como con el "narcisismo", Freud enunció postulados e hipótesis fundamen-

---

[3]   Cf. n° 215.

[4]   Ibíd. 267

tales del psicoanálisis, para señalar que las teorías de Adler y Jung eran totalmente incompatibles con aquellos.

En "Introducción del narcisismo", compuesto casi al mismo tiempo que la "Contribución", también surgen los puntos de discusión de Freud con sus colegas, especialmente para mostrar que el concepto de narcisismo constituye una alternativa frente a la "libido no sexual" de Jung y a la "protesta masculina" de Adler. Del mismo modo que el historial clínico del Hombre de los lobos (1918b), escrito en lo esencial a fines de 1914, aunque publicado con dos pasajes adicionales, recién en 1918, como una refutación empírica a Adler y Jung. Hay otras refutaciones a Adler en diversos lugares de la obra, quizás un poco más austeras que estas, sin embargo pueden mencionarse la discusión con aquél, respecto de las fuerzas motivadoras de la represión, en la sección final de "Pegan a un niño", (1919e) AE, 17, pp. 197 y sigs. Otra severa crítica a Adler, se encuentra en la conferencia 34 de las nuevas conferencias (Cf. pp. 130-2), luego de citar su encuentro con Georg Brandes y el modo en que aparecen en éste las resistencias a admitir las ideas respecto del Complejo de Edipo y a su vez el modo en que Freud las utiliza para avanzar sobre ellas.

Asimismo plantea la entusiasta bienvenida que la multitud habría de darle a una doctrina que no admita complicaciones, conceptos de difícil comprensión, ni inconsciente alguno y que además elimine de un tajo el problema de la sexualidad.

Más adelante alude a Jung refiriéndose a que *"un analista menosprecie el influjo del pasado personal y busque la causación de las neurosis solamente* en motivos actuales y en expectativas sobre el futuro", como un descuido del análisis de la infancia, con la consecuencia de aumentar *"su influjo didáctico e indicando directamente determinadas metas vitales"*. Remata entonces su disquisición al respecto: «*Eso puede ser una escuela de sabiduría, pero no es análisis*» (p. 133)

Este primer atolladero, marca una posición que Freud necesitó defender y que situó lo que hoy podemos llamar como "clásico", en relación con los fundamentos de una teoría naciente, a contrapelo de la ciencia y los pensadores de su época, en franca oposición a la medicina de la que él provenía o, al menos, en un cuestionamiento radical a los fundamentos del pensamiento más organicista, con que rompe en la fundamentación de su práctica. De acuerdo a Jones, durante toda su vida habría mantenido tanto la posición acerca de la imposibilidad de la existencia de una psique sin cerebro, tanto como que los procesos físicos deben preceder a los psíquicos.

3. De los principios esenciales del psicoanálisis y sus fronteras

> *[...] Los filósofos apreciaron*
> *lo inconsciente sin tener*
> *noticiade los fenómenos*
> *de la actividad anímica inconsciente. [...]*
> S. Freud, (1913j), p. 181

En la primera sección de la "contribución", (pp. 14-5), hace una referencia, respecto de una derivación de Chrobak y acerca de *"tomar en serio las ideas"*, como la diferencia entre un amorío ocasional y *"un matrimonio en regla"*. A propósito de esta metáfora, Freud en su propia teoría, y con sus propios colaboradores y colegas, podría decirse que tuvo unos cuantos matrimonios, con desventuras varias, éxitos diversos y amoríos que fueron cambiando a lo largo del tiempo. Y, volviendo a los *"principios esenciales"*, refiere que entre los factores que por su trabajo se fueron sumando al método catártico y lo transformaron en el psicoanálisis, destaca: *"la doctrina de la represión y de la resistencia, la introducción de la sexualidad infantil, y la interpretación y el uso de los sueños para el reconocimiento de lo inconsciente"*. (pp. 14-5)

Luego plantea que *"la doctrina de la represión es el pilar fundamental sobre el que descansa el edificio del psicoanálisis, su pieza más esencial"*, siendo la resistencia, que se opone al trabajo analítico, la que pretexta falta de memoria para hacerlo fracasar. Y evoca el empleo de la hipnosis, como aquél que *"ocultaba por fuerza esa resistencia"*, para situar el comienzo propiamente dicho de la historia del psicoanálisis, con la innovación técnica de la renuncia a la hipnosis. (p. 15)

Freud advierte con claridad que la actividad inconsciente del alma, es propiedad del psicoanálisis y lo distingue marcadamente de lo que él llama *"las especulaciones filosóficas acerca de lo inconsciente"* (p.16). Volverá a este punto en 1929, ubicándolas taxativamente –a las especulaciones filosóficas- junto a las representaciones religiosas y la formación del ideal de los seres humanos. (Cf. p. 93) Sin dudas es una necesidad poder continuar dando a conocer a cada uno de nuestros interlocutores de las diversas áreas de las ciencias, las artes, la política y la sociedad en general, la importancia de la investigación, la terapia y las teorizaciones psicoanalíticas. Es un modo posible de ampliar nuestras propias fronteras y romper con cierto narcisismo de cerrazón y rigidez de muchos psicoanalistas, la dificultad para interesarse en quienes nos interpelan, la exacerbación hostil hacia quienes manifiestan sus resistencias. Poder entrar en ese diálogo posible, puede contribuir a sostener y a profundizar nuestro shibboléth psicoanalítico, lejos de poder traicionarlo.

Más de cien años después de la aparición de un clásico como Introducción del Narcisismo, estamos discutiendo con las neurociencias, más de cien años después estamos nuevamente encontrándonos con la hipnosis de las programaciones neurolingüísticas, las metáforas cerebrales de la buena voluntad, los libros de autoayuda, los manuales diagnósticos de legitimación internacional, las ofertas religiosas más variadas, la velocidad vacua de la satisfacción tecnológica bidimensional y la medicamentalización a destajo, promovida por poderosos laboratorios internacionales, que los mismos pacientes reclaman en busca de un alivio rápido y acorde con la época de *"mayor rendimiento en menor tiempo"*. La resistencia habita en cada uno de nosotros, tanto como el inconsciente mismo.

En 1915, Freud plantea que el psicoanálisis se aprende primero en uno mismo, señalando que esto no coincide con lo que se llama observación de sí, pero que implica el estudio de la personalidad propia, siendo que existe una serie íntegra de fenómenos anímicos que deberían pasar a ser objeto del análisis en uno mismo, *"vía* [por la cual] *se obtiene la buscada convicción acerca de la realidad de los procesos que el psicoanálisis describe."* (p. 17) Y en 1923a, insiste respecto de la convicción en estos procesos anímicos inconscientes, la admisión de la doctrina de la resistencia y de la represión, como también de la apreciación de la sexualidad y del complejo de Edipo, concluyendo que *"he ahí los principales contenidos del psicoanálisis y las bases de su teoría, y quien no pueda admitirlos todos no debería contarse entre los psicoanalistas."* (p. 243)

Dra. Sara Zusman de Arbiser

4. Acerca de otro clásico enigmático: la "nueva acción psíquica"

> *[...] Las pulsiones autoeróticas son*
> *primordiales; entonces algo debe*
> *añadirse al autoerotismo, una acción*
> *psíquica nueva, para que el narcisismo se configure*
> *[...]*
> S. Freud, 1914c, SA 3, S. 44
> T. del A. (Cf. AE 14, p. 74)

Una primera puntualización que haré, es la que llega a su nudo con la tan citada frase de Freud, que tiene esta sección por epígrafe. Curiosamente, a pesar de la similitud de la palabra que originalmente Freud utiliza en alemán, *"Aktion"*, con *"acción"* en español, ha sido traducida por algunos como "acto", e innumerables veces repetida de esta última forma. Entiendo por acción, un dinamismo mayor, que implica la emergencia del yo, de un modo distinto, siguiendo las ideas de Jorge Winocur (1996), por esa salida del narcisismo, que implicaría un pasaje de la condición de objeto, a la condición de sujeto. Pero no es sólo una cuestión de traducción y de elección formal de palabras, sino también de algunas confusiones que es habitual encontrar, respecto del "yo" y del "narcisismo", siendo el segundo una teoría de la libido, colocación de libido en el yo, considerado originariamente como único objeto. Las interrelaciones entre éstos, no implican para Freud que sean lo mismo. Se tratará entonces de las colocaciones de la libido por un lado y los destinos del yo por otro. Freud mantuvo siempre la distinción entre la evolución del yo y la evolución de la libido. Sólo una vez se refirió al narcisismo como *"una fase temprana de desarrollo del yo"* (1915c, p.126), que en términos de Winocur, puede ser interpretada como un modo de expresar abreviadamente, lo que podría haber sido en una fase temprana del desarrollo de la libido, y completando la frase anterior, *"...durante la cual sus pulsiones sexuales se satisfacen de manera autoerótica"*. (p. 230)

Cuando el niño es recompensado con reconocimiento y aplausos por sus renuncias pulsionales (Garma y Winocur, entre otros, dirían *'instintivas'*) se incrementa la autoestima, produciéndose un paulatino aprendizaje: el de la represión. La internalización de estos pobres reconocimientos a cambio de semejantes renuncias se llama 'superyó'. Tal como me gusta acentuarlo, (Cf. Catelli 2014 d) podrá decirse que la sublimación es la salida a esta encrucijada. Probablemente. Pero me parece importante considerar que sólo una vez se refiere Freud a ésta (1910c), como el destino *"más raro y perfecto"* (AE p.74, Cf. SA p. 106 „seltenste und vollkommenste") para la pulsión –en este caso de investigar– siendo que aún en ese artículo, unos pocos párrafos antes (p. 70) plantea que las trasposiciones de la fuerza pulsional psíquica en diversas formas del quehacer *"acaso sean tan imposibles de lograr sin pérdida como la de las fuerzas físicas"*.

Las diversas colocaciones libidinales anteriormente mencionadas, darán por resultado modos diversos de enriquecimiento o empobrecimiento del yo y el objeto, no ya en un modelo únicamente *"hidráulico"*, según el cual lo libido que sale de uno pasa al otro y viceversa, sino con una intervención masoquista del yo que, narcisismo mediante, corresponde más bien a los estados del tipo del "enamoramiento", en que poco del objeto hay, sino más bien del propio yo, ahora embelesado en una fascinación masoquista, deslumbrado ante sí mismo y en simultáneo empobrecido.

Habrá en el *"amor de objeto"*, a diferencia del estado anterior, un posible enriquecimiento mutuo en tanto la libido colocada en el yo y la libido colocada en el objeto no se diferencian. Clínicamente se distingue este estado por no mostrar desmedro alguno del yo, como sí sucede en la admiración idealizadora, propia de las mentirosas promesas de paraíso que el superyó ofrece en el narcisismo.

Freud (1882) lo explica tempranamente, mucho antes de las publicaciones a las que he hecho referencia hasta ahora, a su amada *"Martita"* –„*Marthchen*", en el original, (p. 299) – que por su parecido fonético a „Märchen" (los cuentos de hadas), parecería mostrar de modo condensado, parte de ese amor:

> *[...] No se debe ser tacaño con la ternura (*
> *fig. el amor) lo que se desembolsa*
> *de esos fondos se renueva a sí mismo*
> *a través de ese mismo gasto.*
> *Si no se tocan [los caudales] por*
> *mucho tiempo, disminuyen imperceptiblemente*
> *o se oxida el candado, entonces uno*
> *lo tiene ahí y no puede utilizarlo.1 [...]*
> S. Freud a Martha Bernays
> 18.08. 1882 (Fischer V. p. 300)

5. Una diferencia narcisista: de la pérdida del objeto a la pérdida del yo

> *Alma, si tanto te han herido, ¿*
> *por qué te niegas al olvido?*
> *¿por qué prefieres*
> *llorar lo que has perdido,*
> *buscar lo que has querido,*
> *llamar lo que murió?*
> *[...]*
> *Alma, no entornes tu ventana,*
> *al sol febril de la mañana,*
> *no desesperes, que el sueño más querido*
> *es el que más nos hiere, es el que duele más.*
> *[...]*
> Homero Manzi,
> Víctor Piuma Vélez, Rosita Melo ca. 1947

Las primeras referencias que Freud realiza acerca de la melancolía, son de 1892-93 (p. 155) en que compara a las neurosis con aquélla: en la primera invita a suponer una presencia primaria de cierta *"tendencia a la desazón"*, a la rebaja de lo que es traducido como *"autoconciencia"*, pero que podría ser dicho hoy en día como *"autoestima"*. Tal como he señalado anteriormente (Catelli 2009 y 2013) el término original, *"selbstbewußt"* / *„Selbstbewußtsein"* es similar en su significado, al que reaparecerá veintitrés años después, en "Duelo y melancolía", como una diferencia fundamental entre estos dos cuadros: *„das Ichgefühl"*, literalmente *"el sentimiento del yo"* o mejor expresado, aunque también un poco literal, *"sentimiento de sí"*.

Así como en el *"Manuscrito E"*, (p. 231) en que se ocupa de la génesis de la angustia y en el *"Manuscrito G"*, (pp. 239 – 246) que lleva por título *"Melancolía"*, intenta en ambos, explicarla en términos más bien neurológicos. En el *"Manuscrito G"* (pp. 244 – 5), aparece la idea de *"hemorragia interna"*, que produce un *"empobrecimiento de excitación, de acopio disponible"*. Es el anticipo de lo que habrá de plantear en la *"Introducción del Narcisismo"*. Así como en este último se refirió a las diferentes colocaciones e investiduras libidinales en el yo, en el objeto y en el ideal, de los intercambios y sustituciones recíprocas entre éstos, ese recorrido lo muestra anticipadamente en aquél como [...] *"La soltura de asociaciones [...] doliente"*. El empobrecimiento libidinal, que habrá de ser retomado luego, en la *"Introducción del narcisismo"*, es entonces metaforizado como *"una hemorragia interna"* por la que se produce *"un empobrecimiento de excitación, de acopio disponible"*, que habría de manifestarse en las otras pulsiones y operaciones. Plantea entonces a esta inhibición como un *"recogimiento"* que tendría el mismo efecto que una herida, de modo análogo al dolor. ¿Un dolor narcisista? (Cf. p. 245)

En la *"Introducción del narcisismo"* (1914c), ya aparece la descripción del funcionamiento de la *"instancia crítica"* (pp. 92 – 3), que opera en la melancolía. Plantea allí que la incitación para formar el ideal del yo, *"cuya tutela se confía a la conciencia moral"*, parte de la influencia crítica de los padres, a la que con el tiempo se le fueron sumando la de los educadores y maestros. La institución de la conciencia moral queda así planteada, como una *"encarnación de la crítica de los padres"*.

En *"Duelo y melancolía"*, desarrolla estas ideas a fondo, siendo a la vez una extensión del artículo del narcisismo. En el primero comienza considerando al duelo como reacción frente a la pérdida de una persona amada o de una abstracción que haga sus veces, *"como la patria, la libertad, un ideal, etc."*. Luego explica el trabajo del duelo, como el retiro pieza por pieza, de los enlaces libidinales con el objeto perdido, de cada uno de los recuerdos y expectativas en que la libido estaba anudada, para ser entonces abandonados (*eingestellt*[5]), sobreinvestidos y consumándose así el desasimiento de la libido.[6] (Cf. p. 243)

De este modo había planteado en el *"Narcisismo"*, el movimiento de investiduras libidinales, con la metáfora de la ameba y sus seudópodos, como una originaria investidura libidinal del yo, que varía en sus colocaciones, pudiendo ir a los objetos y retirarse nuevamente al yo. Las emanaciones de esta libido, las investiduras de objeto, pueden ser emitidas y retiradas de nuevo, señalando así la oposición entre la libido yoica y la libido de objeto. (Cf. p. 73)

La confusión narcisista, como condición previa de la melancolía, no permite diferenciar con precisión qué es lo que se ha perdido. En palabras de Freud, *"podemos pensar que tampoco el enfermo puede apresar en su conciencia lo que ha perdido [...]"*(p.243) En *"Duelo y Melancolía"* plantea lo que considero son los rasgos di-

---

[5]   SA III, p. 199

[6]   Cita Strachey al respecto, que esta idea parece haber sido expresada ya en Estudios sobre la histeria (1895d): Freud describe un proceso similar en su discusión del historial clínico de Elisabeth von R. (AE, 2, pp. 175 – 6).

ferenciales distintivos entre *"duelo"* y *"melancolía"*: en la segunda, a diferencia del primero, lo que en verdad se pierde, es una parte del yo, concordantemente con que hay una rebaja del sentimiento yoico -*"das Ichgefühl"*-. Mientras que en el duelo, el mundo se ha hecho pobre y vacío, en la melancolía esto mismo parece ocurrirle al yo. (Cf. Ibíd.)

Las condiciones previas que sitúa Freud para la melancolía, son por un lado, una fuerte fijación en el objeto de amor y, por el otro y en contradicción a ello, una escasa resistencia de la investidura de objeto, siendo este último elegido sobre una base narcisista (Cf. p. 247).

La ya *"célebre"* cita *"La sombra del objeto cayó* [entonces7] *sobre el yo"* [...] (Cf. p. 246), la entiendo como la caída de un reflejo del objeto sobre el yo, no es el objeto mismo, sino más bien esa intercepción entre yo y objeto que corresponde a la identificación narcisista, (Cf. Winocur, 1996) -tal como Freud explica en la frase anterior- y que impide que el objeto sea tal: es sólo su sombra. Queda de este modo expresada la equiparación entre el yo y el objeto, producto de la condición narcisista previa, que implica entonces la confusión anteriormente mencionada.

Tal como había introducido con el narcisismo, explica que la libido libre no se retiró a otro objeto, sino que se retiró sobre el yo, sirviendo esto, para *"establecer una identificación del yo con el objeto resignado"*. Que la sombra del objeto pueda caer entonces sobre el yo, implica entonces que éste pueda ser juzgado *"por una instancia particular como un objeto, como el objeto abandonado"*. De ahí que la pérdida del objeto, sea en verdad una pérdida del yo, *"y el conflicto entre el yo y la persona amada, en una bipartición entre el yo crítico y el yo alterado por identificación."* (Cf. Freud, 1917e, pp. 246 – 7)

---

[7] El agregado a la traducción de Etcheverry es mío.

Dra. Sara Zusman de Arbiser

6. El narcisismo y el funcionamiento narcisista

[...] Y nuestro amor
¿no se llama Isolda y Tristán?
la dulce palabrita "y" que nos une
cual lazo de amor, si Tristán muriera,
¿no sería destruída por la muerte?
[...]
Moriríamos así, para no separarnos,
unidos eternamente sin fin, sin despertar,
sin temores ni angustias, sin nombre,
aprisionados por el amor,
entregados el uno al otro ¡para vivir sólo por el amor!

Moriríamos así, para no separarnos,
eternamente unidos, sin fin. [...]
de Tristán e Isolda, (1857 / 1859)2

Diversos son los modos en que el sujeto puede defenderse de un mundo exterior representante de los objetos y los estímulos que de éstos provienen. Tal como comencé desarrollando hace algunos años (Catelli, 1997, p. 154), siguiendo las ideas de Freud, acerca del encuentro del sujeto con la cultura y luego (Catelli y Zaefferer, 2013, p. 163) en relación con el narcisismo, el sufrimiento más doloroso sería aquel que proviene del vínculo con los otros. Del temido mundo exterior el sujeto puede defenderse generando el desarrollo tecnológico, entre otros gadgets, para intentar someter la naturaleza a su dominio, sin embargo del propio cuerpo y del vínculo con los otros no resulta tan sencillo. Buscando defenderse del padecer, el aparato tiende a la represión del representante pulsional, la que se manifiesta de diversos modos: como la muerte de la pulsión, el desasimiento objetal, la pérdida de la realidad, la represión del autoerotismo o que el yo resigne su investidura libidinal y se abandone a sí mismo. (Cf. Winocur, 1995)

La aparición de la instancia crítica, muestra el anticipo más claro de lo que será el 'superyó'. A partir de la idea del suicidio –por el cual dice que la melancolía se vuelve tan "interesante y… peligrosa"– explicita la equiparación del yo con el objeto que marca una diferencia clave respecto del duelo.

> *"[…] el análisis de la melancolía nos enseña que el yo sólo puede darse muerte si en virtud del retroceso de la investidura de objeto puede tratarse a sí mismo como un objeto, si le es permitido dirigir contra sí mismo esa hostilidad que recae sobre un objeto y subroga la reacción originaria del yo hacia objetos del mundo exterior". […]*
> (p. 249)

Vale decir que es necesario que el aparato psíquico tenga un funcionamiento refractario, narcisista, tendiente a expeler los estímulos y por lo tanto al objeto, al estilo del primer modelo de aparato psíquico planteado por Freud en *"La interpretación de los sueños"*, como sistema colmado de cantidades, de funcionamiento "eferente", del cual es paradigma el modelo del arco reflejo, en que una parte del sistema recibe el golpe (el estímulo del objeto) y desencadena la patada de inmediato (se desembaraza de éste), por encontrarse el sistema 'saturado'. En 1900a Freud plantea que el aparato psíquico que va presentando, compuesto por sistemas ψ, tiene una dirección, que toda la actividad psíquica parte de estímulos (internos o externos) y termina en inervaciones. Concluye entonces que "[…] *el proceso del reflejo sigue siendo el modelo de toda operación psíquica.* […]" (1900a [1899], pp. 530 – 1)

Del mismo modo explica este funcionamiento en *"Pulsiones y destinos de pulsión"* (1915c), al referirse al yo-realidad inicial, como una instancia que ha distinguido el adentro y el afuera y se muda en un yo-placer purificado, que pone el carácter del placer por encima de cualquier otro, tendiendo de este modo a deshacerse de toda excitación que, como tal, promueve el displacer. Si bien a muchos podrá resultarles obvio, considero importante recordar que el *"placer"* referido en este momento de la obra, dista del planteado en 1924, luego de las formulaciones de *"Más allá del principio de placer"* (1920g). El de 1915 es aún subsidiario del *"principio de constancia"*, según el cual el aparato anímico se afanaría por mantener lo más baja posible, o al menos constante, la cantidad de excitación presente en él. Luego (ibíd., p. 54) nombrará a aquel *"principio de placer"*, ahora adscripto a la pulsión de muerte, como *"principio de Nirvana"* (siguiendo la idea de Barbara Low) y un *"nuevo"* principio de placer, quedará definido como el que –pulsión de vida mediante– hace tender al aparato a la búsqueda de los estímulos, de acuerdo a ritmos, que redefinen al mismo, como un aparato buscador de objetos, en vez de refractario como el del Proyecto (Cf. AE, 1, p. 356) o bien de la Interpretación de los sueños (1900a) citado y comentado supra. (Cf. Catelli 2016c, p. 2)

Esto implica la concepción de un aparato psíquico narcisista, refractario del objeto en tanto proveedor de estímulos, (Cf. Winocur, 1995 y Catelli y Zaefferer, 2013) que nos permite comprender la base narcisista de la melancolía: como refería anteriormente, el objeto perdido no es tal, a lo sumo es una parte del yo. De este modo, la *"afrenta real o [...] desengaño de parte de la persona amada"* (AE, 14, p. 246) se evidencia como la injuria provocada por el descubrimiento de que el otro es efectivamente eso: otro, un objeto, 'no yo', 'no como yo'. Puede observarse entonces, que la melancolía se desencadena por la *"aparición"* del objeto, más que por su pérdida, que sería una pérdida del yo, considero que es una de las mejores muestras de este *"funcionamiento narcisista"* del aparato psíquico. Del mismo modo que en la manía, en la que yo e ideal están indiferenciados. El sentimiento megalómano estaría también basado de este modo narcisista, en la renuncia al objeto externo. Es este punto, el de la renuncia al objeto, el que conduce a pensar en los modos de aparición de la pulsión de muerte, de modo articulado con el superyó (Cf. Catelli 2019a, p. 10) y que me permite dar paso a la siguiente sección.

7. Ideas para concluir: la *"imperfección del aparato psíquico"*, como nudo narcisismo y la pulsión de muerte

> *[...] "Mirá, podés amarme también a mí,*
> *soy tan parecido al objeto." [...]*[3]
> S. Freud, (1923b), p. 32

Freud define su *"Introducción del narcisismo"* como una *"extensión de la teoría de la libido"* (1914c, p. 73). Es allí que plantea la imagen de una originaria investidura libidinal del yo, cedida después a los objetos que *"empero, considerada en su fondo, ella persiste, y es a las investiduras de objeto como el cuerpo de una ameba a los seudópodos que emite"* (Ibíd. supra) A lo largo de este escrito, he ido puntualizando algunos nudos que me parecen cruciales para su puntualización desde la perspectiva freudiana, no sólo de algunas controversias teóricas que a partir de 1914 se han planteado, sino con una impactante vigencia, cien años después, en las lecturas actuales de las condiciones del narcisismo para comprender y desarrollar aspectos de la teoría y la clínica psicoanalítica, así también para poder repensar condiciones del concepto de narcisismo en sí, imbricado con conceptualizaciones freudianas posteriores, que permiten darle otra dimensión y potencial volumen.

La posibilidad de plantear al narcisismo en relación con la pulsión de muerte, no es sin la articulación del superyó. El epígrafe de esta última sección, nos introduce en una escena teatral a la que Freud nos conduce para representar la acción incitadora de esa instancia que –tal como describieran Ángel y Betty Garma en 1966– invita a abandonar los objetos. Freud la presenta como *"el yo"* hablándole al ello. Sin embargo, parecería ser más bien esa otra parte desdoblada del yo, que lo mira, critica y extorsiona. (Cf. Winocur 1990a y 1996) En 1923b, Freud considera que toda la libido está acumulada en el ello, y que éste envía una parte de aquélla a *"investiduras eróticas de objeto"*, para luego, fortalecido, procurar apoderarse de esta libido de objeto e imponerse al ello como objeto de amor. Sería el superyó, el ideal del yo, *"puro cultivo de pulsión de muerte"* y no un reservorio de libido que el yo se vio obligado a resignar. La melancolía, manía y paranoia muestran con creces el modelo de partición del yo entre una instancia crítica y la otra, criticada. Es en este sentido que entiendo, siguiendo las ideas de Winocur, a la constitución misma del aparato psíquico como *"melancólica"*, en la medida que esta patología muestra, de una manera espectacular, el modo en que el aparato está conformado, con un yo que se ha dividido y se mira a sí mismo criticándose y profiriéndose ataques desde esta instancia: el superyó. Es exactamente a esa instancia, a la que Freud ubica como la *"imperfección de nuestro aparato anímico"* (1926d [1925], p. 146). Puede entenderse que parte de esa imperfección, guarda relación con su constante propuesta de buscar el narcisismo, en tanto renuncia tanática a los objetos. Habrá de ser necesario otro clásico actual: el trabajo del análisis, para intentar lograr recuperar algo más de aquel estado, en el cual libido en el yo y en el objeto no se diferencian, para poder intentar independizarse, o al menos estar un poco más advertidos, acerca del ideal, del superyó y de sus constantes engaños, en la inercia de la pulsión de muerte.

(Footnotes)

1   T. del A.
2   T. del A., del libreto original de la ópera wagneriana „Tristan und Isolde". Cf. Pahlen.
3   T. del A.

Bibliografía

Catelli, Jorge E., (2009), *Duelo o melancolía: acerca de la incorporación oral y la identificación,* inédito.

__________, (2016c), *Acerca de los desbordes: historia de una lactancia prolongada... por veintitrés años.* Presentado en el Congreso Argentino de Psicoanálisis CAPX. (inédito)

__________, (2019a), Consideraciones acerca de ciertas paradojas en la conceptualización de la identificación, en la constitución del aparato psíquico (Inédito)

Catelli, Jorge E. et al. (1997): *Qué padre en las adicciones o acerca de una iniciación imposible. En "El padre y la mujer".* Atuel, Buenos Aires, 1997.

Catelli, Jorge E. y Zaefferer, Teresa, (2013), El dolor a partir de la constitución melancólica del aparato psíquico. *Revista de psicoanálisis,* T. LXX, n°1.

Jones, Ernest, (1960), *Vida y obra de Sigmund Freud,* Editorial Nova, Buenos Aires, 1960.

Freud, Sigmund, (1882 – 1883), *Sigmund Freud – Martha Bernays. Die Brautbriefe, Band 1. Sei mein, wie ich mir's denke.* Fischer Verlag, Frankfurt am Main, 2011

__________, (1887 – 1904), *Briefe an Wilhelm Fließ,* Fischer Verlag, Frankfurt am Main, GmbH, 1986

__________, (1892-93), *Un caso de curación por hipnosis. Con algunas puntualizaciones sobre la génesis de síntomas histéricos por obra de la "voluntad contraria"* AE, 1.

__________, (1910c) *Un recuerdo infantil de Leonardo da Vinci,* AE, 11

__________, (1913j), *El interés por el psicoanálisis,* AE, 13.

__________, (1914c), *Introducción del narcisismo,* AE, 14.

__________, (1914d), *Contribución a la historia del movimiento psicoanalítico,* AE, 14.

__________, (1916-17 [1915-17]), *Conferencias de introducción al psicoanálsis,* AE, 15.

__________, (1917e [1915]): *Duelo y melancolía.* AE, 14.

__________, (1923a [1922]), *Dos artículos de enciclopedia "Psicoanálisis" y "Teoría de la libido",* AE, 18.

__________, (1923b): *El yo y el ello.* AE, 19.

____________, (1926d [1925]): *Inhibición, Síntoma y Angustia*, AE, 20.
____________, (1925d [1924]), *Presentación autobiográfica*, AE, 20.
____________, (1933a [1932]), *Nuevas conferencias de introducción al psicoanálisis*, AE, 22.
____________, (1950a [1887-1902]): Manuscrito G. Melancolía. AE, 1.
____________, (1950a [1887-1902]): Manuscrito E. ¿Cómo se genera la angustia? AE, 1
____________, (1950a [1887-1902]): Manuscrito L. [Anotaciones I], AE, 1
____________, (1950a [1887-1902]): Manuscrito N [Anotaciones III]. AE, 1
____________, (1950a [1895]): Proyecto de psicología, AE, 1.
Garma, Á. y B, (1966) Reacciones maníacas: alegría masoquista del yo por el triunfo, mediante engaños, del superyó. En *Psicoanálisis de la manía y la psicopatía*. A. Rascovsky y D. Liberman. Paidós
Jones, Ernest (1959-62) Vida y Obra de Sigmund Freud. Asociación Psicoanalítica Argentina, Buenos Aires.
Kluge, Friedrich, (1883): *Kluge Etymologisches Wörterbuch der deutschen Sprache*. 24. Auflage, von Elmar Seebold durchgesehen und erweitert. Walter de Gryter, 2003
Pahlen, Kurt, (1979): *Tristan und Isolde*. Schött's Söhne Verlag.
Rosenfeld, Herbert, (1972) I*ntroduction to the discussion on a clinical approach to the psychoanalytic theory of the life and death instincts*, British psycho-analytical society, Scientific Bulletin N° 55.
Wilde, Oscar, (1894), *The complete Works*. Collins, London, 1988
Winocur, Jorge, (1990), *Investigación y delimitación de la identificación narcisista a través de diversas manifestaciones clínicas.* XVIII Congreso Latinoamericano de Psicoanálisis.
____________, (1995), *El cuerpo del psicoanálisis*, Revista de Psicoanálisis, Número Especial Internacional, N°4, Buenos Aires, Asociación Psicoanalítica Argentina.
____________, (1996), *El narcisismo y la identificación narcisista*, Revista de psicoanálisis, LIII, 1, enero – marzo.
____________, (1998), *La teoría del narcisismo: una revisión*, Revista de la escuela argentina de psicoterapia para graduados. N° 24, Buenos Aires, Asociación Escuela Argentina de Psicoterapia para Graduados.

Jorge Eduardo Catelli

Psicoanalista - Profesor e investigador de la Universidad de Buenos Aires.
Full Member and Analyst Trainer de la Asociación Psicoanalítica Internacional (IPA).
Miembro Plenario de la Federación Psicoanalítica de América Latina (FEPAL).
Miembro Titular en Función Didáctica de la Asociación Psicoanalítica Argentina (APA).
Profesor Adjunto a Cargo de las materias "Psicología Psicoanalítica" y "Psicoanálisis y Educación"y Jefe de Trabajos Prácticos Regular de las materias "Psicología General" y "Teorías Psicológicas de la Subjetividad",Departamento de Ciencias de la Educación, Facultad de Filosofía y Letras, UBA.
Miembro del "Freudian Legacy Comitee" de la International Psychoanalytical Association (2019 - 2021).
Miembro del Equipo de Comunicación y Publicaciones de la Federación Psicoanalítica de América Latina (2021 - 2023).
Secretario de la Revista "La Época" APA online (desde 2020).
Miembro Co-fundador del Capítulo "Psicoanálisis y Educación" de la Asociación Psicoanalítica Argentina.
Miembro del equipo de Secretaría Científica de la Asociación Psicoanalítica Argentina (desde 2021)
Miembro de Gea Centro de Supervisiones Clínicas.
Ex-miembro de la Comisión Directiva de la Asociación Psicoanalítica Argentina (2016 - 2020).
Segundo Premio "Baranger-Mom" (Concurso Monografías 2009 - 2010) otorgado por el Instituto de Psicoanálisis "Ángel Garma".
Mención Premio "Celes Ernesto Cárcamo" 2020, otorgado por la Asociación Psicoanalítica Argentina.
Licenciado, Profesor y Doctorando en Psicología por la Universidad de Buenos Aires.
Investigador UBACyT desde 2012.

Email: jorgecatelli@gmail.com - https://jorgecatelli.com/

Psicosomática, vigencia de la teoría fundacional

Beatriz I. Mónaco

> *" ... el paso del tiempo no es más que pequeñez*
> *en lo eternamente perdurable".*
> Rainer María Rilke

Introducción

La vigencia del pensamiento freudiano en nuestros días nos muestra un presente que acompañando el desarrollo de un pensamiento psicoanalítico en evolución, es centro de una forma de pensar, que impregnando la actualidad, le da una presencialidad que lo torna eterno.

Tomaré su teoría para dar cuenta de las descargas psicosomáticas. Si bien Freud no se detuvo en este tipo de tramitación corporal, como sí lo hizo con las neurosis y en menor medida con las psicosis, dejó las puertas abiertas para futuros desarrollos en el campo de la psicosomática; su teoría puede ser tomada para dar cuenta de este tipo de descarga y profundizar en sus mecanismos a través de su metapsicología.

Constituyéndose en una práctica científica, diremos que la teoría fundacional puede ser utilizada como una herramienta, que organizando la realidad, nos conduce hacia la búsqueda de estrategias prácticas. Lejos de quedarnos en un espacio descriptivo de los hechos, ella nos aporta la claridad y profundidad necesaria para poder ver- acercando nuestra lente-, los procesos que tienen lugar en cada espacio a investigar

Así, cuando hablamos de descargas psicosomáticas, dentro del marco de la teoría freudiana, podemos diferenciar el camino que toman las excitaciones, hasta producirse su descarga corporal, de aquellas que tienen lugar con el síntoma conversivo histérico.

La instalación del aparato psíquico, desde los aportes freudianos, nos permite tener una clara visión de su estructuración, mostrando un vínculo originario que sólo a través de aquella, puede ser desarrollada y observada con un alto nivel de precisión. Dicho tema fue tomado por autores post -freudianos, que desde otros lugares, aportaron su visión, aunque llevando en sí la impronta de la teoría fundacional.

Neurosis y fenómeno de excitación corporal

Me detendré en diferenciar el síntoma histérico del FEC (fenómeno de excitación corporal), aunque muchas veces, en la práctica pueden aparecer unidos, haciéndose difícil su identificación. Podemos detenernos brevemente en sus mecanismos y diferenciar su metapsicología. Así es frecuente en la clínica encontrarnos ante la duda de si una manifestación somática, se trata de una conversión o de una somatización. Conociendo su estructura interna, podremos apreciar una clara distinción entre ambas, facilitando nuestras intervenciones con los pacientes. Hacer consciente lo inconsciente, respuesta que tiene lugar con la aplicación de la asociación libre, no funciona para el FEC , espacio que requiere de otra técnica y cuyo objetivo es facilitar un proceso de psiquización, aquel que falló en el momento de la instalación del psiquismo

"Si hablamos de síntoma neurótico, hablamos de represión, mecanismo estructurante de las neurosis que divide el funcionamiento del aparato en dos sistemas bien delimitados: el Inconsciente y el Preconsciente-Consciente. En medio de un juego representacional

entre ambos, va a tener lugar la conformación del síntoma, transacción o solución de compromiso entre representaciones de distinto origen". (2001) Pag (34) Parte de un discurso verbal se pierde, ya que la organización semántica del sistema Preconsciente-Consciente es retirada hacia una organización representacional de niveles inconscientes ; en este camino regrediente se pierde el rango de realidad, sobrecargando la fantasía.

En la histeria, dicha transacción compromete el cuerpo, el que es utilizado para evitar la emergencia de representaciones incestuosas reprimidas y el consiguiente desarrollo de angustia. (2001) (Pag 34) El fenómeno conversivo responde a la formación de cadenas asociativas representacionales; esto es lo que hace que el fenómeno remita, al conseguir la sobreinvestidura de aquello que fue reprimido. Así, hacer consciente lo inconsciente es el objetivo en la clínica de las neurosis. Lo que va a caracterizar al síntoma conversivo es que este cuerpo se haya investido de significado, cuyo origen se desprende de la transacción entre las representaciones mencionadas.

Un déficit representacional produce una falla en el sistema Preconsciente- Consciente que hará que lo consciente no funcione en su penitud. Así, su regresión a *"etapa fálica"*, con el retiro de representaciones del Prec Cc, produce niveles de pérdida de la organización semántica verbal.

Cuando hablamos del fenómeno de excitación corporal (FEC) hablamos de una falla en la formación del psiquismo. La constitución narcisista inicial de las ocupaciones y todo el proceso posterior de investimento del cuerpo se encontrará ausente comprometiendo los niveles representacionales que se encuentran detrás de la barrera de la represión, su punto de fijación quedara ubicado en un espacio emparentado con lo biológico.

Podemos decir que cuando el proceso simbólico no se instala adecuadamente, el organismo se verá expuesto a estímulos que llegando desde el exterior, tendrán un ingreso directo en el cuerpo, produciendo la descarga excitatoria somática.

Teniendo lugar una falla en el vinculo materno, con una madre que no puede decodificar los estímulos que le llegan desde su bebe, la experiencia de satisfacción se verá coartada; dejando abierto un espacio de su cuerpo sin investir. *Una corriente psíquica vacía* (CPV) quedará instalada, a través de la cual la excitación llegará desde el exterior, atravesando los distintos sectores que deberían haber sido ocupados por los niveles representacionales correspondientes, hasta arribar al yo real inicial (figura 12) *"La fuente somática sin su correspondiente registro, no podrá dar curso a su potencialidad como investidura"*(2001) (Pag 84). Lo que en un proceso normal se jugaría como "empuje", en este caso, permanece en el propio cuerpo, produciendo *"tensión somática"*. Ella será el escenario donde tendrá lugar el fenómeno excitatorio, cada vez que al cuerpo se le sumen los estímulos que ingresan a través de la CPV, En síntesis, la discordancia que separa por un lado las necesidades del bebé de las respuestas que se esperaría que la madre tuviera por el otro, produce la desconexión que dejara a la *"fuente somática de la necesidad"* funcionando como en un circuito reverberante; marcando las bases de un modelo, que con posterioridad tendrá lugar como descarga tóxica Así se crea un lugar que llevara la memoria de una respuesta somática que se repetirá, cada vez que las presiones invadan al sujeto

Invasión intolerable de estímulos

Podemos preguntarnos, Qué tipo de angustia se moviliza cuando se produce el FEC.? El avance de la estimulación sobre un sector no inscripto, tendrá sobre el yo el mismo efecto traumático del momento del nacimiento cuando la angustia originaria tiene lugar. Se trata de una invasión intolerable de estímulos que rebosa la capacidad de ser contenida por el soma. Se diferencia de la *angustia señal*, aquella que pone en marcha los mecanismos de defensa, anticipándose a los peligros que ponen en riesgo su integridad y que encontrándose muy lejos en cuanto a su función es tramitada por los niveles superiores del aparato psíquico, *el yo de realidad definitivo.*

Tratándose de una vivencia altamente displacentera, la angustia que se presenta en el FEC, se manifiesta con una respuesta en forma inmediata como lo es la acción motora del llanto y el pataleo del bebé al momento de nacer. Superando su capacidad de tramitación, una experiencia excesivamente estimulante recae sobre el soma, llevando a la perdida de los parámetros biológicos corporales que hacen a la salud

Es en aquel tiempo de la vida de un sujeto, donde ponemos de relieve la función del asistente humano, que a través de la *experiencia de sostén* y con la calma que ella aporta, compensará la pérdida que implica el atravesamiento de la gran cesura del nacimiento con el abandono del vientre materno La inauguración de un nuevo vínculo fusional será el facilitador necesario que conducirá a la psiquización.

En la medida que el aparato psíquico pueda tramitar las excitaciones que ingresan de manera adecuada, conseguirá con ello la conexión psiquismo- soma necesaria, para que los procesos afectivos que ella implica, permitan la integración del sujeto con la realidad.

Explorando en la clínica

Marcos, de 50 años, empresario, lleva un par de años en tratamiento, actualmente on line, Presenta una infección urinaria donde se hace necesaria una internación. Con un antecedente de cáncer de próstata, fue necesario descartar que la infección tuviera que ver con su enfermedad previa. Actualmente está en una relación de pareja con quien lleva no más de dos meses juntos, no obstante ha cobrado un lugar muy importante en su vida, Podríamos decir que Marcos armó una relación de pareja sin haber atravesado por las etapas necesarias que se esperaría para su maduración. Entiendo por tal relación algo que se da de manera mecánica y matemática, a partir de una sumatoria de elementos como convivir, conocer a sus padres, viajar, compartir actividades productivas, lecturas de libros y una vida sexual muy activa A los pocos días de conocerse hablaron de hijos. Ambos no tuvieron hijos con sus matrimonios anteriores. Marcos había tomado una decisión rotunda e inamovible de no ser padre. Pensó en una vasectomía como una decisión rápida y práctica para sostener su objetivo. Encontrándose aun internado, ya que su infección urinaria no cedía, dice, "Estoy tomando un antiinflamatorio, por el dolor en el testículo izquierdo; hoy tengo una cita con el urólogo y en una semana viajo a EEUU. Por suerte, los niveles de leucocitos en sangre bajaron. También me hicieron un espermograma, ya que se pensó en una orquitis que podría dejar consecuencias como la esterilidad".

Podríamos decir que aquello que no pudo expresarse en palabras fue tomado por el cuerpo produciendo el cuadro somático; no obstante, acto seguido puede hablar de un sueño que tuvo su pareja durante la semana de internación, "Clara soñó con embarazos y que yo no aparecía en el sueño. Yo no quiero tener un hijo; soy un tipo amoroso, protector, fuerte y aportaría mucho como padre; no descarto adoptar. Le pregunto, cuál sería la diferencia entre ambas opciones, a lo que responde, " Que a mis 50 ya hay un deterioro y traer una vida nueva, es una irresponsabilidad. Habría que fusilar a aquellos tipos que a los 80 o 90 son padres"

Pareciera, que esta asociación, quisiera mostrarnos cómo la energía somática puede verse transformada y trasladada al plano de las palabras. El miedo a la paternidad que lo llevaba a "destruir" sus genitales, pudo alcanzar cierto nivel de representabilidad, mostrando el pasaje de la energía somática en energía psíquica

Abriendo paso a la simbolización, tiene lugar la "psiquización" necesaria para atenuar el sufrimiento en estos pacientes somatizadores. En este sentido, el objetivo a alcanzar es que ese cuerpo que produce el fenómeno excitatorio, pueda ser investido de representaciones. Así se pasa de ese discurso mecánico, sin los matices afectivos necesarios para una conexión entre cuerpo y mente, a una relación con la realidad más sutil y refinada. En este sentido, podríamos decir que las investiduras de amor tomarían el mismo camino para dar paso a un vínculo más profundo e integrado.

En otra sesión, luego de haber faltado la semana anterior, volvió a hacerlo; habiéndose equivocado el horario dice, "estoy en otra dimensión como los que consumen droga, es otro espacio- tiempo; Yo vivo entonado y no hay mas mundo: me meto en ese estrés y no hay mundo y me desconecto de todo lo demás". Marcos por momentos pareciera mostrar una vivencia que lo aisla del mundo; no encuentra los afectos necesarios que lo conectan con el exterior. Buscando una transcripción de su propio mundo, lee un hermoso poema de Neruda, "Llénate de mí", que me lo envía:

"Pero siento tu hora
la hora de que mi vida gotee sobre tu alma,
la hora de las ternuras que no derramé nunca
la hora de los silencios que no tienen palabras,
tu hora, alba de sangre que me nutrió de angustias
tu hora, medianoche que me fue solitaria

Libértame de mi. Quiero salir de mi alma
Yo soy esto que gime, esto que arde, esto que sufre

Yo soy esto que ataca, esto que aúlla, esto que canta
No, no quiero ser esto
Ayúdame a romper estas puertas inmensas
Con tus hombros de seda desentierra estas anclas"

A través de este bello poema, Marcos pareciera volver a una etapa de su vida, donde con sus versos intentara ponerle palabras y emoción a un vínculo que lo ha dejado y deja en medio de un vacío. Esto ocurre en medio de una transferencia que le permite ir procesando los cambios; busca a través del poema, palabras que puedan transformar el lenguaje doloroso de su cuerpo y que solo el afecto articulador del cuerpo y el psiquismo con sus niveles progredientes de expresión puede lograr.

Podríamos decir que a través de las palabras del poeta, Marcos muestra este desencuentro con su madre en los primeros momentos de su vida, que ha dejado huellas profundamente dolorosas, junto con una profunda sed de ser amado que se pone en evidencia en la sesión.

¿Podemos hablar aquí de una mamá que no ha podido receptar las señales emitidas por su bebe, impidiendo la formación de un circuito amoroso entre ambos y cuya búsqueda última es la conexión con la realidad? Una CPV quedará instalada, abriendo paso a las excitaciones que llegando desde el exterior, tendrán la forma de un ingreso regrediente que impactará directamente en su cuerpo, muchas veces produciendo una injuria.

Ampliando continentes de comprensión, las dos superpulsiones

Eros y Muerte, las dos super-pulsiones de la que nos habla Freud son respectivamente los representantes de la construcción y la deconstrucción, que con sus distintos niveles de intrincación, regulan no solo lo ontogenético sino que además abarcan un sistema más amplio que lo contiene como lo es el universo en general. "Ello nos permite ver la creatividad y la destructividad del hombre, no sólo como algo inherente a él, sino como formando parte del universo mismo"(2001 Pág 143). "Tener una visión cosmológica de estos procesos, nos permite ubicar al hombre y su funcionamiento psíquico en una perfecta correlación y continuidad con los procesos biológicos" (Pág 143).

Psiquismo y soma se encuentran unidos por las mismas leyes generales, la que en nuestro campo de estudio nos lleva a considerar la función integradora que cumplen los afectos, en niveles medianamente avanzados, del proceso de psiquización, cuando la descarga del afecto odio hacia el cuerpo tiene un retorno a la huella dando paso a la representación del objeto hostil. Cuerpo y representaciones forman parte del mismo circuito integrador.

Podemos preguntarnos, el cuerpo es algo diferente a las representaciones o se trata de lo mismo ya que forma parte del mismo circuito afectivo?

La acción de Eros- Muerte que regula tanto lo biológico como lo psíquico, como así también el lenguaje en sus dos formas, el corporal y el que se desprende del funcionamiento psíquico – este último, organizador de los afectos, nos muestra lo que sería el borramiento de los límites entre lo psíquico y lo somático. En todo caso, si hablamos de una diferencia, podríamos decir que la misma radica en que la inteligencia que se mueve en una y en otra energía es procesada de diferentes maneras; en lo que hace al cuerpo, la misma se pondría de manifiesto en la organización de cada una de sus funciones; en el caso de psiquismo, las representaciones cumplirán una función análoga de organización. En ambas, se puede inferir un predominio de Eros que abriendo las compuertas de su acción, le pondrá vida y unión a cada una de sus expresiones, adquiriendo mayores niveles de complejización.

"Consideramos entonces que la diferencia entre ambas formas se sustenta en los distintos niveles organizativos y en el nivel de complejización alcanzado por cada uno de los sistemas descriptos (2001 Pág 145)

Asi, al producirse el FEC, el sujeto percibirá un avance energético que al no producir el contacto perfectamente articulado que da el afecto, lo hará con el universo que lo antecedió; el vacío representacional será la vía directa a través del cual los estímulos avanzarán injuriando el cuerpo."

Acerca de la cura

Para finalizar, me detendré en el espacio terapéutico que hace posible la atenuación de las descargas en el cuerpo creando un espacio entre paciente y analista que llevará a que un tejido representacional se instale de manera progresiva, generando ese lugar por donde el dolor pueda circular.

Un continente afectivo y necesario brinda la calma suficiente para investir su cuerpo; una fina sintonía del terapeuta con su paciente le permitirá detectar y traducir en términos psicológicos lo que aqueja al cuerpo.

La dificultad del paciente psicosomático para conectarse afectivamente lo lleva, muchas veces, en un camino de retorno a la inermidad originaria. Se hace necesario, en estos casos, poner a disposición del paciente nuestro aparato psíquico; por un lado mostrar una realidad que el paciente no tiene recursos para tomar, mientras que por el otro, al igual que la mamá *psiquizante,* contribuir a la apertura de nuevas vías.

Ponemos de relieve la experiencia de empatía, capacidad del terapeuta que pone en funcionamiento detectando de manera directa y a través de una sensibilidad refinada, cuales son las vivencias por las que su paciente atraviesa.

Las sucesivas intervenciones del analista en el sentido descripto, dan lugar a un entrelazamiento de representaciones que formando parte de lo que sería un tejido, irá construyendo y recubriendo la CPV.

Algo que he podido observar en la clínica y especialmente en Marcos, es que cuando la dramática corporal empieza a ceder, ocurre que las representaciones parecieran tomar para sí la misma expresión, sólo que esta vez tramitada desde representaciones; las primeras redes de investiduras que se construyen y que recubren la CPV, se encuentran lejos de pensamientos tranquilizadores. Se trata más bien de representaciones arcaicas que aun llevan en sí la esencia expulsora de un sistema no contenedor; se encuentran ligadas a una destructividad que no difiere demasiado de la encontrada en el cuerpo. Los versos de Neruda son su ejemplo.

En la medida que se consigue investir con representaciones de niveles mas progredientes, como en los inicios del "yo de realidad", se conseguirá que la respuesta excitatoria sea atenuada lo suficiente como para que el paciente disminuya su sufrimiento. De la misma manera, en la medida que se posibilite la prevalencia de funcionamiento de los niveles superiores del yo, el paciente se verá beneficiado por ello, atenuando aun más la descarga excitatoria. Un predominio de lo cualificable, conquistará una nueva realidad.

Bibliografia

Freud, S. "Inhibición, síntoma y angustia", *Obras completas* Vol XX Amorrortu editores Buenos Aires (1976)
"Proyecto de psicología para neurólogos", *Obras completas* Vol I Amorrortu editores Buenos Aires (1976)
"Pulsiones y destinos de pulsión", *Obras completas* Vol XIV Amorrortu editores(1976)
" La represión", *Obras completas* Vol X IV Amorrortu editores (1976)
"El yo y el ello", *Obras completas* Vol XIX Amorrortu editores Buenos Aires (1976)
"Tres ensayos sobre la teoría sexual", *Obras completas*, Vol VII Amorrortu editores Buenos Aires (1976)
"Mas allá del Principio del placer *Obras completas*, Vol XVIII Amorrortu editores Buenos Aires (1976)
Mónaco, B *"El fenómeno de excitación corporal, metapsicología psicosomática"* Lugar editorial (2001)

Beatriz Inés Mónaco

Lic. Psicología de la UBA
Miembro de la APA (Asociación Psicoanalítica Argentina)
Miembro del Departamento de Psicosomática de la APA
Profesora colaboradora e invitada en seminarios de formación APA
Autora del libro, El fenómeno de excitación corporal, Metapsicología psicosomática, Lugar editorial (2001)
Coautora en, Psicoanálisis de niños y adolescentes, de Hilda Catz (2020) Ricardo Vergara Ediciones
Coautora en, Las redes humanas, lo humano de las redes, de Hilda Catz (2020)Ricardo Vergara Ediciones
Coautora del libro Bion, Memorias del presente, de próxima aparición APA editorial. Coautora del libro, Relatos de la practica psicoanalítica, Transmitiendo experiencias de Sara Zusman de Arbiser (2021)Ricardo Vergara Ediciones
Forma parte del grupo latinoamericano "Actualidad Bioniana" conformado por colegas latinoamericanos de la IPA (Asociacion Psicoanalítica Internacional)
Integra el grupo, "Algunos desarrollos epistemológicos del pensamiento de Wilfred Bion, APA
Autora y coautora de trabajos presentados en congresos y simposios nacionales e internacionales APA, FEPAL, IPA y de psiquiatría
Ex-docente de la carrera de Especializacion en Psicoanalisis APBA
E-mail: licbeamonaco@hotmail.com

Danza y Clínica Psicoanalítica

Kamran Alipanahi

"El buen bailarín no se contrae. Desata el cuerpo, lo ofrece a la danza, habla a través de él y, por eso, es logos hecho carne, humanidad concreta. Hablar a través del cuerpo, transformarlo en lenguaje, es abrirse verticalmente al propio desvelamiento."
Hélio Pellegrino
(H.Pellegrino, A. Pellegrino, 2004, pp. 54-56)

Introducción

El foco de este trabajo está puesto, en el intento de formalizar un tipo de escucha en la sesión, con su correlativa modalidad de intervención no orientada a las palabras de la paciente (asociación libre clásica), sino a una dimensión de lo pre-verbal actuado por la paciente en la sesión. Esta actuación es un intento de escenificar los objetos malos incorporados, que además se relaciona con los rituales arcaicos sacrificiales. A esta modalidad de escucha, la llamaremos "atención dancísticamente flotante" y a su partenaire "asociación libre dancística".

La ocasión de atender a Ana, una paciente bailarina, nos motivó revisar la cuestión de la danza en la clínica psicoanalítica. Ana, en una de las sesiones, al inicio de su análisis por Skype, dice: "mi expresión en la sesión es muy similar a la danza. Cuando siento angustia me siento mal, como en los momentos en que me obligaban a bailar exactamente igual a la coreografía. En cambio, cuando me siento libre en la sesión, me siento bien, como en los momentos de mi improvisación dancística".

Dra. Sara Zusman de Arbiser

La paciente lleva a la sesión el tema de la danza y la angustia, y nos hizo pensar rápidamente en la diferencia entre la coreografía y la improvisación dancística. La bibliografía a nuestro alcance sobre la danza y el psicoanálisis es escasa (R. Riesenberg-Malcolm, 1996, A., J. L. Fosshage, 2004, M. Harrison, 2014). Para varios autores, la improvisación dancística es una asociación libre (D. Lichtenstein, 1993, A. Dallal, 2006, M. Buckwalter, 2010). De esta forma se armaría una transferencia de los afectos.

En este trabajo, tangencialmente, indagaremos un poco por qué lado la danza se vuelve un problema para el psicoanálisis, cuál es la función de la danza en relación a la subjetividad (R. H. Livingston, 2005, G. Hagman y C. M. Press, 2010) y qué función cumple la danza en relación a la psicopatología. Creemos que este caso, al enlazar la danza como problema clínico, echa una nueva luz a los clásicos problemas clínicos: la angustia, el tótem, el tabú, el falo y el encuadre.

Para el fundador del psicoanálisis, el tema de la danza aparece, casi por única vez en toda su Obra, *en el horror al incesto en Tótem y Tabú,* en 1913, y es un ritual importante sobre el cual Freud sostiene: "De tiempo en tiempo se celebran fiestas donde los miembros del clan totémico figuran o imitan, en danzas ceremoniales, los movimientos y cualidades de su tótem. El tótem se hereda en línea materna o paterna [...] Danzas en que todos los miembros del linaje se disfrazan de su tótem y se comportan como él, sirven a múltiples propósitos mágicos y religiosos".

Posterior a Freud, uno de los conceptos más importantes sobre el psicoanálisis y la danza es "el falo *mágico" magical phallus de E. Freeman Sharpe,* quien psicoanalizó a la actriz y bailarina alemana Annie Ahlers. Sharpe sostiene que "una bailarina transforma su cuerpo en un falo mágico". Para Sharpe, en la angustia de la bailarina, el "puedo" se vuelve "debo", y la personificación fálica en la danza es un "debo ser el padre", "debo ser poderosa físicamente como mí padre" (E. F. Sharpe, 1978, pp. 129-130). Ella la considera tanto un delirio como una función del yo, y sostiene que, en Annie, la personificación mágica era un talismán que la protegía del destino diabólico. Annie Ahlers finalmente se suicidó en 1930.

Hacia una metapsicología de la danza

Podríamos pensar, junto con algunos psicoanalistas bailarines, que la sesión psicoanalítica está compuesta por creaciones dancísticas del paciente y del analista. Desde la creación dancística, en la sesión analítica, podemos pensar en una estructura encarnada de la moción. La danza requiere de la metamorfosis de una moción a un movimiento. Los movimientos tienen patrones y modelos. Por eso pueden ser estudiados.

En la "situación analítica" tenemos al menos cuatro cuerpos en el mundo externo real y en el mundo interno con respectiva imagen del cuerpo: 1) cuerpo del bailarín danzante, 2) cuerpo del bailarín observador, 3) cuerpo del otro danzante, 4) cuerpo del otro observador.

Los dos primeros podrían ser, en cierto momento, el cuerpo del paciente y los dos últimos podrían ser, en el mismo momento, el cuerpo del analista. Si estos cuerpos se fetichizan podrían generar analista-voyeur > paciente-exhibicionista.

Desde lo dinámico, lo económico, lo estructural y lo adaptativo, la danza está compuesta por movimientos que son representaciones corporales de las fijaciones libidinales/agresivas y su dinamismo se relaciona con el conflicto esquizoide[1] , los movimientos intestinales, el conflicto de Edipo: 1) succionar-ser succionado, 2) morder-ser mordido, comer-ser comido, 3) defecar-ser defecado, 4) contro-

---

[1]   Miedo a acercamiento por miedo al abandono posterior.

lar-ser controlado, 5) orinar-ser orinado, 6) penetrar- ser penetrado, a las cuales nosotros añadimos7) entrar-ser sacado, entrar-ser expulsado, ser nacido-ser muerto y las fantasías del parto, (8) aferrar, (9) lo ancestral de pro-crear-sacrificar, crear-destruir, etc. La danza también está compuesta por los movimientos sobre la piel: cuerpo des-nudo, cuerpo velado, cuerpo desvelado, etc.

El lenguaje del cuerpo, en la improvisación dancística y en las danzas rituales, requiere de una forma específica de la atención flotante del analista que veremos en la vi-ñeta clínica. Esta atención incluye el escuchar del silencio y la apercepción. Creemos que todo esto es un aporte al "arte" de la terapia psicoanalítica que en la co-creación permite bailar el baile no-bailado como si fuera el pensa-miento no-pensado.

Todavía no hay ninguna teorización psicoanalítica de la danza y de los movimientos dancísticos. Una exageración de las emociones, que no son exclusivamente de las emo-ciones desconocidas, sino que además son una dramati-zación experiencial de las relaciones objetales internas, podrían estar presentes en los pacientes. Por ejemplo, el paciente podría provocar a su analista que lo castigue, siendo un masoquista en busca de la creación de un sádi-co. Lo mismo podría ocurrir en la coreografía.

La danza y el ideal del yo

En la era paleolítica, el hombre dibujaba en las cue-vas. Bailar era un ejercicio mágico y desde su origen se relacionaba con la vida y la muerte. Lo que se bailaba era la vida. Un objetivo del análisis de Ana, el caso que dis-cutimos en este trabajo, una bailarina que abandonó la danza, podría ser remover su inhibición neurótica.

Una bailarina se vuelve lo que alguna vez observó, de-seándolo, amándolo y odiándolo. Ana incorporó un objeto de la mirada de forma canibalística, un objeto malo, posiblemente relacionado a la madre. La internalización de ese objeto le permitió no perderlo, controlarlo mejor adentro que afuera. Bailar perfectamente es un intento penoso de satisfacer a la madre-maestra de ballet. Al principio, en la fase oral I del desarrollo libidinal, la identificación y la catexis del objeto no son diferenciables. Posteriormente, se resignifica en Edipo. Se intenta controlar, mágica y omnipotentemente, el objeto malo, volviéndose el padre. En todo este proceso, el Yo incorpora el objeto malo hostil y lo disocia. Creemos que, después, la bailarina lo externaliza, dramatizándolo en la escena de la danza.

Como veremos posteriormente, Freud redujo la importancia de la danza y del coro a la tragedia y al Complejo de Edipo. Posteriormente, J. Friedman y su esposa S. Gassel, (1950, pp. 213-226) ambos actores, hicieron una critica psicoanalítica al drama y trataron de armar un puente entre Tótem y Tabú, y el coro de Edipo de Sófocles. Sostuvieron que se podía leer el coro a la luz de los hermanos de la horda que mataron al padre y después uno de ellos que poseía más coraje sustituía al padre.

Creemos que el trabajo de Friedman y Gassel adolece de una lectura textual del coro en Edipo Rey. Si bien es cierto lo que deducen del texto, no es el objetivo principal del coro en el teatro griego. El coro, sin texto y con una improvisación, se relacionaba con los rituales dionisíacos y apolíneos, ambos rituales de sacrificio. Estos rituales no-escritos, son más bien pre-verbales y creemos que su sacrificio no es exclusivamente el parricidio relacionado a la horda, si bien se resignifica en ella. Podría ser filicidio.

Para Friedman y Gassel (1950, pp. 213-226), el héroe es un "yo-colectivo" en una comunidad y hace lo que fue prohibido por el coro. Éste expresa la censura y las restricciones que se le imponen al individuo en la sociedad. Creemos que es un error reducir la función del coro (y de esta forma la de la danza) a la censura, que es un acto del superyó. El coro lamenta y adora a través de los rituales y se impone como un ideal del yo. Entonces, la danza tiene un origen en el ideal del yo y otro en el superyó. El coro es una parte de la tragedia edípica y a nuestro entender no se reduce ni al texto del dramaturgo ni al baile del coreógrafo ya que tiene incorporado el terror de las generaciones anteriores.

La danza y la deconstrucción de la tragedia

Freud no se ocupó de la importancia pre-edípica del coro griego en la tragedia y por lo tanto redujo el papel del coro griego (canto y danza) a la tragedia edípica donde la obra de Sófocles fue una inspiración literaria para su teorización psicoanalítica del Complejo de Edipo. Consideramos que el mismo Freud que, en *Tótem y Tabú*, pone tanto énfasis en la danza como ritual del "sacrificio totémico", no la menciona cuando describe el papel del coro en la tragedia edípica.

Acordando con E. Laverde Rubio (1999, pp-532-542) pensamos que los antiguos grupos humanos no estaban organizados como lo describe Freud. El clan fraterno no estaba dominado por el macho omnipotente, quién tendría a su disposición un conjunto de hembras; los machos no eran cazadores sino carroñeros. La mujer era quién ocupaba un papel dominante.

En la revisión de las ideas de Freud, en *Tótem y Tabú*, el horror del hombre frente al asesinato y no sólo del padre, al canibalismo y al incesto son importantes. Encontramos una relación estrecha entre el "tótem" y el "falo", como vimos en la introducción, revisando los textos de S. Freud y de E. Freeman Sharpe. Si el complejo de Edipo requiere de la fantasía fálica, también requiere de los rituales totémicos. La dramaturgia del coro, posteriormente en el ballet clásico, se relaciona con la coreografía de la danza.

Las tragedias griegas, incluso *Edipo Rey* de Sófocles, se basan en mitos de la tradición oral y la extensión de los ritos antiguos. Bailar era una virtud para los griegos en la época de Platón y alguien que no sabía bailar era considerado no educado. Creemos que el nacimiento de la tragedia griega en Esquilo y después en Sófocles, que coincide con la invasión de Persia a Grecia, requirió de un cambio en el coro del teatro griego: se puso mayor énfasis en el actor trágico y menor énfasis en el coro. El coro llevaba máscaras.

En las tragedias, cuando el actor debía abandonar la escena para cambiar de personaje, el coro, χορός, cumplía un papel dominante a través de cantar y bailar. Esos bailes tienen una historia mucho más antigua que la tragedia misma: 1) Uno de ellos era Géranos, una danza en la cual Teseo, volviendo a Atenas, después de haber matado al minotauro en el laberinto de Cnosos, bailaba en un ritual de sacrificio. Esa danza se bailaba en torno al altar de Apolo y se debía llevar máscaras. Entrar y salir del laberinto aludía a la rencarnación de las almas. 2) Otro era Ditirambo que no llevaba máscaras. Era un ritual en homenaje a Dionisio porque los antiguos titanes mataron a Dionisio, hijo de Zeus, pero su corazón no fue devorado. Tímele era el altar dedicado al sacrificio a Dionisio en Ditirambo y posteriormente en el centro de la orquesta, en las tragedias de Esquilo y Sófocles. Se suponía que los seres humanos, que tienen componentes titánicos y dionisíacos, nacían de la culpa de la muerte de Dionisio y tenían que purificarse. Como también señala Freud (1913), la palabra empleada es la misma que se aplica a la mujer durante la menstruación o el puerperio.

El coro (el canto y la danza) de las tragedias cumplía un papel diferente que el de las obras satíricas, por ejemplo el lamento por una muerte eminente. Creemos que en la tragedia, las víctimas guardan cierta dignidad. El rol del actor es muy destacado, entonces el coro solamente amplifica la impresión, incluye una nueva moraleja y complejiza la estructura de la obra trágica.

Creemos que cuando las víctimas no tienen dignidad, porque por ejemplo fueron tratadas como "cosas", no se puede dramatizar el dolor en una tragedia. Este es el caso de Ana respecto a su tío (fusilado por el Gobierno Revolucionario). Entonces, el papel del coro y la danza, tanto en su vertiente apolínea como dionisíaca, son requisitos importantes para la construcción de la tragedia. Creemos que esto es así para la tragedia edípica. En Edipo Rey de Sófocles, los ancianos tebanos representaban a los ciudadanos y formaban el coro. Una de las funciones del coro era demarcar el inicio y el fin. Creemos que esta función, en la sesión de análisis, se define en términos del encuadre.

Viñeta clínica: el caso Ana

Entrevista [por Skype]

La entrevista inicial con esta paciente tuvo la forma de lo que O. Kernberg y sus colegas denominan entrevista estructurada de organización de personalidad (STIPO), una versión revisada de la entrevista estructural (S. Hörz-Sagstetter et al., 2018, pp. 30-42). Un diagnóstico presuntivo de la paciente, a partir de la entrevista, es una organización borderline con historia de *self-mutilation*. Además, con los criterios diagnósticos de R. Basili y sus colegas es una paciente con patología del vacío (R. Basili, et al. 2014, pp. 223-237).

Ana tiene 26 años, vive sola en Teherán, sus padres viven en otra ciudad a 200 kilómetros de Teherán. Tiene dos hermanas mayores, una de 33, Nina, y otra de 37 años, Sara, esta última vive en EE.UU. Estudió una licenciatura en biología y después de encontrar por casualidad un libro de Karen Horney, le interesó estudiar psicología.

Me comenta que se dijo a sí misma que quería probar un análisis conmigo.

Sobre su problema dice: "mi gran problema es ez'terab. [Vale aclarar que la palabra persa *ez'terab,* que tiene origen árabe, contemporáneamente suele traducirse como "ansiedad" y "angustia", pero originalmente significa: el movimiento del cuerpo, confusión, palabras opuestas, guerra.] Mis padres también siempre han sido ansiosos". Dice que tiene pocas amigas pero no explica cómo es su relación con ellas.

Su problema actual es "la inestabilidad en sus relaciones" y "problemas serios con la familia" con sentimiento de "odio" y de "rabia". Ana comenta que siempre trata de complacer a los demás ya que tiene "un miedo mortal" a que la abandonen.

De su familia dice: "soy la última hija y siempre muy querida. A los 16 años me mudé a Teherán para ir a la escuela. Dormí en la cama con mi mamá hasta los 13 años. Tengo mala relación con mi mamá, pero hace poco que también tengo mala relación con mi papá". Le pido que explique un poco este punto. Dice: "contaba mucho con mi padre, pero después de tener un accidente muy grave, en una situación de crisis, mi padre no me protegió ni siquiera en el tribunal. Mi papá es el único hombre de la familia. No puedo ni siquiera sostener un diálogo de cinco minutos con mi mamá sin que termine en pelea. Sin embargo, no recuerdo haber tenido más de una o dos peleas con mi papá. Pero después de ese accidente, mi papá para mí murió".

En el accidente, la paciente estaba manejando el auto y choca con otro auto, manejado por un hombre, que volcó. Ella sintió mucha angustia después del choque. De inmediato se escapó más de 5-6 km de la escena, pero después volvió, porque descubrió que había perdido la chapa de su auto. El enojo con el padre radica en que éste no la ayudó durante el juicio que perdió. Cuando le pregunté adonde se dirigía cuando chocó, respondió que iba a la casa de Nadia [su mejor amiga con quien tuvo relaciones sexuales un par de veces].

Le pregunto si toma medicamentos o tiene alguna enfermedad somática. Dice: "durante cinco años tomé pastillas. En mi familia todos toman el escitalopram (anti depresivo) entre 10 y 40 mg. Antes de empezar con usted, me analicé con la psicóloga de mi hermana, quien empezó su análisis después de su embarazo.

En la segunda entrevista, la ventana de mi consultorio estaba abierta y ella la veía por la cámara de la computadora en Skype. Ana me dice: "creo que están cortando el césped [Se escucha algún ruido. El día anterior yo me había cortado mi pelo. Contratransferencialmente, sentí que ella se refería a mí pelo, pero no le dije nada]. Este es el trabajo que hago en la municipalidad, cuidar al espacio verde." Le digo: "en mi consultorio algo del lugar de tu trabajo se vive".

Ana dice: "desde la vez pasada que nos hablamos hasta hoy tengo sentimiento de culpa. Tengo la sensación de que soy infiel a mi ex–analista. Además, le había dicho a usted que la sesión fuera a las cuatro de la tarde, pero yo sabía que a esa hora tenía que estar en la facultad. Aquí, es la verdadera sesión de psicoanálisis. Creo que con mi ex–terapeuta experimentaba algo no completo. Igual, me siento culpable".

Le digo: "entonces, ¿usted no se siente segura?". Ana: "me siento segura, pero la sesión de análisis no es para plantear las cosas cotidianas". Yo le explico que justamente la sesión es para plantear las cosas cotidianas. Dice: "después del accidente del auto empecé a relacionarme con mi jefe [Ana tiene casi 30 años menos que su jefe]. Esa relación era muy complicada. Tengo también otro compañero que después de que mi jefe se fuera me ofreció amistad. Yo soy la única chica soltera en mi lugar de trabajo. Usted puede imaginar cuántos hombres casados me están siguiendo. Una vez me acosté con este compañero. Cuando estaba dormida, él revisó mi celular y allí descubrió mi relación con el jefe, a través de los chats con una amiga, en el cual le contaba sobre mis relaciones con el jefe, además de mi herpes genital, cosas que no le había dicho a este compañero. Después él me empezó a gritar por qué estaba jugando con él. Ahora no tengo confianza. Temo que él haya instalado una aplicación en mí celular para leer todo."

Le pregunto: "¿lo querés?" Dice: "no". Le digo: "entonces, ¿por qué seguís relacionándote con él con lo que pasó?" [se ríe] y dice "no quiero estar sola". Sobre el jefe, Ana señala que él es una persona influyente y que sigue enviándole mensajes invitándola a salir con él.

Ana dice "Cuando tenía 17 años, por primera vez fui a ver a un psiquiatra por angustia y obsesión. El psiquiatra me dio cualquier medicamento que usted pueda imaginar." Comenta que, en una ocasión, a los 16 años, llevó su primer novio a la casa de su hermana. Cuando estaban teniendo relaciones sexuales su cuñado llega a la casa y se enoja. Ella se va al baño e intenta suicidarse cortándose las venas.

Después de una hora, el cuñado junto con la hermana, la llevan al hospital y ella se recupera. Después del intento de suicidio no la llevaron a una consulta psicológica ni psiquiátrica. Ella recuerda que el cirujano que estaba cociendo su mano dijo que no iba a dejar ninguna huella. Sin embargo, todo quedó. Vuelve a la casa de sus padres, por dos días, pero retorna a vivir a lo de su hermana.

La paciente dice: "Hay mucha rivalidad en mi trabajo. Usted puede ver toda la teoría de la evolución de Darwin de la lucha por la sobrevivencia en ese lugar. En mi ex análisis [la paciente fue analizada seis meses. Ella iba a una psicóloga sin formación firme psicoanalítica] la terapeuta me dijo "usted cambió", pero yo no lo creo. Lo mismo me dicen mis padres. Mis padres nunca tuvieron una relación amorosa. Nunca observé en mi vida que se abrazaran. Siempre se han peleado. Aun así creo que mis padres jamás me abandonan. Si algún día llego a la conclusión de que me abandonan me psicotizo. Mi mamá es una madre post-moderna. Siempre me dice: "yo no sé, vos sabes lo que es mejor para vos." Mi mamá no me protegía fuera de la casa".

Fragmento de la sesión (a) [análisis por Skype]

P (paciente): ¿podría fumar? ¿No le molesta el cigarrillo?

[Creemos que esta pregunta de Ana señala muchas cosas al mismo tiempo. Algunas de ellas son: 1) expresión corporal de "ansiedad", 2) "angustia" con el sentimiento inconsciente de culpa, 3) un gesto corporal erótico con cierto sentimiento de vergüenza en el gesto, 4) seducción en la pantalla de Skype en forma exhibicionista-voyerista, 5) la importancia de la fijación oral I (fumar) y II (morder el cigarrillo) en la paciente, ya que se ve en la pantalla que muerde el cigarrillo, 6) testear su propia capacidad de dañar al analista-madre en la sesión por Skype donde los cuerpos no están co-presentes en una misma habitación. Esto podría ser por el miedo a dañar por el amor (si la paciente es esquizoide, como Ana) o por el odio (si la paciente es depresiva). 7) Evaluar hasta qué punto la pantalla de Skype es un objeto transicional]

A (analista): Sí

P: Mi mamá me abandonó. No me ayudó. Generó en mí una sensación de culpa. En los últimos tres meses, tuve la idea de matarla. Trabajo en un espacio verde en la municipalidad, por eso me peleo todos los días con la gente.

[Le pedí a Ana que si quiere puede posicionar su cámara de Skype al costado para que ella no me pueda ver pero yo pueda verla, similar al análisis en diván.]

P: Una de mis orejas escucha menos que la otra. Este problema me preocupa.

A: Te preocupa la dificultad para oírme y sentirte sola sin poder escucharme.

P: No, al revés. Con esta oreja escucho bien.

[Silencio, dos minutos]

A: ¿Cómo te sentís?

P: Estoy con angustia. No sé cuándo vuelva a mirarte. Siempre tenía este problema en el ballet clásico. Acá no sé si puedo improvisar en mí posición. Ahora nada es real. Todo es artificial. Me siento sin identidad. Es una máscara.

[La paciente prende otro cigarrillo]

P: En la danza tenía la misma sensación de artificialidad [si bien el análisis se hizo en farsi, la paciente aquí usa la palabra inglesa fake] salvo cuando la profesora alemana nos daba clases de danza moderna.

A: Me estás diciendo que querés que te permita improvisar como hizo la profesora de la danza moderna y no te obligue a quedarte quieta. Dar la espalda a la cámara de Skype te hizo sentir el abandono, como a veces sentías en la coreografía del ballet clásico. La sesión, mi presencia y el análisis se volvieron artificiales. En cambio, fumar el cigarrillo te permitió revivir lo real.

P: En nuestros ejercicios de ballet clásico en el escenario, cada tres minutos necesitaba ir al baño. Mi primo es urólogo y me dijo que tengo una "vejiga ansiosa".

A: y ¿aquí en la sesión?

P: Antes de la sesión siempre voy al baño, así me siento mejor. Cuando bailaba en el escenario necesitaba conocer la arquitectura de la sala. Cuando sé que hay un baño cerca, me siento mejor aunque no necesite ir al baño.

Fragmento de la sesión (b)

La paciente empieza la sesión diciendo que el día anterior, en su trabajo, estaba preparada para darle un puñetazo a una persona, pero la frenó su novio que también es su compañero de trabajo.

P: "Nosotros tenemos derecho. Si algún tercero nos observara desde afuera, votaría a nuestro favor. Hay gente que tiene poder. Hay un ingeniero capataz que hace tiempo le pedimos a nuestro jefe que lo echara. Esa persona sintió miedo de nosotros. Pero éramos cuatro personas y bajaron nuestro sueldo. Todos me dicen que deje este trabajo, pero yo no quiero. Dos de nosotros se fueron".

A: ¿Por qué quiere que lo echen?

P: "ese señor está casado y tiene hijos, pero varias veces me pidió que saliera con él. Pensaba que estaría segura mientras él me quisiera. El ingeniero es agresivo y quiere manipularme".

A: ¿A quién le hace recordar?

P: A nadie.

A: ¿Qué siente en este momento?

P: Siento frío en mis manos.

[...silencio...]

P: Anoche soñé que alguien me violaba pero no recuerdo dónde y cómo.

A: ¿Con qué lo asocia?

P: Con miedo

A: ¿Había otra persona en el sueño? ¿Había algún sonido? ¿Alguna voz?

P: No recuerdo [Empieza a llorar]. Estoy muy rabiosa.

A: Es como darle un puñetazo a alguien.

P: Sí. Quería darle un puñetazo a mí mamá, pero mi papá no permitió que lo hiciera. Dormí en la cama con mi mamá hasta que tenía 13 años. Mi mamá siempre tenía que estar parada hasta que yo me durmiera.

[...silencio...]

A: [Veo mucha rabia en su cara] ¿Algo te molesta en la sesión?

P: Soy muy sensible al olor del cuerpo de la gente y lo detecto. Por ejemplo detecto el olor del cuerpo de mi hermana en otros cuerpos, y de los bailarines. Nada es natural para mí. Ni siquiera creo en mí cuerpo. Tampoco en mí angustia.

A: Todo es artificial para vos.

P: Sí. Siento la pérdida de identidad. No tengo nada para mí. Hasta ahora tenía una máscara de identidad [Enciende un cigarrillo y empieza a fumar]. En todas mis actividades soy así.

A: Entonces, ¿por ejemplo, por esta misma razón dejaste de bailar?

P: Sí. La danza también fue así. Salvo cuando invitaron a una profe alemana que nos enseñó a improvisar. Bailar con coreografía para mí era artificial, aún los espectadores eran todos artificiales.

A: Entonces, yo soy también artificial y el análisis también lo es. Querés que yo te deje libre en la sesión para que puedas improvisar como esa profe alemana.

P: Me siento confundida y rabiosa. Recuerdo a mí mamá. Ahora tengo contracturas musculares. Esa profesora después de un año no volvió más. Entonces, estábamos obligados a seguir el ballet clásico sin improvisación. Mi ex analista se parecía a mi ex profesora [no la alemana]. Las sesiones de mi ex análisis eran como una clase.

A: También ahora te sentís en una clase.

P: Podría ser, pero hay una diferencia. Ahora no tengo miedo de hablar ni de sentirme ridiculizada como antes.

A: ¿Te sentías ridiculizada en la danza?

P: Sí. Al principio, muchas veces. Mi profesora de danza [no la alemana] se casó y cuando me enteré, me sentí mal. Yo estaba enamorada de ella. Dos o tres hombres armenios organizaban las clases. La mayoría de los alumnos eran mujeres. Cuando se llenaba el lugar de hombres me sentía mal. [Me mira a mí y me pregunta] ¿Tal vez en las danzas latinas es necesario que se baile en pareja, hombres con mujeres?

[…silencio…]

P: Yo tenía sexo con mujeres.

[…silencio…]

P: Estoy rabiosa[2] con mi mamá. Observo una dimensión masculina en mí, desconocida hasta este momento para mí. Esta dimensión masculina tiene que ver con la búsqueda del poder. Creo que algunas de mis conductas y estados psíquicos se parecen al de los hombres. En el fondo de mi corazón tengo buena sensación de lo que digo, porque los hombres viven mejor. Por primera vez digo claramente: ¿por qué no nací hombre?

A: Por lo que yo sé por las noticias, el año que usted entró a la facultad, hubo una modificación en la ley en Irán en el cupo femenino, limitándolo al porcentaje del total.

P: Sí, tal cual.

[…Silencio dos minutos..]

P: Mi tío fue fusilado en 1983. Mi abuela quería que mi mamá quedara embarazada y ponerle el nombre de ese tío a su hijo. Sin embargo, mi mamá nunca tuvo hijo varón. Mi hermana Nina no fue una hija querida, nació un año después de la muerte de mi tío. A partir de la muerte de mi tío antes de mi nacimiento, todos los años los familiares cuyos hijos fueron fusilados se juntaban en nuestra casa y cantaban una canción en homenaje a mi tío.

Discusión

R. Riesenberg-Malcolm (1996, pp. 679-680) introduce un modelo psicoanalítico para diferenciar tres partes de la conducta del paciente: *el self observante, el self actuando y la audiencia*. Cada parte se funda sobre una identificación distinta. En Ana vemos que una parte era

---

[2] El equivalente a la palabra "rabiosa" en persa es "jashma": jash+ma, ralla+madre= madre rallada.

observadora, muda e inactiva. Controlaba sus movimientos observándolos. Otra parte actuaba en busca del objeto y de la relación con el mismo. La búsqueda del baño para suicidarse se relaciona con esta parte sexualizada pero rápidamente reprimida de su *self*. Aquí tenemos un *in-betweenness* entre la función simbólica y la ecuación simbólica. La escena actuada también requiere del espectador para que valorice el hecho y asegure su aceptación como "trabajo". Esto ocurre con su cuñado y hermana que la llevan al hospital. También es una excusa para justificar su agresión, por ejemplo cuando Ana dice: "Nosotros tenemos derecho. Si algún tercero nos observara desde afuera votaría a nuestro favor. Hay gente que tiene poder [...]"

La paciente está decepcionada del padre. Ella no dispone del amor del padre. Ni en el intento de suicidio ni tampoco en el accidente el padre la protege. Contratransferencialmente, en una sesión en la cual Ana habla de cómo y por qué el gobierno después de la Revolución Islámica fusiló a su tío, el hermano de su mamá, yo como psicoanalista, sentí mucha angustia. La madre perdió a su hermano y Ana es la hija de una madre deprimida. Todavía el gobierno de Irán no permite enterrar a esos fusilados, ex–prisioneros políticos como el tío de la paciente, en un cementerio cualquiera.

En este caso, el cuerpo disciplinado es el cuerpo bajo el ejercicio de la autoridad. La danza es un dispositivo. El gobierno teocrático iraní prohíbe la danza y su enseñanza entre hombres y mujeres, pero no entre las mujeres. Entonces, la hegemonía política islámica genera cierto cuerpo sujetado por la danza. El dispositivo es un conjunto heterogéneo de elementos con función estratégica en relaciones de poder.

Creemos que, en la paciente, la diferencia del género masculino-femenino se sustituye por el género de la danza misma. Allí ella no baila un solo género, mezclan varios géneros. La danza, como un dispositivo disciplinante de los cuerpos, intenta generar nuevas subjetividades en relación al género. El cuerpo que baila cierto género de la danza pierde su género para colocarse en algún género de la danza. La paciente me dice que para ella la danza latina, cuyo representante soy yo en la sesión, se diferencia del dispositivo al cual tenía que someterse a través de la coreografía.

Ella siente que con la coreografía baila como una marioneta abucheada. También comparó la misma situación con su análisis anterior que para ella era una clase. En la sesión conmigo se siente libre.

En Ana, se observa una tensión entre la improvisación y la coreografía. Nos preguntamos cómo el dispositivo genera al sujeto. El orden de la coreografía la instrumentalizó. Hay una tensión entre la mirada y el velo sobre la mirada. Ella se las arregla mejor con el objeto-mirada en la improvisación.

En casi todas las obras de arte y específicamente en el romanticismo, tenemos cierto lugar para la improvisación de los bailarines, instrumentalistas, etc. El ad libitum es el lugar no-disciplinado para que un bailarín improvise o baile como guste. Este "solo" es un sopapo para que el narcisismo de vida del bailarín pueda ser valorizado sin que permita un desarrollo del narcisismo de muerte. En cambio, en la danza disciplinada, para Ana, la disciplina desvaloriza la improvisación del cuerpo íntimo y sexual de ella generando una tensión en la cual, por un lado Ana, una paciente narcisista, valoriza su cuerpo y por otro la disciplina lo desvaloriza. Esta interacción empeora el narcisismo de muerte. Ella necesita cierta valorización para poder seguir trabajando y seguir creando obras de arte. La madre mantenía el cuerpo de ella sin desearla. Esta es la descripción de la post modernidad.

Ana tuvo un pasaje al acto: huyó y abandonó la escena del accidente, lo cual significa una caída de la subjetividad ("anagnórisis" en términos de Aristóteles sobre la identidad del héroe en la tragedia). Después vuelve a la misma escena buscando la chapa de su auto. Esta conducta sería una búsqueda de su identidad perdida después del derrumbe subjetivo. Fumar, en ciertos momentos de la sesión, también es un pasaje al acto, para introducir el cuerpo pulsional y salir de la angustia paralizante.

Creo que la escena del accidente se trata de una escena donde se dramatiza una fantasía inconsciente. La chapa del auto fue un hilo de Ariadna que Ana pudo recuperar para salir del laberinto. La pérdida de la chapa del auto es resultado de un episodio de la psicosis esquizo-afectiva en Ana que es una paciente borderline con patología de vacío.

Se nos ocurre preguntar la relación entre la danza, el exhibicionismo y el velo. En Ana se trata del velo más que del exhibicionismo. Ana es una bailarina fracasada. En cierto momento, pensando que su cuerpo era el falo (pene-como-vinculo, en términos de Birksted-Breen) (Birksted-Breen, 1996, pp. 649-657) apreciaba el cuerpo masculino, el cuerpo inmortal y poderoso que fascinaba pero él mismo no deseaba. Cuando una mujer cree que su cuerpo es el falo, ¿este falo es simbólico o pre-simbólico? El accidente de Ana ocurrió después de la fantasía de encamarse con Nadia, su amiga. Ana, identificada con el falo, desmiente la organización tripartita edípica.

Para que la paciente pueda sentirse segura, ella debe ser narcisísticamente el falo, porque el falo mágico se relaciona con la mirada completa de la cual la paciente no podía escapar; su seguridad es su propio cuerpo y todo lo demás es artificial. Todo esto es resultado de la interacción entre el psiquismo de una paciente narcisista y la forma que se disciplina su cuerpo en la danza y creemos que también en la sesión. Mientras el ingeniero valorizaba su cuerpo ella sentía seguridad. Pero después ese señor gozaba del poder intentando disciplinar su cuerpo. No era tranquilizador porque a ese hombre le gustaba manipular a los trabajadores. Ella sintió frío en las manos recordándolo. Ese hombre ocupaba el lugar del padre de la horda, poseedor del cuerpo de las mujeres. El novio de la paciente también hizo algo similar. Él empezó a controlar el celular de la paciente. En el celular tenía chats sobre su intimidad con su ex jefe.

En la danza de Ana, aparece la mirada de la mujer: su primera profesora y la otra profesora alemana. La profesora alemana no gozaba disciplinando el cuerpo de Ana. Al preguntarme sobre la danza latina, ella dice que se trata de una disciplina diferente, lejos de la experiencia de ella, pero al mismo tiempo dentro de su interés en la sesión. Esta es "la asociación libre dancística no bailada".

Los organizadores de la clase eran hombres. La disciplina del cuerpo para ella se relaciona con el poder de gozar de los hombres, mientras que las mujeres son quienes la ven. Sin embargo, la mujer disciplinante en el gobierno islámico no valoriza el cuerpo de la paciente. Lo mismo ocurre con los hombres. La mujer libre es la que le permite improvisar. En la sesión, ella busca un psicoanalista hombre o mujer que no la discipline sin que antes valorice su libertad.

En el análisis de Ana, destaqué una intervención mía en una de las primeras sesiones que la considero mi error porque generó una angustia en Ana por fuera de la asociación libre: le pedí a la paciente que colocara la cámara al costado como si estuviera en el diván, aunque en la entrevista ya le había dicho que podríamos trabajar de esa forma. El no-mirar en Ana por mí intervención articuló la angustia con la escena resquebrajada. Esa angustia relacionada a no-mirar, rápidamente generó un sentimiento de vacío y de artificialidad. Esta escena resquebrajada fue la repetición de otras parecidas: cuando su mamá iba a trabajar y la dejaba sola, cuando irrumpió la mirada de su cuñado en la intimidad de su relación con el novio, cuando la profesora de ballet clásico la obligaba a quedarse quieta dando la espalda al público en la escena, cuando el fusionarse con el padre en el accidente la llevó a escaparse de la escena del accidente perdiendo su identidad, cuando su padre no la apoyó en el tribunal, etc.

Como dijimos, el foco de este trabajo está puesto en el intento de formalizar un tipo de escucha en la sesión con su correlativa modalidad de intervención no orientada a las palabras de la paciente (asociación libre clásica), sino a una dimensión de lo pre-verbal actuado por la paciente en la sesión. Esta actuación es un intento de escenificar los objetos malos incorporados que además se relaciona con los rituales arcaicos sacrificiales. A esta modalidad de escucha la denominamos "atención dancísticamente flotante", que como vemos en el caso de Ana, no deriva de la asociación libre de la paciente, por eso la consideré "mi error" desde una intervención clásica basada en las palabras de la paciente. Sin embargo, creo que mi "atención dancísticamente flotante" es una atención al "coro" de la tragedia y no al "texto" y así genera una "asociación libre dancística" que a mi modo de ver es la forma arcaica del ritual de sacrificio; por eso generó una angustia que actualizó la asociación libre dancística de la paciente. Con este concepto no me refiero a cualquier *agieren* de la paciente pero creo que explica ciertas asociaciones actuadas. Creemos que el coro griego no se reduce a la palabra hablada sino que tiene una dimensión simbólica y pre-verbal enraizada en los rituales sacrificiales.

Ella empieza a danzar rodeada de hombres tal como se sintió rodeada de hombres en su lugar de trabajo. Ella intentó suicidarse en un acto que podríamos llamar trágico volviéndose la actriz heroína cuando irrumpe la mirada encarnada en su cuñado, pero tardó una hora para que el público (la hermana y el cuñado) la llevara al hospital. Ella pierde su identidad en un ritual sacrificial que lo consideramos pre-trágico. Lo trágico aparece a consecuencia de actuar.

Hay una escena del accidente que dramatiza una fantasía inconsciente que tiene que ver con Nadia, su hermana y probablemente también su madre, ya que Ana dormía en la cama de la madre durante varios años. Otro tema en relación al accidente es el montante de la agresión y la perdida de la identidad. Podríamos pensar a los autos chocados como cuerpos que bailan y uno choca con otro y otro se da vuelta. Esta es una dramatización de una escena. También esta dramatización tiene que ver con el padre. Una relación simbiótica con la madre, la pérdida de identidad y un pedido de ayuda al padre que no cumple su función. Esa falla en la función paterna se repite con el jefe y los compañeros de trabajo. La relación con todos ellos termina en violencia. Otro de los temas que Ana menciona es su inquietud por ciertas salas de danza porque en alguna de las salas había baño cerca y en otras no había. Esto le generaba angustia. Se ve un miedo fóbico fálico uretral de no poder controlar la orina, pero también resignificado en su componente fálico edípico de la excitación sexual del cuerpo. Esta fobia, en términos de Fairbairn, es una técnica y una maniobra psicológica en los pacientes esquizoides (W. R. D. Fairbairn, 2001 [1941], pp. 28-58). La madre la controlaba para no perderla.

En el análisis por *Skype,* tenemos un desafío en atender estos pacientes si no tenemos en cuenta el tema del encuadre. La artificialidad de la que habla Ana es sacar la libido del objeto y ponerla en el yo para que ella pueda lucir con su cuerpo. Pero también es un tema de los pacientes esquizoides. Fairbairn sostiene que es común el sentimiento de artificialidad, *feelings of artificiality,* tanto respecto del *self* como respecto del ambiente en los pacientes esquizoides (W. R. D. Fairbairn, 2001 [1952], pp. 5-6). Es un resultado de la disociación en un paciente que no puede relacionarse con la totalidad del objeto. En nuestro medio, R. Basili relaciona la anhedonia y el sentimiento de vacío con la "patología de vacío" que según él es un intento penoso del paciente para no sentir el abandono (R. Basili, et al. 2014, pp. 223-237). La paciente prefiere relacionarse con lo vaciado para no sentirse abandonada. Esta maniobra psicológica es transitoria. Nosotros pensamos que lo vaciado es lo mínimo que queda del objeto externo real presente para que la paciente pueda controlarlo. El pecho vaciado y la relación con lo vaciado es mejor que ninguna relación. Creemos que en Ana bailar es una repetición en la conducta de vaciar-ser vaciada, chupar-ser chupada, en todos los gestos de la danza. Cuando ella está libre de hacer todo eso se siente mejor, tal como un bebé libre de chupar un pecho o una mamadera. Pero cuando se siente presionada, disciplinada y enjaulada aumenta su angustia.

Palabra final

Freud en *Tótem y tabú* dice: "[los hermanos] unidos osaron hacer y llevaron acabo lo que individualmente les habría sido imposible". (S. Freud, 1913, pp.143-144) También Freud considera que "en la historia del arte griego existe una situación que muestra llamativas semejanzas y no profundas diferencias en la esencia del banquete totémico. Es la situación de la tragedia griega más antigua. Una banda de personas reciben el mismo nombre y se visten igual, rodean a una persona sola de cuyos hechos y actos están todos pendientes, son el coro y el héroe" (S. Freud, 1913, pp. 157-158)

Freud describe la culpa trágica como el resultado de la sublevación contra una autoridad divina o humana. El coro simpatiza con el héroe; procura disuadirlo, alterarlo y moderarlo. Freud equipara al héroe de la tragedia griega con el padre de la horda primitiva, culpable de su padecer y redentor del coro. También equipara al coro con la banda de hermanos. De esa manera, Freud encuentra en la tragedia griega que los padecimientos de Dionisio y el lamento del séquito de chivos que con él se identifican va constituyendo el contenido de la representación.

Nosotros consideramos que una equiparación exclusiva del coro con los hermanos de la horda primitiva es un error de Freud, porque míticamente, el coro griego era más antiguo que la tragedia misma; no puede ser que el ritual de la banda de hermanos sea anterior a la aparición del padre de la horda primitiva. Freud hace un uso muy universal de la tragedia que no coincide con la historia de la tragedia griega; el coro existía en el ditirambo y en los rituales apolíneos mucho antes de la aparición de la tragedia griega. Creemos que Freud al universalizar el Complejo de Edipo, aplicado a los rituales totémicos, también intentó universalizar la tragedia. Cuando Freud dice: "Es la situación de la tragedia griega más antigua." ¿De qué antigüedad está hablando? La tragedia como un género literario griego y el teatro griego no existía antes del siglo V a.C., antes de Esquilo. El mismo Freud dice: "en la tragedia griega los padecimientos de Dionisio y el lamento constituía el contenido de la representación". Creemos que a diferencia de lo que hace Freud, el coro griego no se reduce completamente a la "representación" [palabra]. Freud olvida que el coro no solamente canta y habla (cosa que el coro comparte con el actor trágico), sino que también baila. Si bien estamos de acuerdo con Freud, que en los rituales totémicos, los bailes eran una parte del ritual y que podrían ser leídos como representaciones palabras actuadas (coreografía) relacionadas a la ley, la mayor parte de la danza del coro griego tiene origen pre-verbal y no se reduce exclusivamente al sacrificio del padre, por más que se resignifique posteriormente a este. Son expresiones de angustias primordiales que se expresan a través de las improvisaciones. Creemos que estas angustias y danzas primordiales se resignifican en el Edipo, pero tienen su origen en lo pre-edípico. Entonces, clínicamente requieren, además de la clásica atención flotante del analista al texto y a la palabra hablada del héroe y del coro, de un tipo especial de atención flotante del analista, a la cual hemos llamado aquí: "atención dancísticamente flotante".

Bibliografía

Lichtenstein, D. (1993). The Rhetoric of Improvisation Spontaneous Discourse in *Jazz and Psychoanalysis. Am. Imago*, 50(2):227-252.

Basili, R., Sharpin de Basili, I., Besuschio, A., Campi, M., Oswald, L. (2014). Fairbairn and "emptiness pathology" [en: G. S. Clarke, D. E.Scharff, 2014, *Fairbairn and the object relations tradition*, London: Karnac, pp.223-236]

Birksted-Breen, D. (1996). Phallus, Penis And Mental Space. *Int. J. Psycho-Anal.*, 77:649-657.

Buckwalter, M. (2010). *Composing while Dancing: An Improviser's Companion*. University of Wisconsin Press

Dallal, A. (2006). *Estudios sobre el arte coreográfico*. DF: UNAM

Fairbairn, W. R. D. (2001) [1940]. Schizoid Factors in the Personality [en: W.R.D. Fairbairn, 2001 [1952], *Psychoanalytic Studies of The Personality*, pp. 3-27]

Fosshage, J. L. (2004). The explicit and implicit dance in psychoanalytic change. *J. Anal. Psychol.*, 49:49-65.

Freeman Sharpe, E. (1978). *Collected Papers on Psycho-analysis.* NY: Brunner/ Mazel, pp. 129-130.

Freud, S. (1913) [1912]. Tótem y Tabú, [en: trad. J. L. Etcheverry, *Obras Completas de Sigmund Freud*, Vol. 13, segunda edición 1986, Amorrortu Editores, pp. 1-164]

Friedman, J., Gassel, S. (1950). The Chorus in Sophocles' Oedipus Tyrannus. *The Psychoanal. Quar.*, 19(2): 213-226.

Hagman, G., Press, C. M. (2010). Between Aesthetics, the Coconstruction of Empathy, and the Clinical. *Psychoanal. Inq.*, 30:207-221.

Harrison, A. M. (2014). The Sandwich Model: The 'Music and Dance' of Therapeutic Action. *Int. J. Psycho-Anal.*, 95:313-340.

Hörz-Sagstetter S., Caligor, E., Preti, E., Stern, B. L., De Panfilis, C., et al. (2018). Clinician-Guided Assessment of Personality Using the Structural Interview and the Structured Interview of Personality Organization (STIPO). *J Pers Assess.* 2018 Jan-Feb;100 (1):30-42. doi: 10.1080/00223891.2017.1298115.

Laverde Rubio, E. (1999). El papel de la mujer en "Tótem y Tabú" 85 años después. *Rev. Col. Psicoan.* (24):532-542.

Livingston, R. H. (2005). When Genders Collide: Dissociated Anger between the Female Analyst and Her Male Patient. *Contemp. Psychoanal.*, 41:447-469.

Pellegrino, H., Pellegrino, A. (2004). *Lucidez embriagada.* Editora Planeta do Brasil, pp. 54-56.

Riesenberg-Malcolm, R. (1996). 'How Can We Know The Dancer From The Dance?: Hyperbole In Hysteria'. Int. *J. Psycho-Anal.*, 77:679-688.

Kamran Alipanahi

Médico Iraní, Doctor en Medicina (Universidad de Teherán), psicoanalista (APA), magíster en Familia y Pareja (IUSAM), magíster en Psiconeurofarmacología (Universidad Favaloro) y Magíster en Musicoterapia (Fundación Benenzon), Músico, compositor (SADAIC). Miembro del Comité Arte y Psiquiatría de la WPA, Miembro de la Comisión del Libro Anual de Psicoanálisis en Español (International Journal of Psychoanalysis), Libros: Teoría de Cine y Psicoanálisis (2013), Organicidio (2014). Varios artículos publicados en revistas argentinas e internacionales de psicoanálisis e entrevistas en Clarín y La Nación.

E-mail: kamranap@yahoo.com

Del Signorelli de Freud al Signorelli de Orvieto

María Graciela Ronanduano

Estando en Roma con mi hija Silvina, decidimos dar un paso hacia Orvieto para conmemorar el espíritu freudiano. Al descender del funicular nos fue imposible imaginar en una ciudad tan bellamente edificada sobre los montes y encontrarnos en lo alto con la magnífica catedral del Duomo de Orvieto.

Edificada para guardar una de las reliquias más veneradas de la Edad Media llamada "El Milagro Eucarístico de Bolsena," suceso del cual custodian su enigma los muros de Orvieto y del que se deriva la celebración de la festividad cristiana del Corpus Christi, desde el año 1264.

En la misa de Bolsena en el momento de la *Inmixtion* comenzó a manar sangre al transubstancializar la hostia consagrada en el vino. Este prodigio se ratificó por los mármoles, los linos y los sagrados corporales manchados de sangre que fueron llevados a Orvieto guardándolos hasta hoy en el relicario luego de ser recibidos por el Papa Urbano IV y una comisión de teólogos que corroboraron un fondo de verdad en estos hechos.

Existe en el Palacio Apostólico de los Museos Vaticanos un fresco de Rafael di Sancio llamado *"Messa di Bolsena"* de 1512, que expresa en una escena el momento de la *Inmixtion* con la sangre manando sobre el altar.

Freud alude a los frescos de Orvieto en 1901, durante una conversación circunstancial ha olvidado el nombre de Luca Signorelli, *quattrocentista* italiano, uno de los grandes maestros de la *Scuola* de Umbría, del Alto Renacimiento italiano (1441-1523). Estos frescos se refieren al Infierno, el Purgatorio, la Muerte y el Juicio Final, aquello que Freud llama "las cuatro cosas últimas".

Del estudio del ejemplar acto fallido, un olvido relaciona desde el interior de su mente una conexión con la producción más destacada del arte del *quattrocento* italiano expresada en los frescos de Luca Signorelli por las variadas formas de figurar en el inconsciente el registro imposible del sexo y la inevitabilidad de la propia muerte, temas sobre los que Freud aún sin saberlo edificará al Psicoanálisis.

Mientras Freud reconoce el olvido del nombre sin embargo aparece hipernítida su imagen en el autorretrato de Signorelli junto a Fra Angélico en los frescos de la capilla Nova de San Brizzio, (1499-1504). Asocia con Botticelli y luego con Boltrafio, también discípulo dilecto de Rafael, todos ellos pertenecientes al género de pintura apocalíptica y religiosa. Destacando las concomitancias entre significantes o partes de palabras, nombres o sílabas, Freud lo presenta claramente en relación al lenguaje. Subyace en todas las referencias la evidencia de estar ligadas a resaltar escénicamente al sexo y a la muerte como motivo principal y fin último.

Prosigue Freud al asociar tratando de descifrar sobre su olvido del nombre Signorelli, se desplaza de Boltrafio a Trafoi localidad de la que se dice tiene hombres con exagerada veneración por la potencia sexual cuya declinación es aún mas temida que la muerte.

El acto fallido evidencia el modo de operar del inconsciente ante los descreídos y los exponentes del mundo científico que exigían demostración plena y en otro registro el mismo Freud en aquellos tiempos también estaba a la espera de una certidumbre. Aún sabiendo que el inconsciente no es el espacio ni el lugar de exponer evidencias tangibles sino el de los supuestos bien rastreados.

Al avizorar la metáfora y la metonimia llega al punto de descubrir el esqueleto del lenguaje y del inconsciente pero muere sin llegar a saber sobre los confines de la amplitud de su descubrimiento ni sus consecuencias, a la luz de los primeros desarrollos de la lingüística que recién en 1916 despuntará con el *Curso de lingüística General* de Ferdinand de Saussure.

Sin embargo Freud no dejará de manifestar su preocupación por la imposible significación inconsciente del sexo como complementariedad que producía las manifestaciones corporales en la histeria que él bien conocía, ni del registro de la propia muerte, ni a la finitud, temas que llevados al orden fálico y a la castración han dado un giro crucial al nuclearlos formalmente en el Complejo de Edipo.

El sexo en las ánimas del Infierno presenta un exponencial grado de degradación y decadencia mostrando el deseo conjunto de destrucción y muerte en las innumerables formas de tormentos trazados en los frescos de Signorelli. Destacados por el dominio de la anatomía en los escorzos y la perspectiva.

Se los representa, por la desnudez, la lascivia, la tentación o el castigo mientras hombres y mujeres están siendo atacados por los demonios y las criaturas animadas por el maligno, entre ángeles caídos en plena veneración diabólica al mal.

Es destacable en uno de ellos un ánima alada llevando sobre sus espaldas en raudo vuelo a una joven en una gran escena de espectacular malicia.

Por su escenificación del Infierno y en sus múltiples y variadas figuraciones, en las que todo modo de agresión parece estar complejamente planteada y expuesta, Signorelli ha destacado coloreándolos de azul a los demonios. Azul, que no es solamente un color, por el simbolismo cromático caracteriza la posibilidad coincidente de reproducir y representar al mal, marcando el vacío entre el orden de lo inteligible y lo sensible.

El azul inscripto como un significante se trasluce al esparcirse bajo la palidez de su carne, en el Infierno y el Purgatorio multiplicando el mal ante una variedad de figuras con connotaciones eróticas.

Alude tanto a las tentaciones provenientes del mundo exterior como a la imposibilidad de protegerse desde el interior.

Freud al emprender el análisis de los accidentes lingüísticos del olvido descubre que la verdad inconsciente se ha revelado expresando un deseo que el sujeto desconoce. En el desgarro de la estructura simbólica, aparece "Sig", parte de las primeras letras de su nombre propio "Segismund" que ha debido cambiar voluntariamente por Sigmund, destacándose en la partícula Sig, una relación con *signor*, Señor y *Herr,* el señor de la muerte.

Estas formas malhadadas del mal y la propensión a los delitos carnales, bordean un silencio, razón por la cual simbolizan la castración.

Las ánimas, del Mal y el Bien, desde lo Imaginario y lo Simbólico van a revestir este real inapresable. El acto fallido como formación del inconsciente va quedando próximo a la muerte por sustraerse a la palabra y Lacan proseguirá estos desarrollos desde lo real.

A pesar de la variedad de las figuras, el Infierno demuestra el no-todo, condición inabarcable que desde la falta de representación o la sobreabundancia de lo representado va prefigurando una esperada instancia de ley ante el caos que brinde seguridad y horizonte de sentido y surgirá desde el delicado pincel de Fra Angélico delineando el anhelado Juicio Final en el techo de la catedral. El esperado Juicio que diferenciando, Condenados de Elegidos ante el Padre sostiene viva la aspiración de la Salvación.

Juicio y Salvación son esperables por la existencia de la Ley.

Orvieto acompaña en pintura la letra de Dante al construir La Divina Comedia al modo de una catedral gótica, simétrica en cada uno de sus detalles gracias a su discurso plena y bellamente construído al ir detallando los pormenores del Infierno, del Cielo y del Purgatorio como graduación en el pasaje entre uno y otro.

En Orvieto se honra el sacrificio de la Cruz, que conmemora el gran silencio del calvario, conjugando amor y sufrimiento y desde su clamor surge la pregunta, "Padre, ¿me has abandonado?".

Ante el silencio de Dios dicen los Salmos, "Dios mío no estés callado", "no estés en silencio", vemos que "el silencio custodia en la historia el misterio de Dios".

Dios Padre es Palabra y el Hijo el Verbo encarnado, conlleva el sentido pleno de "la presencia divina".

Mevlana Rumi en 1260 desde la remota Anatolia también indica "escuchar en el silencio", porque "Dios tiene mucho que decir".

Un modo de atravesar ese silencio es "estar a la espera".

Se presenta en el inconsciente la complejidad que concierne a sustancias diferentes y Lacan reservará el término *"Inmixión"* para caracterizar la nodal relación entre el sujeto y el Otro.

La falta de inscripción en el inconsciente de la diferencia entre los sexos y el imposible registro del fin de la propia vida sostienen un vacío.

Lacan confirma que no hay Otro del Otro, lugar donde está depositada la palabra que por tal razón "funda la verdad y el pacto que suple la inexistencia de la relación sexual". La serie de los significantes tenderá a buscar solución en el orden de lo escrito bajo el predicado lógico, del "no-todo", ante la falla que obstaculiza la complementariedad similar a la noción de función para Fregue.

Finalmente la verdad sobre el sexo supera cualquier ostentación o farsa que se teatralice para encarnarlo.

La propia Muerte y el Sexo aún siendo de naturaleza diferentes son semejantes porque atañen a la corporeidad, a la dimensión del cuerpo vivo y figuran como reprimidos en el inconsciente, tal como demuestra Freud en su lapsus asemejándolos en la imposibilidad de su registro.

Salto al límite que en la condición humana llevada al ser por causa del lenguaje se ve precipitada a fundar la palabra sobre el vacío.

La forma de la lengua humana es pobre aun al expresarse en forma poética no puede describir un silencio, ni una falta. El sujeto no puede describir el tránsito a través del lenguaje materno del puro soma al cuerpo por tratarse de una experiencia inefable al ir aproximándose al punto inexpresable del sujeto ante la borradura de sí mismo.

El desarrollo del intelecto nos lleva a entrar en otra dimensión del entendimiento para despertar a la facultad intuitiva de la razón pura que marca a la conciencia el vacío de representación.

El silogismo sobre Sócrates no predica la muerte sino desde su falta apareciendo como la sutura de esa falta. La representación o la deducción lógica aplicada al pensamiento sobre la muerte, permite a los mortales pretender establecer conexiones con exactitud y descansar de la insistencia de lo real.

Mortalidad e inmortalidad participan de un doble enigma, lo visible y lo inteligible, lo permanente y lo transitorio de la materia corpórea y su inexorable circunstancia . El tiempo humano apremia por las necesidades no solo del tiempo lógico sino del cuerpo vivo con el que jamás encuentra coincidencias dejando al ser al abrigo del tiempo.

Al aproximarse al saber sobre el tiempo vivido del cuerpo ha llegado a considerárselo desde la Antigüedad como "cripta del alma", "soma-sema" y su aspiración de inmortalidad marca que en el orden de lo humano no se puede dejar de ser transcendentales.

El sujeto de la religión y el del inconsciente sabe que la palabra viene de Otro Reino.

La interpenetración entre Lo Simbólico, lo Imaginario y lo Real están mas allá de nosotros.

Vivimos el misterio del lenguaje sin saber cómo opera en nosotros. No está referido al individuo sino al Sujeto en relación al Otro, operación llamada "Inmixión de Otredad".

No es difícil advertir que Lacan ha aplicado el significado del término *Inmixtion* que alude al prodigio de la transubstancialidad a sus desarrollos sobre el psicoanálisis.

Decir tiempo en estos lindes está referido a la ausencia de tiempo ya se trate de soñar o despertar, serán intentos fallidos de repeler la realidad para salir del rigor del tiempo referido a lo más extremo que es la muerte, que mueve a la pregunta sobre, "¿ser o no ser?".

La lengua da sentido e interpretabilidad, permite significar de modo antitético y de esa matriz generadora se arrancan infinidad de sentidos y significaciones que han sido la condición inicial del lenguaje. Tal como Freud lo demuestra los conceptos nacidos por la oposición primera, "día y noche", "van surgiendo gracias al "valor antitético de los términos primitivos", que al igual que los símbolos matemáticos "punto, recta y plano", se amplían hacia el concepto sin recurrir a la experiencia del mundo, de esa manera el lenguaje prosigue e intenta abarcarlo todo.

Freud dice en Nuestra actitud hacia la muerte que "en el inconsciente cada uno de nosotros está convencido de su inmortalidad" y que "dejamos traslucir nuestro afán de rebajar la muerte de necesidad a contingencia sobre todo cuando se refiere a nosotros mismos". En Oriente, hay conciencia y lenguaje destinado a la muerte y más aún desde Platón, Aristóteles, los egipcios, los Incas y en general todos los pueblos de la Antigüedad han sostenido la creencia en el tránsito hacia el mas allá.

En India los cadáveres flotan sobre el Ganges hacia el mar y en Indonesia son incinerados sobre palmas durante el cortejo fúnebre. Guerras y epidemias esparcen la evidencia de la muerte.

Freud dice que " el inconsciente es inaccesible a la idea de la propia muerte" y solo puede proponer, "si quieres soportar la vida prepárate para la muerte".

Una parte importante del acto fallido está centrado en la preocupación y la pregunta que dejó en Freud el suicidio de un paciente en relación con la impotencia sexual, porque pertenecía a una cultura con costumbres diferentes, de la región de Trafoi-Herzegovina que aparece en su mente al ir hablando de estas cuestiones durante un viaje en tren y encuentra una razonable solución al relacionarlo con el poema de Heine, *The Asra* "soy de la tribu de árabes que mueren cuando aman",(*"who died, when they love"*).

En Oriente mortalidad e inmortalidad parecen un *continuum*. En Occidente la no preparación para la muerte no es más representativa que la muerte misma, en su dificultad por inscribirse puede aún saberse que llegará, mas llega sin poder advertir al ser viviente de la muerte sobre sí mismo. Marca un punto de detención y sin embargo el sujeto no distinguirá lo continuo de lo interrumpido hacia el final de su historia.

Del mismo modo el sexo, que como mascarada presenta diversas formas y modalidades y ante el afán de los nuevos tiempos vemos que se pide establecer un cambio en el lenguaje porque el discurso transporta las marcas que el pasado fue dejando ante los excesos frente a la imposibilidad y las diferencias. Lo cierto es que al pretender abarcarlo al saltar de una dimensión sexual se pasa a la no-dimensión, al llegar a la comprensión de su sentido último se volverá otra vez a encontrar con la insistencia del vacío y el silencio.

El lenguaje hablado sin embargo desconocerá las regiones que no alcanza.

Está en la esencia de la palabra ser siempre fallida aunque hemos dormido gracias al lenguaje hasta llegar a creer que nunca falla. Lacan ha dado en pensar si a causa del habla el ser humano perdió la muerte como inscripción o al revés se habla de la muerte como natural del organismo del la cual el ser se desprende al optar por el lenguaje. Así como lo demuestran los ritos de iniciación que en su mayoría propulsan un nuevo nacimiento, nacer a la cultura, renacer a la religiosidad, permite que el pensamiento nazca de la pura sed de existencia a la voluntad de vivir y crear gracias a los deseos de inmortalidad, mas allá del fin de sus días.

Sexo y Muerte como registros esenciales de la realidad humana al tener un valor antitético no pueden engamarse, la experiencia de la palabra precipita un salto al límite.

Sobre la muerte y la inmortalidad solo se puede predicar.

En el sexo se crea la fantasía de un todo, la ilusión de unión muestra la imposible proporción en tanto la sexualidad humana esta afectada por la función fálica.

Freud en su época con este ejemplar olvido dio paso a la demostración mas genuina del modo de manifestación del inconsciente y el valor de la palabra fundante de la teoría psicoanalítica y regla para su práctica y Lacan fue descubriendo una nueva dimensión de la palabra que resalta su plena vigencia en nuestros días al ir atravesando lo que no puede inscribirse, se evidencia aquello que "no cesa de no inscribirse".

Poesía, lenguaje pictórico o esculturas presentan el tema en Orvieto. Saber hacer arte donde se instala la suposición que hay un Otro del Otro, es posible, más cuando el saber hace falla se revela la verdad, se encuentra una verdad ante el silencio. Confirmando que no hay Otro del Otro la serie de los términos tendrá una secuencia similar a la del orden de los números, inscribiendo el salto al límite, al no -todo y a la no proporción.

La falta ex-siste e insiste siempre fuera de sí, desde el lugar del sujeto y hacia donde se lo espera advenir. El inconsciente es un sedimento de lenguaje que da fundamento a nuestra práctica. El inconsciente no tiene compacidad sino palabras, no es ni una conciencia ni tampoco su contrario.

El acto fallido es acierto y el síntoma en sentido psicoanalítico también lo es aunque se presenten como radicalmente distintos.

El real es el extremo opuesto de nuestra práctica. El real es ideado como límite entre la entidad de lo simbólico y lo imaginario que son ideas, ilusiones, imaginaciones, palabras en el límite.

"Realidad sin nombre o nombre sin realidad" así se han expresado al reflexionar sobre la experiencia de la práctica interna los sabios del sufismo.

En el orden del descubrimiento de lo inconsciente frente a lo real absoluto se rompe con la barrera de la linealidad del tiempo cronológico y el espacio.

Entre el uso del significante y el peso de la significación, Freud descubre que la manera posible de operar con el sexo y la muerte, es bajo las formas de fantasmáticas ilusiones y figuraciones al afrontar una realidad asimétrica y sin complementariedad dentro de la experiencia analítica en su ciego y oscuro salto al límite.

"El lenguaje es uno de los saberes que tenemos en la vida", dice Gabriel Marcel.

Por su imposibilidad de inscripción "lo real es la evacuación completa del sentido" para Lacan.

Distintas formas presenta la naturaleza de la estructura de la mente. El hombre pasa su tiempo soñando y raramente se despierta. El psicoanálisis está destinado para el despertar.

Es completamente distinto del sentido de lo orgánico, aunque el síntoma mas intrincado se exprese a través del cuerpo, su naturaleza es el lenguaje.

Realmente para seguir el inconsciente en su huella Lacan dice "no metaforiza la metáfora ni metonimiza la metonimia", condensación y desplazamiento son tropos que permiten ver al inconsciente articulado al modo de un lenguaje.

Lacan dice "me desplazo con el desplazamiento de lo real en lo simbólico me condenso para hacer peso de mis símbolos en lo real" y encuentra el límite de la letra.

Freud aunque ha sido el primero en señalarlo no pudo formularlo de esta manera porque perteneció a la Medicina en su aspiración de demostrarlo todo al modo de la ciencia natural. Sexo y muerte confluyen en el inconsciente y resaltan lo inabarcable a causa del no-todo.

Para Freud, según nos dice en El Yo y EL Ello, "Muerte, es un concepto abstracto de contenido negativo para el cual no se descubre ningún correlato inconsciente."

Del Yo de ese mito Freudiano nos advierte Lacan que debemos despertar.

Materia y forma no son tangibles. La poesía esa sonancia tan fácil de recordar desde Dante nos recuerda las vicisitudes del maltrato y la lujuria. En un permanente clima de inaccesibilidad a la justicia.

En el Purgatorio de Signorelli, se presentan las ánimas que han descendido y cayeron con gran realismo descriptivo diferenciándose por una atmósfera de serena inocencia de aquellos otros que entre esqueletos van reemergiendo, ascendiendo y sobresaliendo del suelo, de su hundimiento, serán aquellos Los Elegidos llamados a resucitar, que volverán a reencontrar los cuerpos que en vida han tenido. Tiempo y espacio no son de carácter absoluto, irán al Cielo a diferencia de quienes serán Los Condenados al Infierno, ante el amo absoluto *(Herr)* la muerte.

Resurrección gloriosa de los elegidos y caída implacable de quienes han sido condenados. Paraíso e Infierno representados técnicamente dentro del lenguaje figurativo mediante escenas teatralizadas por el genio creativo de Signorelli sea Resurrección o Condena, va predicando sobre los muertos aquellos que ya no emitirán palabra ni para mayor culpa ni para menor pena.

Adviene La Justicia plena de inalcanzables modos de prometer a cada uno lo que le corresponde entre los engranajes de la Ley.

El sujeto crea el acto fallido. El inconsciente tiene el arte de tergiversar las cosas. Freud con todo rigor descifró su olvido. Por el prestigio de la palabra el ser viene a faltar, sostener la falta en ser anuda al sujeto a lo simbólico. La escritura inconsciente sorprende por el modo de ir circunscribiendo una falta particular, a partir del olvido del nombre de Signorelli.

Olvidar un nombre es una falta de ese nombre, lo importante no es lo olvidado sino la palabra y sus conexiones con el límite y el origen.

Orvieto ciudad papal protegida por los Medicis atesora estas obras de Signorelli y Fra Angélico en el Cristo Juez en el Juicio Final que con todo detalle corona el techo en el interior del Duomo de Orvieto mientras que su fachada no menos magnífica muestra historias del Antiguo y Nuevo Testamento en sus pilastras atribuídas a Arnolfo di Cambio, a Lorenzo Maitani y otros que han convertido esta Catedral en ejemplo del gótico italiano.

Dante en letras con Virgilio de cabecera han puesto en palabras las mil y una combinaciones frente al mal y el bien, sobreabundando en lo irrepresentable del sexo y de la muerte.

El inolvidable acto fallido reinstala la importancia de la letra pasando del mundo victoriano donde la sexualidad era imposible y la muerte posible, al mundo actual donde cualquier combinación es sexual y la muerte parece un accidente dentro de un mundo Occidental aparentemente organizado

y perfecto. Desde esta perspectiva Lacan descubre la importancia de asomarse al no-todo y a la falta como fundante, dejando ver en la castración novelada del Edipo su más estricta realidad.

Bibliografia

Caprespa Anna, *Il Duomo di Orvieto.Edito e stampato dalla Casa* Editrice Plurigraf. Narni-Terni.

Freud Sigmund, Psicopatología de la vida cotidiana, (1901) *Obras Completas* Tomo VI. Amorrortu Editores.

Freud Sigmund, De guerra y muerte. Temas de actualidad, (1915) *Obras completas* Tomo XV Amorrortu Editores.

Freud Sigmund, Inhibición, Síntoma y Angustia, *Obras completas* Tomo XX. Amorrortu Editores

Lacan Jacques, *Palabras sobre la histeria y otros trabajos*, Kapsoura.

Lacan Jacques (2001), *El Seminario XX Aun*, Buenos Aires, Paidós.

Lacan Jacques (2012), *El Seminario XIX ...o peor.* Buenos Aires, Paidós.

Lacan Jacques (2009), *El Seminario XVIII, De un discurso que no fuera del semblante.* Buenos Aires, Paidós.

Ronanduano María Graciela, (2021) *El psicoanálisis y el instante.* Ricardo Vergara Ediciones.

María Graciela Ronanduano

Licenciada en Psicología (1974).
Miembro de Asociación Psicoanalítica Argentina(2003-2021).
Miembro de Asociación Psicoanalítica de Buenos Aires(1994-2005).
Secretaria científica de Fundación de Estudios Psicoanalíticos de Buenos Aires. Director Carlos Olivé.(1989-1995).
Encuentro Internacional del Campo Freudiano I,II,III,IV y relatora oficial del V Encuentro del Campo Freudiano en Buenos Aires.
Participante del Congreso y Seminario de Caracas 1980.
Estudios sobre Teoría Freudiana con Oscar Masotta.(1969-1974).
Estudios sobre ECRO, Pichon Rivière en Centro de Medicina de Buenos Aires.
E-mail: mgronan@yahoo.com.ar

Psicoanálisis: Método, Clínica y Logos

Cleto Santa Coloma

Muchas veces pueden planteársenos cuestiones de la práctica, de nuestro *metière*, el Psicoanálisis, que como actividad social emergente y como producto social histórico, está sujeto dentro de un inevitable contexto histórico-social-cultural. Es así que en nuestra práctica, se nos presenten ciertas cuestiones de fondo que nos llegan como notas disonantes dentro de una melodía.

En el diálogo entre el Psicoanálisis y el contexto social inmediato, han ocurrido distintos vaivenes y eventualidades, en el decurso del tiempo en el que se lo ha incorporado como presencia y actividad humanística influyente.

Este lugar fue costoso en su ascenso ya desde su nacimiento, dado en un territorio foráneo a su creador, S. Freud (Historia del Informe Preliminar de 1891), en lucha contra el tiempo, en competencia con un colega de ese país (P.Janet), en tiempos en que las discusiones científicas, exigían en sus proposiciones argumentos en que los posibles hechos fueran demostrables o contrastables, poseyendo ademas, la virtud dela garantía de verdad. Los hechos, que al no poder ofrecer tales pruebas, eran desechados sin compasión ni miramientos.

No todo esto fue una dificultad de inicio. Pensemos, entonces, las discusiones que despertarían los informes clínicos de Freud en el colegio Médico de Viena, en 1900, cuando el avance positivista se mostraba radical e inquisidor, inclusive con los conocimientos, algunos tan antiguos como arcanos, que habían sido, y aún son, cuna de la historia de la humanidad.

Imaginemos a Freud en esas reuniones científicas, con sus miembros pulcramente vestidos y disciplinadamente auto-investidos, escuchando a este joven médico de clase media, hablar de sexualidad, de sexualidad infantil, de defensas psíquicas, que el síntoma si era neurótico, tendría un significado sexual... todo esto en los orígenes etiopatogénicos de las neurosis, de las enfermedades del alma! Se le cerró la puerta. Pareció ser una afrentosa ofensa para el "positivismo" de la época.

El esfuerzo de Freud de seguir el camino empeñado en la investigación clínica de las "enfermedades mentales" fue llevado a cabo sin otro subsidio que su trabajo, tal como el lema que tenía ya en su escritorio de Francia *"travaillier come un bete"* (Epistolario con Martha Bernays; E.Jones, 1959, *"Vida y Obra de Sigmund Freud"*) y en soledad con la imperturbable vocación de la investigación clínica y de sus descubrimientos.

De ese duro, adverso y solitario comienzo, también el Psicoanálisis y sus hacedores, tuvieron que sobrevivir a la guerra de los 30 años en Europa (1914-1944), la persecución racista y el holocausto europeo (G. Steiner, 1998 *"En el Castillo de Barba Azul"*). El Psicoanálisis igualmente continuó su avance, como Dante y Virgilio en El Infierno de la Comedia; siguió "hacia delante", hacia los oscuros recintos del Inconsciente humano; a pesar de la Guerra Europea, a pesar de los inevitables obstáculos derivados de ella, sus adversarios y sus detractores en el contexto civilizado social histórico.

Aún hoy el Psicoanálisis continúa su lucha, tanto con sus dificultades internas como externas. De éstas se ha aprendido y se ha decidido mantener su posición cauta pero firme. Más aún con los tiempos sociales o de los medios masivos de comunicación cuando es interpelado sorpresiva, cruda y rápidamente; sin contexto, sin anestesia, sin "red" y apremiándole el tiempo reflexivo necesario en la respuesta.

El Psicoanálisis "sabe" que la Humanidad tiene preguntas, y decide no devolver tan sólo respuestas, sino que ofrece una herramienta más poderosa: el aprendizaje de la reflexión (Aún en tiempos de una cultura que impone en imágenes, promoviendo consumo y satisfacción inmediata y acrítica). Sabe que ante la pregunta, la respuesta cierra. Detiene la posibilidad del *continuum* del diálogo, de alcanzar un metadiálogo posible, de ir atisbando que la verdad en lo humano es inalcanzable, insondable e intangible [Heráclito: *Tú no podrás hallar las fronteras del alma, aunque anduvieras el camino entero; tan profundo es su logos*]. La respuesta seca no tiene autoría, por ende lleva una máscara (Mijail Bajtín, 1970 [1982] *"Estética de la Creación Verbal"*); no es verosímil, escapa de su verdad. Abrirla de su encierro es posible merced a la reflexión que barrunta en el enigma que ella presenta. Abrir la palabra, es contacto de su insondable decir.

Porta el Psicoanálisis algunas características, que insertado en la cultura actual, produce asombro o rechazo, curiosidad o indiferencia, respeto o denostación, resistencia o adhesión. Igualmente se espera la respuesta por la cual es interpelado. La sociedad busca, en su afán de respuesta, que solvente ilusoriamente la ambigüedad o la incertidumbre que se le presenta en su rumbo incognoscible y su insondable destino; requiere y pretende la comprensión de lo inquietante, lo ambiguo y lo complejo del hombre (Edgar Morin, Jean Baudrillard, 2003, *"La violencia del mundo"*, Rodolfo D'Alvia, *"Del presente al futuro en los límites de la clínica"*, Plenario APA, Abril 2007).

Lleva, también, el Psicoanálisis en su esencia, la pureza de su praxis, el desarrollo reglado de su técnica y la cuidadosa sutileza de su armado teórico –que no está en la base de su saber, y que por ello es cambiable por la novedad mejor (Freud, 1914, *"Introducción del Narcisismo"*), fruto de deliberaciones inevitables y poniendo a prueba el nacimiento, decurso y acción de tal nueva modificación.

Este carácter lo hace vivo, pero no fugaz, viviendo y persistiendo dentro de ese contexto histórico-social-cultural dado, que lo busca, lo interpela y lo cuestiona buscando su respuesta. Este carácter nace ya en la formación del analista. Una formación cuyos tres pilares (su propio psicoanálisis, la supervisión de su trabajo y sus estudios psicoanalíticos) lo introducen en la necesaria posición humanista del respeto de la persona en su singularidad y subjetividad únicas. El trabajo artesanal del Psicoanálisis no es posible sin este punto de partida. El aprehender de *su-hacer*, de su *poder-hacer* y *su-saber*, interiorizados desde el aprendizaje de la experiencia en contacto con la realidad de su actividad clínica: el asistido, el analista y el Psicoanálisis y considerando el medio social cultural envolvente, que lo encuadra.

La formación del Psicoanalista parece distanciarse, en estos aspectos, de la tendencia actual, tanto en la formación oficial del médico como la del psicólogo. Es nuestro camino de psicoanalistas, una formación propedéutica humanista clásica, cuyo ejes son: la capacitación en el arte de la práctica (el hacer que cobra experiencia) y el perfeccionamiento técnico (las reflexiones sobre los hechos devenidos del hacer) y las direcciones de sentido de la práctica clínica en el *saber-hacer* devenido del hacer reflexivo.

Esta se mantiene desde sus orígenes en la línea en que la capacidad de teorizar (saber) forma parte de su práctica (su hacer), el progreso se alimenta inexorablemente de su permanente y progresiva autocorrección. (Las inconvenientes y odiosas disociaciones entre Teoría y Práctica en el trabajo psicoanalítico que señala A. Green (Newspaper

I.P.A., Vol.5, 1996) deben superarse y esto incumbe a la formación del Psicoanalista)

La práctica lleva también a tomar decisiones entre posibilidades, y este fenómeno de criterio, requiere del saber para alcanzar el *saber-hacer*, y éste, posibilitando el conocimiento hacia el *poder-hacer.*

De allí, en parte, la necesidad de sostener los tres pilares clásicos en la formación del Psicoanalista: su análisis personal, la supervisión de sus casos clínicos que deviene experiencia reflexiva y los seminarios que ofrecen la posibilidad de la discusión de los conocimientos, frutos del hacer clínico.

Siempre se ha asentido que la terapéutica es el resultado del arte de curar, entendiéndose *curar* como *cuidar* a quien padece una enfermedad y se le cuida creando condiciones para que sane, ya que no lo puede alcanzar, en la eventualidad, por sí mismo. La cura terapéutica nace de una práctica, de un hacer, de una praxis sostenida en un saber, que arroja consecuencias y que trae aparejado efectos.

Este hacer, esta praxis, va haciendo suya las consecuencias de su hacer, y se transforma por su ejercicio en técnica, es decir: en un *saber-hacer*, una *techné*, y que por su repetición, lleva a pensamientos de anticipación, de reflexión y modificaciones con la aparición de nuevos conocimientos que la transforman gradualmente en la creación dentro de la técnica, es decir, su teoría: la teoría de la técnica. De allí la singularidad del hecho curador y la singularidad que aporta el curador.

Freud (Sigmund Freud, 1923, «Dos artículos de enciclopedia: *"Psicoanálisis"* y *"Teoría de la libido"*) planteó el Psicoanálisis, como un método clínico de investigación de los procesos anímicos inconscientes, que pose una técnica y que por su ejercicio va produciendo: conocimiento para el operador, cura y por ende, la posible sanación para el destinatario, y el sentido que el asistido encuentra en los posibles sentidos del sin-sentido del síntoma o de su sufrimiento. (Me extenderé mas adelante, en el punto "Psicoanálisis como Logos").

La propuesta del Psicoanálisis se ha mantenido en su dirección originaria que ha sido y es la investigación de los procesos anímicos inconscientes, por su particular método en la base de su práctica. Este inevitable e insoslayable camino, enriqueció los hallazgos en su extensión, abordando segmentos de la salud mental que Freud alentaba en su investigación: me refiero a diversos campos del sufrimiento humano como son las patologías narcisistas incluyendo las psicosis entre otras dolencias, como son las adicciones, el desamparo social y las conductas antisociales, como así también en la profundidad de los hallazgos conquistados, y a los sutiles hallazgos clínicos que han sido de incalculable valor para las modificaciones técnicas y de visión en conjunto, como ser la situación o estado de campo intersubjetivo, el énfasis y respeto en la construcción de singularidad subjetiva, por ejemplo entre otras cosas.

Este mantenimiento del método fortaleció dos columnas, que para los enfoques de las ciencias sociales de hoy, son baluartes. Me refiero que se sostuvo un modelo de integración, referente, extensible y modelable y, en segundo lugar, el supremo respeto por la singularidad subjetiva del paciente. Lejos de tentarse con la manzana de los tiempos postmodernos, el Psicoanálisis en su compromiso, ofrece un método clínico que no fragmenta ni parcela, ni generaliza masificando al hombre, que se mantiene y se sostiene.

El planteo del Psicoanálisis al contexto social cultural actual podemos delinearlo, arbitrariamente, en tres de sus dimensiones: el Psicoanálisis: como Método Clínico de investigación de los procesos anímicos, como Práctica Clínica, y como Logos.

1) Psicoanálisis como método

Volviendo a lo anteriormente dicho, el Psicoanálisis como método nos habla de una actividad, una práctica, una praxis. Como toda práctica, involucra un hacer, y este *hacer,* entrega consecuencias que son puerta de entrada para conocer o anticipar los resultados de este hacer, de esta actividad, de esta praxis. El estudio de esta particularidad, es decir, las reflexiones y el conocimiento de las consecuencias que arroja una determinada práctica, un determinado hacer, lleva al estudioso al *saber-hacer;* para ello, debe emprender su actividad reflexiva previa al hacer (el valor de los "tres pilares" en la formación del analista).

Aquí *"saber"* es esencialmente *"saber hacer".* El saber-hacer se convierte en instrumento, en útil, es la prueba del conocimiento. La independización de los instrumentos (recursos) convertidos en herramientas de la experiencia, incrementa la capacidad del analista para aprender, aplicar y transmitir su poder-hacer (H.G.Gadamer, 1972, *"Teoría, técnica, práctica"*).

Este principio y capacidad de adquisición, el *saber hacer,* su estudio, ensayo y experimentación (que no es vivencial sino experiencial) es el principio de la adquisición del conocimiento de la técnica, (la *techné).* Luego, así, la techné, posee una teoría y una fundamentación que la justifica en su hacer.

Así este *saber-hacer* se relaciona con el poder; *con el poder-hacer.* "Nuestra condena -dice Emile Ciorán- es el querer *"saber"* por el conocimiento. Nuestro crimen: haber organizado el caos convirtiéndolo en cosmos".

Nuestra salida: poder aprender de la experiencia y de los "instrumentos" y consecuencias devenidas de ella. *"No hay duda que todos nuestros conocimientos comienzan con la experiencia"*(Imanuel Kant, *"Critica de la Razon Pura"*) y ciertamente también incluye el conocimiento que tenemos del hombre. Agrego: *"Así como el verdadero método para el Conocimiento es la experiencia, la verdadera facultad en conocer ha de ser la facultad que se experiencia"* (William Blake: *"The Voice of one crying in the Wilderness"* (Circa) 1790).).

Esta teoría de la técnica, agrega otra particularidad –además de su justificación y fundamentación- nos ofrece la posibilidad de establecer los rangos creativos de su operatividad más allá de su demarcación inicial sin que por eso se desnaturalice su esencia.

Ahora bien dentro de la práctica del método tenemos otras zonas que no están tan determinadas como ésta. Porque como toda práctica, el método apunta a fines y se tendrá que valer de medios para alcanzarlos, y por supuesto, deberán proveerse las condiciones para que esto medios puedan hacerse presentes y protagónicos. Y estos fines no están determinados de antemano como puede ser la experiencia técnica alcanzada por el ejercicio de la misma.

Clásicamente, el fin del método psicoanalítico fue la comprensión del sentido de los síntomas como camino hacia la transformación de los mismos, fuera su liberación o su mejor acomodación a la realidad del sujeto. Debido a que los síntomas son construcción del sujeto, el saber su sentido, su sentido inconsciente- no es cosa menor. (Me extenderé mas adelante en el punto "Psicoanálisis como Logos").

La propuesta del método tiene su punto de partida en las condiciones que le ofrece al circunstancial consultante el que propicien la ocasión de desplegar la concepción de su propio mundo y de la construcción actual de su singular subjetividad y el desarrollo del establecimiento de la alteridad como razón necesaria para dicha construcción.

Somos testigos como parte de este campo propio y subjetivo del consultante, que se va ensamblando, y entre otras cosas, cómo lo ha construido y construye su *para sí y lo que es de sí* y lo demarca de *lo que no lo es de sí* y *de lo que no está*. Cómo lo envuelve afectivamente y lo precia y le da un destino, lugar o posición. Podemos apreciar por ejemplo, si se trata de posesiones o apropiaciones, por ejemplo (Winnicott, 1968 [1969], "The use of an object and relating through Identifications"). Cómo realiza el despliegue de su imaginación y en qué momento y forma, activa su reflexión y su crítica, la modalidad que ofrece la plasticidad en el protagonismo de la *presentación* de su comunicación. Cómo supera su auto-referencia, y busca ayuda auxiliar, etc. En definitiva, el consultante es presentación para nosotros, y que por nuestra posición, *se representa* en nosotros.

Queda expuesto en este escenario de las condiciones de trabajo, cómo el consultante deviene ser social y lidia con las necesidades y deseos propios, y con las exigencias que le impone su entorno inmediato con el inevitable costo que implica.

El flujo incesante de estas demandas y necesidades provenientes de la interioridad, del *ello*, encuentra en el tejido psíquico los elementos que podrán mitigar o retrasar el pasaje a la mera descarga desorganizada. Esta llave que media y mitiga es clave para el desarrollo de la persona como ser social. Este empuje incesante del ello encuentra en esta red la posibilidad de aplazar, direccionar, realizar la acción que resulte más propicia, oportuna o específica para solventar la exigencia.

Las observaciones hoy, nos van revelando que la reflexión, el tiempo de examen, la opción, aparecen debilitados, devaluados a ausentes en el discurso del consultante. Lo mismo, advertimos en el lenguaje comunicante hablado. En la actualidad parece ser que la palabra está subordinada a la imagen, la energía de información se vale más de la imagen que el texto (G. Steiner, 1998, *op.cit.* ; S. Bauman, 2005, *"Identidad"*) y esto ha cobrado su precio al menos en la capacidad de comunicarse por medio de la palabra.

Este escollo social-cultural (histórico), incide necesariamente en la construcción de la subjetividad, y esta peculiaridad, nos induce a pensar su incidencia plena en el momento sublime en el que se ejerce la posibilidad de pensamiento y voluntad, en la libertad de expresarse, de darse a entender y comunicarse. Como también en la libertad en poder elegir –sea en la diversidad o en la escasez– en las opciones, los rumbos y sentidos posibles de la construcción del ser social y en la construcción de un proyecto de vida para vivir en él, con sentido, con significación, saludablemente con otros.

Este obstáculo – la palabra (en texto o hablada) devaluada o subordinada a la imagen, incide necesariamente en el campo representacional del sujeto, sea en su presentación o en su construcción. Ofrece limitaciones y se presenta como un desafío para el Psicoanálisis, ya que éste se vale de la jerarquización de y en la palabra como medio comunicante y comunicadora del acontecer psíquico en las sesiones clínicas.

Un verdadero escollo que a diferencia de la Resistencia, impide la expresión y la construcción de la comunicación plena por la palabra en el desarrollo de la cura. Algo similar ocurre en las condiciones del tratamiento en el Psicoanálisis de niños, por ejemplo, en donde el material hablado se complementa con materiales dentro y entre el campo clínico.

Se agrega a este escollo, en la presentación de la subjetividad del consultante, otros desafíos devenidos del momento social-cultural actual, que desafía nuestros recursos técnicos.

Si me adscribo a la idea teórica de Castoriadis, que la subjetividad se construye y se desarrolla alrededor de sus caracteres esenciales, es decir, la autofinalidad, la creación de un mundo de *representaciones*, de *afectos* e *intenciones* (C.Castoriadis 1998, "Hecho y por hacer"), estando desarrollado ese mundo de representaciones caracterizado por el para-sí y el de-sí, la presentación que devendrá representación (actual, efectiva), tendrá diferencias en su armado y significación.

Estimemos, por ejemplo, la diferencia entre la poesía visual de García Lorca y la poesía auditiva de Machado, como las caracteriza J.L.Borges. Ambas bellas y ricas que se nos aparecen como expresiones comunicantes en presentaciones (sean de matiz visual o auditivo) en sus versos, pero esos mundos están transmitidos por palabras, por textos.

Re-evaluemos ahora lo planteado por Aristóteles ("De anima", II, 3, 414b y ss.), en donde establece que el re-abastecimiento de las necesidades primarias de la vida se centran en el sentido de la visión, pero el sentido necesario para el desarrollo de la inteligencia es la audición. Agrega después, que todos hemos conocido un ciego de nacimiento, pero sin perturbaciones en el desarrollo de la inteligencia, no así en el sordo de nacimiento.

Este punto, sin duda, tiene derivaciones para las condiciones que se establecen para la cura Psicoanalítica. Un mundo visual, a-crítico, que seduce –hipnotiza- con impresiones persistentes y de rápido cambio y sustitución en serie, -como presentación para el pasivo-, invariablemente interviene necesariamente en la construcción de al menos dos elementos de la subjetividad: del campo representacional del para-sí, y del mundo de la intencionalidad en el que se inserta la capacidad reflexiva, y crítica; y también del pensamiento, a predominio del desarrollo del pensamiento senso-perceptual y operacional, sobre el pensamiento analítico de capacidad de abstracción.

Desde ya, esta particularidad condiciona y desafía recursos técnicos, sobre todo ante las presentaciones depresivas que ya de por sí, conllevan aunque sea transitoriamente, una pobreza de palabras y tesauro semántico propio.

Si bien estos son temas clínicos, no obstante los adelanto en este apartado debido a que requieren atención y la creación de recursos técnicos en los intersticios que se presentan en la teoría de la técnica clásica y ortodoxa.

De la misma manera en que también se nos presentan las dinámicas psíquicas en las cuales el trabajo del analista no se centra sobre la represión primordialmente, sino sobre lo escindido, o donde el vacío representacional es la resultante de lo no acaecido pero necesario en la construcción de sujeto.

Sin deseo de extenderme más en este segmento, resumo que el psicoanálisis como método ofrece condiciones favorables para el emplazamiento y el despliegue de la subjetividad del consultante, y con ello la presentación de la construcción conseguida como logro, de su mundo propio con la determinación de su voluntad para presentarlo y examinarlo en el campo analítico.

Este mundo singular está compuesto por su capital de representaciones, del movimiento de su imaginación, la capacidad de reflexión y el afecto que le recorre en esa necesaria relación e interacción (C. Castoriadis, 2004, "*Sujeto y Verdad en el Mundo Histórico Social*").

Es en este campo en que el despliegue de la experiencia y el arte de la técnica del analista, podrá ofrecer las condiciones para favorecer tal despliegue, con sus implicancias en las defensas resistenciales (que se analizarán oportunamente) y en los fenómenos del campo transferencial-contratransferencial (que se interpretarán apropiadamente).

Necesariamente, este ángulo de la observación además de incluir al consultante y su analista, incluye el entrono y relación social cultural y su momento histórico en donde la actividad se desarrolla.

2) En la observación del **Psicoanálisis como práctica clínica,** otras categorías se despliegan en el ámbito del encuadre o condiciones de trabajo.

Dentro de los fines del Psicoanálisis debemos apreciar la superación de la dependencia infantil y la construcción de la autonomía: *el ser por sí mismo.*

La calidad de organización lograda tampoco es ajena. El análisis y la documentación que se testimonia en las sesiones, en cómo se las ha arreglado el sujeto en trazar los inevitables puentes, vías y canales de comunicación con el mundo que le rodea y como éste influye en él y a su vez, él en este entorno, es un inevitable camino clínico.

Su movilidad, su estabilidad, dan cuenta de lo que llamamos la organización y el carácter del "proceso defensivo" logrado y de la dinámica del proceso transferencial puesto en juego en las inevitables encrucijadas que ocurre en el vivir.

Como toda práctica en la cura, al igual que otras especialidades, el acto de la cura no produce nada tangible. Como vimos mas arriba, cura quiere decir cuidar, cuidar a alguien o a algo de alguien. Es que la salud implica la capacidad de enfermar y la capacidad de sanar, en donde curar implica la asistencia necesaria cuando lo enfermo, el enfermo, no puede sanar por sí mismo, la meta suprema es volver a estar sano y olvidar así que se lo está (H.G. Gadamer, 1991, *"El estado oculto de la salud"*).

Sanar-enfermar-sanar... es un ritmo natural, ligado a lo viviente. Entre el enfermar y el sanar, se presenta el intersticio en el cual se nos hace evidente, en un aspecto, aquello *darwiniano* de la lucha por la vida, entre la tendencia a restituir el terreno perdido por la enfermedad y la tendencia que enferma (Freud), y en este esfuerzo se patentiza el fenómeno de la salud. La salud no es algo que se pueda hacer: surge, es epifenómeno, es fenómeno emergente.

En esta capacidad de enfermar y sanar, el restituir, el re-alcanzar el estado silencioso y potencial de la salud se inscribe no sólo la ilusión de volver a un lugar fuera de la perturbación. Implica también la búsqueda de la ayuda, la asistencia precisa, idónea, donde la posibilidad del restablecimiento, recuperación o *restitutio* están implícitas. La meta de ese sanar, es la reincorporación del asistido a su vida habitual y cotidiana, y de prescindir, en lo posible y en lo material, del agente de la cura.

En el psicoanálisis clínico esto no es infrecuente; que las pendulaciones y avatares de la lucha del sujeto por ser por sí mismo y mejorar la calidad y el costo de las dependencias inevitables del vivir viviendo, se hagan presentes en el escenario clínico.

Trabajar en el campo de la salud-enfermedad implica saber que no producimos salud sino procedimientos o dispositivos con los que buscamos mejorar las condiciones para que la enfermedad sane.

Sí; produce conocimiento a través de elementos que se van presentando en el decurso del tratamiento. Las condiciones y los medios generan la aparición de entidades clínicas con las cuales trabajamos en la comprensión de lo que se suscita en el campo clínico.

De la clínica surgen "herramientas" tales como: la Alianza Terapéutica de la Fase Inicial, el fenómeno Transferencial que abarca la Transferencia y la Contratransferencia, la Resistencia, el Acto y Actuación, la Reacción Terapéutica Negativa, la Elaboración, y así en más. Surgen de la actividad clínica y nuestra observación, en atención flotante, puesta en el campo de trabajo con sus condiciones y en su praxis.

La Técnica, o Teoría de la Técnica, no es práctica, *hacer o praxis*. No es práctica porque no constituye un conocimiento por sí misma, surgido de la suma de experiencias de los eventos acaecidos en el hecho clínico. Sino que la técnica es conocimiento específico que deviene de la práctica, con la que guarda relaciones causales y de la reflexión y hallazgo de la correspondencia entre este hecho y la consecuencia del hacer que deviene en "herramienta".

No puedo concluir este segmento del Psicoanálisis como clínica sin mencionar una idea original de Castoriadis (C.Castoriadis 1992, El Psicoanálisis, proyecto y elucidación) en que los medios coinciden con los fines en el método psicoanalítico. El "proyecto de autonomía", el ser por sí mismo, va desplegándose en el libre fluir de las asociaciones libres que posibilitan las condiciones de trabajo (incluyo la neutralidad y la abstención del analista), que al apuntar en la dirección de la espontaneidad de su ser, su descubrimiento y posesión de lo propio, emplazan la posibilidad de pensarse, ser pensado y de ser.

3) Finalmente, desde el **psicoanálisis como *logos*.**

El descubrimiento de Freud del sentido inconsciente de los síntomas, por el desarrollo de la Teoría de las Neurosis, incidió sobre las ciencias del conocimiento presentándose, el Psicoanálisis, *como ciencia de la encrucijada* (Jacques Guillemaud, 1971, *"Cibernética y Lógica Dialéctica"* y Gastón Bachelard, 1972, *"La Formación del Espíritu Científico"*), creándose rupturas y nueva superación de obstáculos epistemológicos de la época, ofreciendo así un nuevo horizonte Ontológico dentro de la Teoría del Conocimiento.

Debido a la aparición del Psicoanálisis, el estudio de las neurosis quedó trasladado del mundo cuantitativo de la Ciencia Positivista Empírica al mundo humanístico (R.S. Wallerstein 1987, "El Psicoanálisis como Ciencia; una respuesta a las nuevas críticas"), donde la dimensión no material de la existencia comienza a tener una formalización más allá de la filosófica especulativa. En razón de esto, se empalma con otras ciencias, donde las lógicas naturales-formales se muestran insuficientes, contribuyendo a las nuevas lógicas no-naturales sus aportes por su fuerza explicativa.

Tal es así, que el significado y sentido del síntoma, *no es producto de causas sino creación del sujeto* (H.J. Home, 1969, *"El concepto de la mente" porque "el síntoma se considera lógicamente como un hecho, y un hecho que es producto de causas [...] un significado no es un producto de causas, sino creación de sujeto"*). El principio de su alienación, es la ajenidad que siente en sus síntomas. La devolución de su participación y protagonismo de sus síntomas se devuelve a través del reconocimiento del significado y sentido de los mismos. M. Foucault llega a afirmar: *«la locura es la Razón de su Humanidad»* y A. Green sostiene que *"… la inversión y la paradoja del Psicoanálisis es no colocar más toda la razón del lado del médico y toda la sinrazón del lado del enfermo, sino en ver en éste, la manifestación de otra razón"*).

Produjo este descubrimiento de Freud, una ruptura en la Ciencia de la Evolución, por medio del argumento que la organización psíquica, no necesariamente es producto exclusivo de la organización del Sistema Nervioso Central. Aporta también un segundo argumento: la lucha por la vida, por medio de lo disposicional, no es patrimonio exclusivo de los instintos de supervivencia; el hombre, la busca pero con el objetivo de darse placer. Freud propone la tesis dual de los instintos de supervivencia y los instintos sexuales (éstos *«cabalgan» sobre los instintos de supervivencia o «del yo»*) transladando y modificando el concepto de "instinto" por el concepto de pulsión. Un tercer argumento, entre otros más: en la producción de sujeto, el placer de representación es más relevante que el placer de órgano (C. Castoriadis,1991, "Lógica, imaginación, reflexión") como conceptualización de la sublimación, entidad específica psicoanalítica.

También, dentro de la Teoría del Conocimiento, el Psicoanálisis aparece creando una nueva posición ontológica como Ciencia Hermenéutica (Yánez-Cortés), abriendo perspectivas metodológicas de justificación con lógicas no tradicionales, como ser la lógica de paradojas y la lógica de la simultaneidad.

Se ampliaron también, merced al descubrimiento freudiano, las teorías sobre el pensamiento consciente (Perceptual, Conceptual, Operacional). Del sujeto de la conciencia pasa a ser el sujeto del inconsciente.

Tampoco es de desechar por su importancia relevante en la construcción de la subjetividad, la idea y teoría que el sujeto se construye creando una teoría singular de lo *que es* y de lo *que el mundo es*, de lo que es de sí, y para sí, de lo que no. Su singularidad subjetiva da origen a la construcción de la alteridad (E. Henriquez,1991, "El sujeto humano: de la clausura identitaria a la apertura del mundo").

Creo que también debe incluirse en este segmento, la continuidad del Psicoanálisis dentro de las Ciencias Sociales ó Humanistas y de no haber caído dentro de las Ciencias de la Sociedad Técnica.

El Psicoanálisis, como en otros pronunciamientos de principios básicos de las ciencias sociales, destaca y demuestra la importancia que poseen los acontecimientos precoces en el proceso transformador tendiente al logro del sujeto; con su subjetividad, su singularidad; en relación, en vínculo, y pertenencia con sus congéneres y su cultura.

El principio, que «cuando más precoz es el acontecimiento adverso, mayor el daño y sus consecuencias» se extiende a la responsabilidad de quienes necesariamente asisten al sujeto en crecimiento y forman parte de este suceso.

Responsabilidad que se extiende al reconocer en la enfermedad un debilitamiento, un afloramiento de la fragilidad e indefensión del sujeto. La construcción del estado de salud como proceso es permanente; no es un logro de una vez y para siempre, sino proceso continuo donde el sujeto es un devenir, que debe sostenerse en el logro articulado con la continuidad histórica que le ha significado en la identidad genética, genealógica y étnica en la que se ha desarrollado.

La salud como construcción social, así, no deja de lado la importancia y la responsabilidad de la familia, el grupo social inmediato, la comunidad y el estado en este proceso permanente que es la salud, y la salud mental por extensión. En este sentido el Psicoanálisis tiene mucha incumbencia en la conceptualización actual de Salud Mental. Concepto que rebasa la pertenencia única y abarca una pertinencia interdisciplinaria.

Lejos de plantear una discusión si el Psicoanálisis debe ser considerado como una Ciencia o como una Disciplina, la intención de este trabajo, reside en destacar al Psicoanálisis como un método de investigación clínica y que el aprendizaje del mismo es ineluctable sin la experiencia y el compromiso del trabajo clínico, con el acompañamiento del análisis personal del analista, su supervisión clínica y la deliberación reflexiva, crítica y lúcida de la formación teórica.

Cleto Santa Coloma

Medico U.B.A.
Miembro titular en función didacta de A.P.A
Miembro titular de FEPAL y de I.P.A.
E-mail: cletosantacoloma@gmail.com

El trayecto de una práctica

Miryan Ruffo

*...toda conquista se paga con un exilio y
la posición con una pérdida"*
J. B. Pontalis

*La segunda: "Hay palabras que han llegado demasiado pronto a
mi vida, otras que llegaron tarde y otras que llegaron en su justo
momento, y hay palabras que vienen y se van y otras que se quedan
ya para siempre con nosotros".*
L. Landero

Pensar en las huellas que Freud dejó en mí, en mi práctica, es una invitación a mirar el presente y recordar algunas circunstancias y determinados momentos profesionales, personales y sociales que formaron parte de mi recorrido.

Freud, nos legó no sólo el Psicoanálisis sino su búsqueda incesante, sus rupturas epistemológicas, su honestidad intelectual, la posibilidad de continuar interpelando nuestras convicciones, así como el ejercicio de una práctica y uso de una libertad en la reconsideración de nuestras herramientas para entender el padecimiento humano de una clínica siempre renovada y compleja.

De textos y contextos sociales

Los textos freudianos son una invitación constante para revisitarlos.

Han sido subrayados con lápiz, resaltados con marcadores, con agregados al costado, realizados a lo largo de los años. Diversas lecturas, distintas maneras de comprender, de asombrarnos en diferentes momentos de nuestra formación y de trayecto recorrido. Forman parte de nuestro bagaje teórico y se entrelazan con las lecturas de otros autores.

Es posible pensar que en tiempos oscuros resulte perentorio hacer trabajar las teorías, resguardarse bajo algunos enunciados que permitan acompañar y sostener un oficio.

Así surgen los aportes imprescindibles. Los llamados escritos sociales, las tópicas del aparato psíquico, con sus mecanismos defensivos, el narcisismo, el giro de 1920 con la introducción de la pulsión de muerte, el concepto de trauma a raíz de las neurosis de guerra, la cuarta instancia, la realidad externa y sus vicisitudes técnicas, sólo para mencionar algunos.

"En *Psicología de las masas y análisis del yo*", texto de inagotable riqueza y de enorme vigencia, escribe que la Psicología Individual es desde el comienzo, Psicología Social. El otro, el semejante cuenta como modelo, objeto, auxiliar y como enemigo.

En *"El malestar en la cultura"*, señala que el sufrimiento acecha por tres lados, desde la fragilidad del propio cuerpo, de la naturaleza y de las relaciones con otros seres humanos. Las normas que regulan los vínculos recíprocos entre el hombre, la familia, el Estado, la sociedad y sus instituciones parecen insuficientes y de ahí derraman sus efectos, que en lugar de ser protectores, se vuelven siniestros y ominosos.

Pensar en el entretejido del sujeto, con el tiempo y el contexto social, es intentar entender las patologías actuales y las subjetividades puestas en jaque. Somos producto y productores de la trama social en que vivimos, somos agente y efecto de la cultura, al decir de E. Morin.

En nuestro país hemos padecido golpes de Estado, desaparición forzada de personas, atentados terroristas, guerras, crisis económicas y de poder con garantías y derechos constitucionales suspendidos y contratos sociales que cambian y se rompen sin dar tiempo a la comprensión y la elaboración.

Ante las catástrofes sociales hay un trastocamiento en nuestras subjetividades y el lazo social corre el riesgo de deshacerse. Eros y Thanatos, siempre en pugna, amenazan desde la precariedad de su alianza a la desintrincación pulsional, a la desligadura, a la destructividad mortífera.

En el *"El retorno del péndulo"* de Bauman y Dessal mantienen un lúcido intercambio, un diálogo fructífero entre el Psicoanálisis y la Sociología donde toman como punto de partida a Freud y "El malestar en la cultura". Si la propuesta es permutar libertad para obtener seguridad, el ofrecimiento siempre significa una pérdida, un renunciamiento. No pueden sobrevivir una sin la otra y no pueden convivir en paz. La búsqueda es incesante y él péndulo sigue oscilando.

El riesgo siempre acechante es encontrarnos con líderes totalitarios y que prevalezca en la sociedad el sometimiento y el fanatismo. La historia nos recuerda los crímenes imperdonables cometidos contra la humanidad.

Hoy una tragedia nos atraviesa. Es un hecho externo que impacta y conmueve nuestro mundo interno. Hablar y escribir sobre lo acontecido se inscriben en el intento de dar representación a aquello que perfora la barrera protectora.

Es posible esperar que cada uno procese y tramite en relación con su propia historia, su sello personal. Para algunos sea la incapacidad de transformar y convertir una vivencia en algo psíquico, para otros suponga al decir de Le. Poulichet S., "en el núcleo de experiencias de puro desamparo, que desintegran al yo, puede elaborarse esa extraña práctica de un arte en peligro, a través del mismo acto creador."

Vivir con un nivel de incertidumbre prolongada y sin un final previsible, generan humillación, impotencia y un estado de desesperanza.

El desafío es salvaguardar el capital simbólico y fundamentalmente la vida.

"Más allá del principio de Placer" enfrenta a Freud con la guerra y las neurosis traumáticas afirmando que sobrepasan a las histerias en el padecimiento subjetivo, que se asemejan a una hipocondría o a una melancolía y a la evidencia de un debilitamiento y una destrucción de las operaciones anímicas. Introduce la pulsión de muerte, el principio de ligadura, los sueños que reconducen una y otra vez al trauma, con su repetición demoníaca, alumbrando otros recursos teóricos y técnicos para el abordaje de otras problemáticas que se plantean en la clínica.

Lo vivido por Freud, el fenómeno guerra, el temor por la desaparición de seres queridos, su enfermedad física, la disminución de pacientes, son situaciones que muestran lo implacable que resulta tolerar el mundo externo cuándo éste nos deja en la indigencia.

Cuando Freud en *"Las nuevas conferencias"*, se refiere a la realidad la menciona cómo esa tierra extranjera exterior, aquello no discernible, una instancia déspota y así pulsionado por el Ello, apretado por el Super Yo, repelido por la realidad, el Yo pugna en su endeblez, estalla en angustia, angustia realista ante el exterior.

En el *Esquema y en otros trabajos* retoma esta problemática y sostiene que el yo está gobernado por el miramiento de la seguridad. El yo se ha propuesto la tarea de la autoconservación. Cuenta con el examen de la realidad. Pero se ve compelido por el peligro de la realidad objetiva y por el Ello. Intensidades pulsionales hipertróficas pueden dañar al Yo de manera semejante que los estímulos hipertróficos del mundo exterior.

En el caso en el que el Yo al encontrarse ante un peligro real de excesiva magnitud se ve abandonado por todos los poderes protectores, se deja morir. Alerta que no podríamos precisar qué es lo que el Yo teme del peligro exterior y del peligro libidinal del Ello. Lo que la percepción es al Yo, lo que la pulsión es al Ello, haciéndonos suponer a un aparato psíquico que, frente a las fuerzas de las mociones pulsionales, como a la violencia de la realidad, sufre el desborde, el avasallamiento o la aniquilación.

La teoría del trauma también fue reconsiderada por Freud durante toda su obra y también por otros autores.

En *"Inhibición, síntoma y angustia"* el trauma se relaciona con la angustia automática y la situación traumática toma el relevo. En este texto, el acento puesto en las experiencias de pérdida de la madre, del amor de la madre, del amor de los objetos, del amor del superyó. Experiencias que colocan al sujeto en un estado de desvalimiento, en un estado de total impotencia física y psíquica frente a las imposiciones de origen externo e interno.

Green, A. *"En las cadenas de Eros"*, se refiere a traumas cuyas consecuencias dan lugar a un azoramiento del yo. El trauma residiría más bien en una ausencia de una respuesta del objeto a una situación de desvalimiento que mutila para siempre al yo porque conserva un núcleo de *HILSFLOSIGKEIT* primitiva que se reactivará a la menor ocasión durante toda la vida. Se pregunta, ¿de dónde parten las excitaciones? Del soma, del psiquismo inconsciente, de lo real. El lugar activado, prende fuego a la estructura

Al ubicar la psique entre el soma de un lado y lo real del otro y en su interior, en el campo psíquico dos mecanismos fundamentales: la escisión y la desinvestidura.

Una pandemia es un acontecimiento inédito que nos conmociona.

Sin demasiadas coordenadas ante lo desconocido.

Por su magnitud y su peligrosidad inunda nuestra vida cotidiana, deprivados de la habitualidad, desmantela un modo de vivir y nos propone cómo salvaguarda un aislamiento imprevisto y de una duración sin precedentes. Un distanciamiento social y obligatorio. La amenaza está en nosotros, cómo portadores de contagio, de daño y de muerte. Imposible no pensar en la movilización psíquica y física que conlleva.

Nos podemos preguntar por los afectos que suelen acompañar que precipitan y agravan las patologías pre-existentes. Así es cómo irrumpen nuevas enfermedades.

Una tristeza infinita, duelos por los proyectos postergados y por el impasse de un tiempo detenido, una angustia que a veces se torna inmanejable. Un impedimento para pensar y hablar de los sentimientos, pueden hacer un estallido en el propio cuerpo o en el contexto social. Así patologías psicosomáticas, violencias familiares, suicidios, desapariciones, exasperación en el trato cotidiano, accidentes de tránsito son hechos dramáticos que se suman a esta pandemia.

¿Se pueden desestimar los muertos? ¿Podemos asistir indiferentes y sin ser afectados?

Tal vez, ciertas personas que persiguen otros fines, que tienen otros intereses es pensable que en ellas se activen mecanismos de funcionamiento cercanos a lo descripto por H. Arendt en *"La banalidad del mal"*.

No tenemos las mismas condiciones. No todos pudieron estar implicados de la misma manera. Las crisis ponen en cuestión lo que somos, lo que hicimos y lo que se puede transformar.

Y si lo hacemos es juntando restos para sumar humanidad.

La práctica analítica

En *Consejos al médico*, Freud nos alerta que esta técnica es la única adecuada para su individualidad y que no se atreve a poner en entredicho que otra personalidad de diversa constitución pueda preferir otra actitud frente a los pacientes y a la tarea terapéutica.

El uso del diván fue para inducir al paciente a asociar libremente y por lo explicitado por él mismo, la dificultad de estar nueve horas diarias mirando a un paciente.

Varios ejemplos en su práctica clínica dan cuenta de una búsqueda en la invención de un método. Es una experimentación a prueba y error, con buenos resultados y también fracasos en la misma.

¿Quién no se ha sorprendido con Katherine en la posada? Ahí hablan y se devela una historia de abusos por parte de su padre. La disponibilidad de alguien que escucha y la posibilidad de producir un acto analítico para aliviar su padecimiento.

Reik relata que en sus vacaciones de verano lo visita a Freud en una casa de campo en los suburbios de Viena. Varias sesiones para ahondar en los síntomas que lo aquejaban. Residente en Berlín, había cuidado a su esposa enferma y Freud le sugiere que no esté más de quince minutos en su visita. Es conocida la ayuda económica y hasta su artículo *"Pueden los legos ejercer el psicoanálisis"* que escribió en defensa de este alumno/paciente/hijo.

Durante la Primera Guerra Mundial, Ferenczi le solicita por correspondencia a Freud análisis. Tiene unos días de licencia, piensa viajar a Viena y le pide a Freud si en esas fechas le puede dar varias horas de análisis condensado por día.

Además, Freud lo invita a comer por la noche con su familia, de la cuál era amigo y aspiraba a que su hija Matilde se casase con él.

Mahler, el músico, tenía dificultades matrimoniales y le habían aconsejado que consultara a Freud. Pide una hora, se la da y luego la anula. Esto se repitió varias veces hasta que Freud le mandó un telegrama diciéndole que iba a estar en una ciudad cercana por un día y luego se iba a tomar vacaciones muy largas. Este "apremio" decide a Mahler aceptar la cita. Caminan por las calles del pueblo durante cuatro horas conversando. Mediante esa "conversación", o psicoterapia breve Mahler se curó de la impotencia y su matrimonio se compuso.

Wiess, el introductor del Psicoanálisis en Italia supervisaba por carta con Freud. En la misma, se queja porque no podía establecer contacto con una paciente. Freud le da el consejo de que ubique antes de la hora de ella a otra paciente mujer, y que la despida muy efusivamente; que se asegure que lo está esperando, lo vea y lo oiga. Lo lleva a cabo y la paciente inmediatamente entra en una situación transferencial mucho más franca.

Aquellos que hemos pasado por distintas situaciones laborales en otros tiempos, aprendimos que en un pasillo, dentro de un aula, en una ambulancia o por teléfono se abren espacios de escucha y de intervención que puede hacer la diferencia en una situación límite.

Se necesitan varios ingredientes, el deseo de aliviar el sinsentido de la existencia, una teoría que sostenga y ofrezca recursos para implementar estrategias terapéuticas, y cierta audacia para ejercer un humanismo que siempre es imprescindible.

Es notorio desde hace años que el oro puro fue mezclado.

¿No hubo en los tratamientos psicoanalíticos, psicoterapia, apoyo, contención, sugestión o indicaciones? Cada vez más, desde hace tiempo atendemos cara a cara, pacientes con una hora semanal, con una sesión extra, si lo evaluamos necesario. Otros, después de años de tratamiento, la frecuencia es quincenal. Los que realizan dos sesiones seguidas una vez por semana. Los que hacen tramos, en distintos momentos de su vida. Los que consultan y por distintos motivos no podemos tomarlos, derivamos y realizan un buen tratamiento. El caso por caso.

En mi formación en APA, en los años '90, colegas no realizaban la segunda supervisión por falta de recursos económicos, reducida demanda laboral y a otros se les dificultaba tener pacientes de cuatro horas semanales.

Ya finalizó la Época de Oro, variada es la oferta profesional y de formación. Y otras corrientes ofrecen salidas en un tiempo corto. El debate sobre las problemáticas actuales, las nuevas enfermedades del alma irrumpen en nuestros consultorios y el desafío está lanzado.

¿Las Instituciones Psicoanalíticas y los Analistas podremos contribuir de alguna manera?

La pandemia abrió las puertas de la APA. Actividades científicas virtuales, de gran calidad con un público de todo el mundo. El Centro Racker de APA atendió las urgencias y tuvo una reacción eficaz y de enorme creatividad.

Con la práctica online, que se discutió en el año 2003 en la IPA, se abordó el tema y hubo acuerdos y desacuerdos. Modalidad que se realizaba desde hace mucho tiempo. Las controversias son bienvenidas. Siempre y cuándo se abra el debate, se promueva a la discusión y al enriquecimiento de las conceptualizaciones. Pandemia mediante, la mayoría pasamos a atender online. Se autenticó un modo, sin habernos dado los intercambios necesarios y tener argumentaciones teóricas y técnicas más elaboradas.

Muchos colegas escribieron y dieron sus aportes valiosos sobre la práctica y los efectos que estábamos atravesando.

En el Congreso internacional en Barcelona de 1997 al cual asistí, un analista que venía bregando por sus derechos, al leer su material clínico se presenta como analista homosexual, mientras, en la calle se realizaba una marcha contra la discriminación sexual. Todavía resuena una pregunta que me hizo una colega: ¿Vos dejarías que tus hijos varones se analicen con un analista homosexual?

El analista había puesto con otro colega un pizarrón invitando a participar de la lectura del trabajo y después a tomar un trago. Se encontraron con un grafiti peyorativo en el anuncio lo cual movilizó a los participantes del congreso y fue un punto de inflexión.

Luego de varios intentos, en el 2001 con Widlocher D. como presidente de IPA se le solicita que se discuta el tema en Niza, se aprueba una declaración:

Sobre la base de su compromiso con valores éticos y humanistas, la IPA se opone a cualquier forma de discriminación. Esto incluye, pero no se limita a, cualquier discriminación por motivos de edad, raza, género, etnia, creencias religiosas u orientación homosexual. La selección de los candidatos psicoanalíticos debe realizarse sobre la base de las cualidades directamente relacionadas con la habilidad de aprender y de funcionar como psicoanalista.

En 1935, en la carta publicada por Bonaparte M., Freud le responde a una mujer que le escribió angustiada por la sexualidad de su hijo. Por la respuesta entendemos que le pregunta si él puede "curar" a su hijo y él le contesta: "Deduzco que su hijo es homosexual. Me impresiona mucho el hecho de que usted no mencione esta palabra en su información sobre él, puedo preguntarle ¿por qué evita el uso de este término? Freud le dice a esta mujer que ningún homosexual debe ser tratado psicoanalíticamente por ser homosexual, si su hijo es además neurótico, infeliz o desdichado entonces puede ayudarlo, pero por lo anterior, no por su elección de objeto de amor.

La pregunta es si por impedimentos vinculados a prejuicios, por las ideologías o puntos ciegos u omisión no obstaculizamos una confrontación necesaria para renovar las teorías y realizar una práctica que responda a las demandas actuales.

En *Dora*, Freud había considerado que la dilación de la cura o la mejoría sólo es causada por la persona del analista, en su singularidad real.

Marucco N. et al en *"La función analítica y la presencia del analista"* aborda el tema, y nuevamente lo retoma en nuevas consideraciones con "La persona y la función analítica ampliada". Aludiendo a aquello del analista que sirve de apoyatura para que una transferencia pueda ser una reedición de lo inédito.

Singularidad real del analista construida por su historia personal, su propia novela familiar, su ideología y su inconsciente.

Esa particularidad que tiene un sello en una trayectoria y en su devenir en el ejercicio de una práctica. En su historia analítica, su experiencia laboral, en su formación teórica, en los intercambios con colegas. En los pacientes que trató. En un entramado de un tiempo individual, social, cultural, político e histórico.

Carlisky N, al referirse al mismo tema, señala las implicancias del imaginario social y profesional que compartimos. El eludir, negar, sería un modo de labilizar las transferencias y no permitir la libre circulación de los afectos, indicadores del proceso analítico y guardianes del campo.

Rousillon R. en "El Psicoanálisis del narcisismo y el carácter inevitable del Psicoanálisis posmoderno" nos dice que la personalidad del analista pasa a ser un rasgo efectivo del análisis, no sólo bajo la transferencia sino en persona. La sombra del Psicoanalista cae sobre el tratamiento, el analizado analiza el estilo de su terapeuta, según Devereux, "el observado observa al observador".

Viaje analítico no exento de riesgos, el analista realiza su apuesta pulsional, con su imaginación, su contratransferencia y su sensibilidad disponibles para el paciente que acude con su dolor y una historia que lacera. Es en ese encuentro, en esa creación, en ese campo dónde se desatan todas las pasiones. Hay momentos de un navegar sin demasiados sobresaltos y otros donde las tormentas son impredecibles e imprescindibles. En ese devenir, algo del paciente nos toca y pone a trabajar y develar esas zonas psíquicas presentes en el funcionamiento de cada paciente y en uno mismo. Los impasses, los baluartes, la resistencia negativa y el ataque al vínculo, entre otras, son cuestiones para reconsiderar de forma permanente.

Algunos apuntes de mi experiencia

Me recibí de Psicóloga en 1975 en una Córdoba insurrecta y convulsionada. La carrera transcurrió en un clima de revueltas estudiantiles, desde el examen de ingreso implementado por primera vez, la dificultad en la cursada por falta de profesores y una permanente lucha por el rol del Psicólogo en Salud Mental cómo auxiliar de Medicina; así en 1974, en un encuentro histórico entre profesionales de todo el país y estudiantes surge la propuesta de instaurar el 13 de octubre como el "Día del Psicólogo".

Enormes ilusiones en un país en ebullición. Desperté en una ciudad en silencio, custodiada por el poder militar. En el trayecto al Hospital Neuropsiquiátrico de Córdoba donde trabajaba, gendarmes armados nos hicieron descender del ómnibus y nos requisaron. Esa escena se volvió habitual. Al poco tiempo se cerraban los Servicios de Salud Mental. Comenzó el exilio de colegas y perdimos el lugar de trabajo.

Poseía un título que era sospechado y cuestionado.

Fui invitada por una colega a concurrir al Hospital de Clínicas, al servicio de Oncología en calidad de acompañante, después de varios meses sin ejercer mi profesión. Una vez por semana teníamos reunión con las enfermeras y los médicos para hablar sobre la ardua tarea y con las pacientes en la etapa de su convalecencia, recuperación y otras en su tramo final . Si bien no podíamos portar profesión, sentíamos el respeto y la solidaridad de la gente del equipo y el sentimiento de existencia en el acompañar y vivenciar a los pacientes en momentos de enorme fragilidad. La de ellos y también la nuestra.

Me mudé a un pueblo del interior de la provincia, al tiempo apareció la docencia cómo salida laboral en un pueblo lindante con La Rioja, muy chiquito y pocos recursos materiales. Una realidad desconocida. Otra vez la tarea grupal portadora de sentido.

En ese lugar recuperé la esperanza de encontrar un resquicio cercano a ejercer un oficio. Mi existencia, no sólo profesional, fue marcada por un contexto social que delimitaba, exiliaba y confinaba tiempos. Ejercí desde 1978 la docencia, cómo también actividades vinculadas a la comunidad. Transmití y difundí las concepciones de Freud sobre el psiquismo, y el aprendizaje cómo teoría de transformación y cambio en distintos ámbitos educativos. Reconocimiento y gratitud a lo que en un momento me devolvió no sólo un título, sino la capacidad del entusiasmo. El mismo que tuve en mi práctica privada.

Trabajar, siempre fue valorado y estimado.

En la semana previa a la cuarentena obligatoria, la decisión de suspender el consultorio de manera presencial la pensé teniendo en cuenta algunos indicadores. Ya había fallecido una persona en el país, y en esa semana, algunos pacientes modificaron su manera de saludarme. Uno me dijo que estaba con dolor de garganta y que estaba preocupado por "contagiarme". Después ventilé, pasé alcohol y seguí atendiendo y al final de mi jornada laboral estaba exhausta. Otro, al entrar me pidió que me aleje, para mantener la distancia. Venía de una reunión laboral y tenía un protocolo para poner en práctica en su empresa.

Comuniqué telefónicamente a mis pacientes que iba a continuar atendiendo de manera virtual. Entendía que era una medida que podía sorprenderlos, ya que tomaba unilateralmente esta determinación. Podíamos pensarlo, suspender por un tiempo o sugerir una derivación. Sólo uno decidió suspender. El resto continúa de manera virtual. También yo fui hace muchos años atrás paciente telefónica en mi reanálisis. Tuve un accidente automovilístico y viajar una vez por semana se tornaba difícil. En mi primera entrevista le planteé a mi futura analista si podíamos instrumentar esta modalidad. Su calidez, disponibilidad y flexibilidad fueron indispensables para comenzar un diálogo analítico.

La elección, respondió a una cuestión de cuidados y la convicción de instrumentar una práctica de la urgencia en tiempos inciertos. No soslayo la posibilidad que fue una preparación anticipada para mitigar y anticipar el riesgo de no perder abruptamente mi lugar de trabajo, como en mis inicios.

Existe un Freud fecundo al cual recurrimos para proseguir trabajando sus concepciones y varios autores que contribuyeron dando herramientas desde la elaboración de nuevos aportes y en la transmisión generosa de sus experiencias clínicas. Un pluralismo que se "hace" integración.

Teorías que suman, pensamientos clínicos que mixturan nuestra mente sin temor a la contaminación, ni con el riesgo del tan temido "todo vale". Un Psicoanálisis vivo, con inventiva, dispuesto a hacerse las preguntas necesarias para actualizar una clínica, que se atreve a moverse en las fronteras, conquistando y ampliando territorios dónde intentamos aliviar el sufrimiento de los pacientes que vienen a consultarnos.

El desafío es continuar trabajando con creatividad en cada tiempo sociocultural, con un Psicoanálisis que revalide su eficacia como método terapéutico capaz de producir cambios psíquicos.

Bibliografía

Bauman, Z. y Dessal, G. *El retorno del péndulo. Sobre psicoanálisis y el futuro del mundo líquido.* Editorial Fce, Buenos Aires, 2014.
Carlisky N. Eskenazi C. K. de. *Resignación o desafío.* Lumen, Buenos Aires, 2000.
Freud Sigmund. *Obras completas.* Amorrortu editores, 1984.
Green A. *Las cadenas de Eros.* Amorrortu editores, 1998.
Jones E. *Vida y obra de S. Freud.* Editorial Paidos, 1997.
Marucco N., et al. La función analítica y la presencia del analista. El papel de la singularidad en la transferencia. *Rev. de Psicoanálisis,* 1995.
Marucco N. La persona y la función analítica ampliada. La relación con la contratransferencia y lo arcaico. *Rev. de Psicoanálisis,* 2015.
Roussillon R. El psicoanálisis del narcisismo y el carácter inevitable del psicoanálisis "posmoderno". Conferencia APA, 2017.

Lic. Miryan Ruffo

Licenciada en Psicología, Especialista en Psicología Clínica de Adultos con Orientación Psicoanalítica; Miembro Titular de Función Didáctica de la Asociación Psicoanalítica Argentina; Miembro fundador de la Filial Junín de la Asociación Psicoanalítica Argentina.
E-mail: miryanruffo@yahoo.com.ar

El retorno del parricidio

Osvaldo Bodni

> ...*"algo en común entre el
> objeto del bebé y el jueguito
> de té de la abuela"*...

En sentido darwiniano la selección natural de una especie está en relación directa con la eficacia de una transmisión generacional eficaz, que supera los avatares de la supervivencia. Pero en la especie humana la conservación de la cultura determina un plus, apuntalada en la necesidad de perdurar, transmitir un legado y designar sucesor a un nuevo ejemplar.

Antes de morir el sujeto debe cumplir con esta misión de transporte, dando un sentido teleológico a la amenaza de castración. Como lo sugirió Ferenczi, citado por Freud,(1925) la importancia narcisista del falo se relaciona simbólicamente con su poder generativo, y desde este punto de vista la castración recae sobre toda la transmisión, y no sólo la biológica. Presupone entonces una amenaza de olvido y de intrascendencia generacional. El ejemplar humano terminado es hablante y culto, y esta cualidad sólo deviene tras una transmisión estructurante extensa, comandada por la energía pulsional.

Ahora bién, en este trabajo queremos compartir algunas observaciones respecto a las alternativas y alcances del complejo edípico, relacionado con la clínica de adultos mayores. Nos referimos a una reaparición de las fantasías infantiles de parricidio, pero ahora como síntomas de retorno, proyectadas en el objeto sucesor. Aquel que un día deseó la muerte o la destitución de su padre, se encuentra ahora en aquel lugar de angustia frente a su hijo. O también frente a su alumno. En esta fantasía el sucesor se ha convertido en quién desea y promueve el silencio, el sometimiento, o la muerte de su antecesor. Desde los enunciados sociales de Freud, los ayudantes del modelo, quienes así lo investían, se convierten en sus rivales.

Aclaremos. El mecanismo de proyección es un proceso psíquico estructurante, como parte de la teoría de las representaciones y de la memoria, en una función paralela a su uso defensivo. Respecto de la memoria, la teoría mecanicista de los engramas queda superada cuando se relacionan el deseo y las defensas, negociando para un almacenamiento de información que nunca es neutral. Por la misma razón todo conocimiento tiene algo de reconocimiento, y en toda percepción siempre es proyectada una percepción anterior: se trata de un acto no neutral, que da lugar al concepto de transferencia. Ahora bien, en el envejecimiento, al debilitarse el poder enunciativo, el sucesor, convertido ya en un adulto poderoso que escatima la escucha, puede ser reconocido por el anciano como aquel asesino potencial que él mismo fue en su infancia.

Como punto de partida de este modelo transicional, nos habremos de referir a la contradicción entre el carácter pulsional de la transmisión activa, y los obstáculos que inhiben su descarga. La hipótesis nos habla del adulto mayor como un relator fundamental, que desea sostener una fantasía de perduración en la memoria del grupo. En este sentido los objetos humanos siempre tienen historia, y a veces se trata a cualquier costo de darles un destino; sabemos que la narración, la docencia, la transmisión de un recuerdo, testar la fortuna, son actos de sentido legatario pleno.

El pasaje de información tiene su meta en educar, identificar y formar a los miembros nuevos de la especie, produciendo los linajes familiares, grupales y religiosos que reproducen rasgos culturales, y permiten fantasear con una sobrevida en el recuerdo. La transmisión se potencia con los años, coincidiendo con la claudicación de otras destrezas, y sabemos que en épocas de una expectativa corta de vida los sobrevivientes viejos eran pocos, y ocupaban su lugar de modelo como monumentos vivos idealizados. En la pascua, por ejemplo, el antiguo ritual los mostraba respondiendo a las preguntas de los niños, pero con el envejecimiento poblacional actual estas costumbres se están modificando. Los relatos se diluyen mientras son más largos los años de vejez, con edades no previstas, duelos dolorosos, y soledad manifiesta.

Las medidas terapéuticas propuestas para los sentimientos de tristeza, vacío, soledad y abandono de los adultos mayores, tienden cada vez más a la oferta de psicofármacos, con el agregado de psicoterapias cognitivas, grupos de autobiografía, relato y encuentro social, aprendizajes de idiomas y artesanías, autoayuda, y pertenencias varias a ONG. Desde el psicoanálisis, sabemos que el análisis de adultos mayores era considerado poco viable por Freud. Pero hoy es como una vieja deuda, que los desarrollos teóricos de la disciplina y la longevidad activa hacen posible saldar.

Veamos. La concepción de la proyección de las antiguas fantasías de parricidio, se origina en la clínica, a partir del notable incremento de la consulta de adultos mayores desde la segunda mitad del siglo XX. La prolongación de las expectativas de vida generó un cambio de postura radical acerca de los grupos etáreos que podían acceder al psicoanálisis; en poco tiempo la psicopatología del envejecimiento involucró también a los familiares, y ha sido motor para investigaciones psicoanalíticas acerca del envejecimiento humano, su subjetividad, y su lugar y función en sus grupos de pertenencia. Además, siguiendo la analogía con los genes, los legados culturales tienen también formas recesivas que emergen de vez en cuando,

derivando a lo transgeneracional viejos secretos familiares.

Desde lo social, el envejecimiento demográfico señala
una tendencia a la confrontación etárea, con los abuelos
clásicos ocupando demasiado lugar y los sistemas de pen-
sión en crisis. Las expectativas actuales de larga supervivencia produjeron cambios estructurales, con personas
mayores que ocupan lugares que los jóvenes necesitan. Y
otras veces los mayores claudican, sufriendo crisis desi-
dentificatorias cuando su empuje a la creatividad y el trabajo todavía podría ser eficaz.

Agregamos las denuncias de Bauman y Virilio que de-
nuncian la aceleración exponencial de los flujos de saberes y de las técnicas de producción, que se convierten en
obsoletos en un tiempo muy breve. El primero incorporó
la categoría de residuo social, en la que caben los elementos más viejos del sistema, prescindibles, junto a los
desocupados y los refugiados superfluos de todo el mundo. El segundo señaló al motor como un concepto central
para la filosofía: durante milenios la velocidad máxima
fue la del caballo, pero en doscientos años aparecieron el
vapor, los aviones, los cohetes.

El escenario de la larga vida es una agricultura despo-
blada por las máquinas, y una industria robotizada, con
millones de personas vendiendo servicios en cordones ur-
banos de mala calidad. Se agregan el hacinamiento, los
"no lugares", y sobre todo la aceleración.

Con el vértigo se diluyen identificaciones, se producen
rupturas del eslabonamiento y superposiciones en sola-
pa, reflotando el fantasma de la castración, y el parricidio
hace su retorno, ahora proyectado en la nueva generación.
El fracaso de la delegación, o su agotamiento, dan lugar
a procesos regresivos, con desubjetivación, protagonismo
somático y trastornos de la vida sexual. La hipótesis económica remite a una descarga pulsional fallida, que produce efectos traumáticos en quien envejece sin transmitir

su legado, con el estancamiento pulsional empujando al autoerotismo, a la toxicidad, a la proyección numérica, o a procedimientos autocalmantes de descarga redundante. (Maldavsky D., 1992)

La angustia de castración se manifiesta entonces como temor a quedar fuera de la memoria del grupo y ausente de los mitos. Borrado del libro, como dice un viejo aforismo. En cambio, el equilibrio de la vejez se relaciona con la posibilidad de aceptar los duelos y los límites de la transmisión, meta difícil por la larga duración actual de la vida y por la aceleración general.

Es importante diferenciar aquellos aspectos de la psicopatología que responden a viejas caracteropatías, de aquellos otros que emergen como neurosis actual. En este punto le cabe al analista trabajar sobre las defensas patógenas. Renunciar a la inmortalidad es dejar de lado una desmentida de la muerte que se apoyó en la producción de un doble. En cambio, investir al sucesor en el nivel de un semejante, percibiendo fragmentos sutiles del propio discurso aceptado, implica un paso decisivo en sentido evolutivo. A cambio de la sana renuncia a la inmortalidad, el sujeto podrá entrever un linaje y una fantasía de futuración.

El discurso de los adultos mayores en condiciones de espontaneidad y neutralidad analítica sigue proporcionando un material genuino para la clínica. El proceso patológico, tal como fuera descrito por Freud, nos orientó en relación con los fenómenos de neurosis actual para el caso del envejecimiento. La inundación de estímulos sociales excesivos, la competencia y la fragilidad económicas, la creciente robotización de dispositivos comunes de la vida cotidiana, la aceleración técnica que deja fuera del discurso grupal a los "no iniciados", crean las condiciones para una sumación traumática que atraviesa las barreras antiestímulo, y agrega angustias y agonías a lo que debería ser un fenómeno transicional eficaz. Todo cambia velozmente en la urbe, en una etapa de la vejez actual que tiene todavía años de supervivencia por delante.

El trabajo de Winnicott, ya enunció una transicionalidad presente en distintas etapas de la vida. Por eso intuimos algo en común entre el objeto del bebé y el jueguito de té de la abuela, que ésta limpia con esmero fantaseando una escena y pensando a quién se lo va a dejar.

Rene Kaës (1996) afirma: *"...una necesidad tal (la transmisión) es el resultado de "exigencias pulsionales inconcientes", en las que prevalecen a veces las exigencias narcisistas de conservación y continuidad de la vida psíquica, a veces las del Ideal del Yo y del Superyo, más precisamente , la transmisión de las prohibiciones fundamentales (...) siempre aparece la necesidad de transferir-transmitir en otro aparato psíquico..."* (pag.20)

Pierre Legendre (1985) dice: *"el fondo mismo de la transmisión en la humanidad, puesto en evidencia por las culturas más diversamente estilizadas es el acto de transmitir......una transmisión no se funda en un contenido, sino ante todo en el acto de transmitir."*

Según Piera Aulagnier (1975), para esta autora existe un contrato que regula la trama sociocultural, y dice: *"El sujeto puede representarse así este tiempo venidero, en el que sabe que ya no tendrá cabida, como continuación de si mismo y de su obra, gracias a la ilusión de que una nueva voz volverá a dar vida a la mismidad de su propio discurso, que de esta manera podría escapar al irreversible veredicto del tiempo."*

Para David Liberman (1970) las funciones del yo y los sentidos de realidad evolucionan en el curso del ciclo vital, en 1982 dice: *"entonces la escala de valores está centrada en tomar contacto como transmisor de información histórica"*. (Liberman D. y Labos E., pág. 218).

José Bleger (1967, 1969) postuló un conjunto yo-no yo, que puede discriminarse en el anciano. En la investidura de un objeto sucesor se reconocerían distintas corrientes:

1) En una indiscriminación padre hijo, el sucesor será sostén de un aspecto no-yo.

2) Cuando la persona es sostén de una institución que a su vez es soporte de sus identificaciones, requiere un sucesor para una continuidad institucional.

3) Cuando la persona es sostén de un sistema de saberes, fuerza su sucesión mediante la discipulación.

El mismo autor estudió el efecto Zeigarnik, de tarea no terminada, que en la clínica de adultos mayores se presenta como balance de la vida y crisis existencial.

Erikson (1973/2000) decía: *" El hombre en la vejez se encuentra con una crisis identificatoria que se puede reformular como "soy lo que sobrevive de mí"*.(pág. 113)

Walter Benjamin (1936) señala que la narración es el instrumento humano por excelencia para la transmisión, dando lugar a posiciones de prestigio social y familiar para los relatores, *"especialmente las escasas personas mayores, protagonistas y testigos vivenciales de sucesos más o menos importantes, o simplemente sobrevivientes y guardianes de extensas experiencias de vida".*

Enrique Pichón Rivière a veces invitaba a sus pacientes mayores a traer a la sesión "objetos que siempre estuvieron en su casa o que se llevaron de mudanza en mudanza". En general, el adulto mayor nos habla de ser un sujeto histórico para otro, más joven, ante quien juega su ingreso a un registro de perdurabilidad. En cada sujeto se representan espacios intersubjetivos en los que circulan tradiciones, ideales, prohibiciones, enunciados identificatorios, proyectos. Con mucha frecuencia se invisten también objetos llamados "recuerdos", portadores emblemáticos de alguna historia. A veces se reconoce la transmisión en gestos de los sucesores, o en la vocación, el talento, o los gustos que dan cuenta de la filiación. En esta hipótesis, la serenidad posible de esta transicionalidad se relaciona con la aceptación de los duelos y el procesamiento posible de la transmisión.

David Maldavsky (1991) llamó "Pensar Apocalíptico" a una posición existencial que acompaña a estados depresivos en condiciones de catástrofe comunitaria, cuando un grupo supone una imposibilidad de transmisión. El grupo, sobre todo si cuenta con algunos privilegios, suele referirse a los cambios como expresión de una "descomposición social" cuando intuye un riesgo de extinción de su cultura.

Por nuestra parte, hemos trabajado sobre expresiones clínicas de este mecanismo en la Pandemia de Covid, y planteamos los riesgos de un estancamiento tóxico de la pulsión de conservación de la especie. Este fenómeno agrega un plus -desmentida de la realidad- para explicar la tendencia a buscar líderes mesiánicos, como ocurrió tras la Primera Guerra Mundial y la Pandemia de Gripe Española, sucesos que preludiaron el "Apocalipsis Nazi" al decir de Mortimer Ostow.(1985)

Volviendo a Freud, en 1914, en "Introducción del narcisismo", es cuando hace referencia a la teoría biológica de August Weisman, *"....el sujeto es el portador mortal de una sustancia- quizás- inmortal, como un mayorazgo no es sino el derecho habiente temporario de una institución que lo sobrevive". Este biólogo es hoy reconocido como uno de los padres de la genética, porque en su su hipótesis las células germinales de los animales contenían "algo esencial para las especies, algo inmortal que debe ser cuidadosamente preservado y pasado de una generación a otra". (Sin saberlo hablaba del ADN). Y dijo en 1920: ´A este investigador se debe la diferenciación de la sustancia viva en una mitad mortal y otra inmortal. "Lo que nos cautiva aquí es la inesperada analogía con nuestra concepción, desarrollada por caminos tan diferentes".*

La pulsión de conservación de la especie, se manifiesta de dos maneras, como el deseo sexual que culmina en la reproducción biológica, y el deseo de transmitir la cultura. Brindó a Freud una trascendencia no religiosa del sujeto.El relato, en todas sus formas, es condición necesaria para completar la insuficiencia de la transmisión biológica, por eso en la infancia la teoría de la erogeneidad está vinculada con la constitución del sujeto, pero más tarde se organiza en función de la historificación y el legado. Así la eficacia de la transmisión está en relación directa con la supervivencia de todos los grupos humanos, y la responsabilidad por conservar la cultura constituye una exigencia de trabajo para Eros, apuntalada en este impulso que tiene por meta designar el sucesor.

El impulso a historiar se constituye evolutivamente, a partir de una psique que en sus momentos iniciales fue receptividad y aprendizaje. Deja lugar también a una especulación darwiniana: Para la supervivencia del más apto, es más útil el acrecentamiento de destrezas por transmisión que intentar su invención en cada generación. La selección natural está totalmente comprometida con la evolución cultural acumulativa.

Aunque la ancianidad no es la etapa de mayor relevancia en la transmisión generacional, nuestra clínica señala esta edad como el escenario de una escena de decepción: en efecto, con la prolongación actual de la vida se produce por un lado una tendencia a una transmisión redundante y estereotipada, por insistencia pulsional, y por otro, una renuncia a la escucha, lo que introduce la confrontación. La angustia de castración toma así una nueva forma, como proyección de la fantasía parricida, con objetos investidos que reniegan de la sucesión.

Si prestamos atención a las proposiciones conceptuales en este párrafo paradigmático de "Introducción del narcisismo", es difícil explicar por qué se omite la metáfora del mayorazgo en algunas traducciones del texto de Freud. En 1920 Freud aplicó el concepto pulsional a la reproducción en los distintos órdenes de la naturaleza viva, obligada a utilizar complicados intercambios de energía para contrarrestar el principio de inercia. Hoy sabemos que este esfuerzo produce un estrés oxidativo que en todos los seres vivos da lugar a un proceso de envejecimiento y muerte. Así, para preservar cualquier especie es imprescindible la renovación de sus ejemplares, lo que exige hacer réplicas nuevas, conservando una memoria de las estructuras y los mecanismos fisiológicos. Siguiendo sus argumentaciones, en algún momento evolucionaron hasta un complejo estado multicelular, resolviendo la supervivencia con soluciones asombrosas. En la naturaleza, también, de pronto surge una variedad nueva, como las cepas de virus, pero hoy sabemos que solo resulta eficaz si replica su variante.

Richard Dawkins,(1976), señaló que la evolución debe proteger un sistema replicatorio. Así creó una metáfora de genes de transmisión cultural y los denominó "memes", que ingresan a la circulación cultural, modifican el entorno, se replican y se propagan para encontrar un anfitrión y convertirlo en un replicador eficaz. Su evolución está sujeta a las mismas condiciones que las de los genes: fecundidad, longevidad y fidelidad en la replicación. Pueden ser melodías, conceptos científicos, obras de arte, creencias, chistes o rumores. Y todos los ejemplos obligan a darle un primerísimo lugar a la capacidad de narrar: si las unidades culturales son realmente replicadoras, se comportarán de manera egoísta, es decir, procurarán su supervivencia, al igual que los genes, con toda la fortaleza posible.

El filósofo Dan Dennett (1995) decía que la especie hablante se caracteriza por estar al servicio del meme. Freud en 1914 decía casi lo mismo: comenzó hablando del plasma germinal, pero como ejemplo dió el mayorazgo. Solo agregaba que el replicador obtenía un premio de placer.

Es probable que estas ideas complejicen el problema del envejecimiento, precisando más sus diferencias al compararlo con otros ciclos de la vida. En la evolución psicosexual, las etapas se realizan paso a paso, preparando la gran eclosión que sigue a la latencia. En la juventud, el deseo impulsa comportamientos de cortejo que tienden a la selección de pareja, para la colaboración mutua de sus células sexuales y la construcción de filiaciones compartidas. En cambio, en los amores de otoño se pueden compartir la cama y muchas otras cosas, pero casi nunca los recuerdos familiares ni el patrimonio, que son el registro del paso de cada uno por la vida, y se han construido como identificaciones específicas de transporte, y son los memes reservados para los sucesores investidos así ,como verdaderos ayudantes del modelo identificatorio.

Desde la economía, varios investigadores han señalado las herencias como el principal dispositivo de concentración de capital. Pero denunciaron que los adultos mayores tienden a disminuir su consumo para consolidar su fortuna antes de morir. Cuando los sucesores ya no escuchan los relatos, la tendencia es solucionar la paradoja por fuera de la transmisión cultural afectivizada. Y se realiza transfiriendo valor monetario. No sobreabunda decir que la herencia de capital es una solución desubjetivante, y que se basa en la devaluación cultural. Por eso se dice "que los jóvenes venden las joyas de la abuela".

Alfred Marshall (1949, pp. 227-228) sostuvo que: el afecto familiar es el principal motivo para el ahorro, y Taussig (1920, p. 509) llamó a la herencia la gran máquina para mantener el capital. Un teorema de Bernheim dice que en un número n" de transferencias generacionales, si el altruismo fuera superior al egoísmo, la economía de mercado entraría en colapso. (Citados por Alex Tabarrok)

Conclusiones

Cabe suponer que la reactivación de las fantasías parricidas aparecerá en algún momento, y allí será útil contar con recursos teóricos para afrontar la furia de aquel que cree en el deseo de su muerte. Nuestra propuesta clínica es considerar el impulso a la transmisión, y prestar atención al efecto de tarea inconclusa. La interpretación deberá señalar las semblanzas de lo realizado, y las posiciones psíquicas de modelo y de maestro. Deberá puntualizar el balance de cuántos enunciados han sido escuchados, a pesar de todas las prisas, para que el anciano pueda reconocer su continuidad en los sucesores. Renunciar a la inmortalidad será aceptar, por fin, la castración, dejando de lado la producción de un "doble"; en cambio con el tratamiento podrá aceptar al sucesor como un "semejante". A cambio de su renuncia a lo imposible, el adulto mayor podrá percibir respeto y amor, valores que ha sembrado y que algún día enmarcarán su recuerdo.

Bibliografía

Aulagnier, P. (1975) *La violencia de la interpretación*. Amorrortu Editores, Buenos Aires.

Baranger W.; Zak de Goldstein R.; Goldstein N. (1989) Acerca de la desidentificación. *Revista de psicoanalisis* APA.

Bauman, Z. (2000) *Modernidad líquida*. Fondo de Cultura Económica Argentina.

Benjamín, Walter. (1936) *El narrador*. Ediciones Metales Pesados, S.Chile. [2008]

Bernheim, B. D. y Whinston, M. D. (1986) Menu Auctions, Resource Allocation, and Economic Influence. Quarterly Journal of Economics, 101 (1): 1-31

Bleger, J. (1969) *Psicología de la conducta*. C.E.A.L., Buenos Aires.

Bodni,O. (1999) Angustia de castración generacional y sentimiento de intrascendencia. *R Psicoanálisis*, APA, Tomo LVI,3

Bodni, O. (2014) *La delegación del poder en el envejecimiento humano*. Buenos Aires. Psicolibro, A.Paidos, 2014.

Bodni,O. (2020) "Pandemia Y Pensar Apocalíptico", en *"A Partir de Freud"*, compilación, Ricardo Vergara Ediciones.2020.

Dawkins, R. (1976) *The Selfish Gene*. Oxford University Press, Oxford. (hay traducción)

Dennet, D. (1996) Darwin's Dangerous Idea: Evolution and the Meanings of Life (Simon & Schuster; reprint edition).

Erikson, E. (1974) *El ciclo vital completado*. Ed. Paidós Ibérica, Barcelona,

Freud, S. (1914c) *Introducción al Narcisismo*. XIV, Amorrortu Editores, Buenos Aires.

Freud, S. (1920) *Mas allá del principio del placer*. XVIII,Amorrortu Editores, Buenos Aires.

Freud S., (1925) *Algunas consecuencias de la diferencia sexual anatómica*. XVIII Amorrortu Editores, Buenos Aires.

Kaës, R. (1996) El sujeto de la herencia en Transmisión de la vida psíquica entre generaciones.

Kantorowicz E. (1958) *Los dos cuerpos del Rey (Estudios sobre la realeza medioeval)*. Editorial S. Compostela.Amorrortu Editores, Buenos Aires

Legendre, P. (1985) *L'inestimable objet de la transmission*. Fayard, Paris.

Liberman,D. (1982) *Del cuerpo al símbolo: sobreadaptación y enfermedad psicosomática*. Editorial Kargieman, Buenos Aires.

Liberman D. y Labos E. (1982) *Fantasía inconsciente, vínculo y estados psicóticos*. Editorial Kargieman, Buenos Aires.

Maldavsky D., (1992) *"Teoría y Clínica de los Procesos Tóxicos"* Nva. Visión. Bs. As. 1991

Maldavsky D.: (1991) *Procesos y Estructuras Vinculares.* Ed. Nva. Visión, Bs.As. 1991.

Miller, A. (1991) *La muerte de un viajante.* Editorial Losada, Buenos Aires.

Ostow, M. (1985) "Psicodinámica de lo Apocalíptico", *Revista de Psicoanálisis,* XLII,4

Pichon Riviere E.: "comunicación personal".

Rozitchner, E. (2012) *La vejez no pensada: clínica y teoría psicoanalítica.* Psicolibro Ediciones, Buenoa Aires.

Salvarezza, L. (1995) *Pasado y presente de la gerontología. Un desafío para el futuro en El fantasma de la vejez.* Tekné, Buenos Aires

Tabarrok A. Impuestos a la herencia: Teoría, historia y ética. *Revista Libertas,* Nos. 31 y 33, (Octubre 2000), Instituto Universitario ESEADE, www.eseade.edu.ar

Virilio, P. (1993) L´art du moteur. Éditions Galilée, París. [Hay traducción en castellano: *El arte del motor,* Ediciones Manantial, Buenos Aires, 1996]

Virilio, P. *La velocidad de liberación,* Ediciones Manantial, Buenos Aires, 1997]

Weisman, A. (1893) *The germ-plasm, a theory of heredity.* Londres.

Winnicott, D.: (1966) *Realidad y Juego..* Ed. Gedisa,

Dr. Osvaldo J. Bodni

Médico Psiquiatra U.B.A ; Miembro Titular F. Didáctica APA, IPA, Fepal.
Ex Profesor Titular de Psicopatología y Cjal. Académico UB
Ex Director de la Carrera de Psicología UHABI
Ex Coordinador y actual asesor Departamento Adultos Mayores Dr. Rolla,
Coordinador Capítulo "Envejecimiento Humano"
Coordinador Grupo de Autor "David Maldavsky"
Autor "La Psicopatología", Ed. Cathedra, 1991; "Psicopatología General", Ed. Psicoteca, 1995,
"La Delegación del Poder en el Envejecimiento Humano", Psicolibro Paidos, 2013.
Premio Argentino Liniado 1997; Premio Fepal 2012
E-mail: bodniosvaldojacobo@gmail.com
www.psicoanalisis.com.ar (/ ciencias de la subjetividad)

Obras Incompletas

María Angélica Pacheco
Cecilia Moia

Clásica y Moderna

"Un clásico no es solo un texto que tiene algo nuevo que decir en cada época; un clásico es un texto del cual cada nueva época debe decir algo nuevo si quiere conformarse como tal."[1]

En la Ciudad de Buenos Aires hubo una librería que se llamó "Clásica y Moderna". Nos referimos a ella en pasado porque cerró sus puertas hace unos años. Su ausencia no significa que no la sigamos recordando o que sus marcas no nos hicieran evocar lo que en un tiempo pasado fue. Cuna de escritores, lectores y cantantes. "Clásica y moderna¨, una de las primeras librerías en donde se instaló ese hábito tan porteño de "tomar un cafecito". Lugar de cita, de encuentro y de diálogo de distintos pensadores que supieron dejar una marca duradera en el recuerdo de las postales porteñas.

Nos entusiasmó tomar este recuerdo porque pensamos que lo clásico de ella deja una marca en el presente. Esas huellas que al modo freudiano del block maravilloso se inscriben haciendo signo volviendo una y otra vez a nuestra conciencia.

---

1   (Gamerro, C. *Estudio preliminar.* Interzona. 2015, p. 9)

Nos servimos de esta metáfora para poder ir bordeando la idea de lo clásico instalándose en lo nuevo, la dimensión de una temporalidad diferente.

Es muy frecuente asociar lo "clásico" con aquello que sucedió en un tiempo pasado. Hablamos de los clásicos de la literatura, de la música, de la moda.

Una definición sobre los clásicos en relación a los libros nombra a los que han existido a lo largo de décadas o siglos causando un impacto en las generaciones de lectores, ya que su lectura promueve igual entusiasmo o interés que en aquel tiempo en el que fueron escritos.

Borges en el ensayo "Sobre los clásicos" dice: "Es un libro que las generaciones de los hombres, urgidas por diversas razones, leen con previo fervor y con una misteriosa lealtad". (Borges, 2010)

Fervor, lealtad, lo novedoso, lo inesperado, lo inmortal, impactan en el tiempo como expresiones que reúnen estos pensadores.

Calvino, en su libro "Por qué leer a los clásicos" dice que un clásico puede contener incalculables interpretaciones. Son libros que cuanto uno más cree saberlos por haberlos escuchado o leídos, en su relectura, más nuevos o inesperados se vuelven, adquiriendo la condición de inmortalidad.

¿Qué evocan los clásicos? ¿Un sin tiempo? o ¿Esa lógica temporal que va a contramano del tiempo occidental en donde hay una comunión entre un pasado, un presente y un futuro?

Hablar de un clásico ¿es hablar de un modelo, como ejemplo a seguir, de un molde que funciona como ideal de aquello sobre lo cual debiera escribirse o decirse? Ideal que, como sabemos, es inalcanzable. Ideal que cuanto más exige menos se alcanza.

En alusión al epígrafe de Gamerro con el que iniciamos este escrito, nos preguntamos, Freud ¿sería un clásico? y en tal caso ¿qué haríamos con ello?

Creemos que su relectura nos revela que aún en su condición de "Freud clásico" nos habilita a analizarlo, pensarlo y escribirlo como si fuera una novedad.

Si tomamos la apuesta de pensar en un Freud clásico y no clasificado, coincidimos con que la "tradición en la que se inscribe su pensamiento funda un sujeto que cuando habla y escribe dice mucho más de lo que cree decir." (Dujovne, Pacheco Simposium APA 2018)

Leyendo a Freud nos encontramos con un texto que condensa múltiples escrituras que establecen un diálogo entre ellas y quien recoge toda esa diversidad de lecturas no es el autor sino el lector. En consonancia con Barthes: "Sabemos que para devolverle su porvenir a la escritura hay que darle la vuelta al mito: el nacimiento del lector se paga con la muerte del Autor." (Barthes, p.5)

¿Qué es un autor? Coincidimos con Foucault en tanto es aquél que produce discursividad. Freud tuvo la originalidad de generar discurso más allá de la autoría de sus libros, provocando la creación de otros textos dando lugar a una "posibilidad indefinida de discurso" (Foucault, 2010), haciendo que el psicoanálisis fuera otra cosa que un capítulo general de la psicología.

Entonces, a 82 años después de la muerte de Freud, no somos ajenos a que sus obras completas, generadoras de discurso nos permiten deslizarnos hacia las múltiples lecturas que podemos hacer de ellas. Nos animamos a nominarlas *obras incompletas*, reanudando un diálogo con el fundador del psicoanálisis.

Proponemos que la obra es incompleta por estructura. ¿Qué queremos decir con ello? El psicoanálisis habla de una falta estructural por ser seres hablantes. El lenguaje tiene ese tinte de nunca terminar lo que tiene para decir. En Freud, descubrimos algo nuevo en cada lectura. Ser lectores de Freud nos posiciona en relación a ese lugar activo que "mata al autor". Al tiempo que escribimos, quedamos ubicados como autores y, en ese ciclo, nuestra obra se va borrando en beneficio de las propias formas del discurso psicoanalítico. Cuando el lector se transforma en autor deja sentadas las bases para lo novedoso en otro, en aquél que lee. El lector es el centro. Saber leer, he ahí la clave auténtica.

Nos servimos de Freud para poder ir más allá de él y generar en sus obras completas una hiancia que haga honor a su legado. Los efectos que produce la letra freudiana son contingentes en cada sujeto porque no podemos calcular cuando irrumpirá y desencadenará una configuración inédita. *Obras incompletas*, que más que a decirlo todo, son clásicos que invitan a descubrir lo imposible por decir.

De herencias y legados

"Lo que de tus padres has heredado, adquiérelo para que sea tuyo" [2]
"ir más allá del padre a condición de servirse de él" [3].

Durante los inicios, era psicoanalista quien practicara el psicoanálisis y fuese reconocido como tal por el propio Freud.

Desde las primeras reuniones en la casa del mismo Freud, denominada la "Sociedad psicológica de los miércoles" pasando por la fundación de la "Sociedad Psicoanalítica de Viena", en 1908, con tan solo veintidós miembros, hasta la constitución formal en 1910 de la IPA, se denota claramente en este derrotero el afán de Freud de mantener viva la causa del psicoanálisis.

En "Contribución a la historia del movimiento psicoanalítico" expresa: *"(...) creo que **hice todo para poner al alcance de los otros lo que sabía y había averiguado por mi experiencia"***(las negritas son nuestras) (Freud, 1986). Fue así que preocupado por el futuro de la disci-

---

[2]   Freud. S, Tótem y Tabú (1912), *Obras Completas*, Tomo XIII, AE, Bs As, p. 159.

[3]   Lacan. J, *Seminario 23*, *"Joyce el síntoma"*, clase del 13/4/76.

plina que había fundado, trató de mantener la vigencia del psicoanálisis, delegando su herencia en algunos de sus discípulos y en determinados criterios prácticos, que dominaron los primeros años de la IPA.

Sin embargo, ello no impidió que este esfuerzo resulte, en parte, insuficiente en muchos de sus primeros discípulos, pues en 1914[4] y al fervor de las recientes escisiones de Adler y Jung, Freud no duda en afirmar que *"todavía hoy, cuando hace mucho he dejado de ser el único psicoanalista, **nadie puede saber mejor que yo lo que el psicoanálisis es**, en qué se distingue de otros modos de explorar la vida anímica, y qué debe correr bajo su nombre y qué sería mejor llamar de otra manera."* (Las negritas son nuestras) (ibíd. p. 7) Esta es una clara respuesta a ambos discípulos quienes habrían intentado "discutirle" la propiedad de la denominación "psicoanálisis" y la naturaleza de lo que debía entenderse por tal, discusión, que por cierto aún escuchamos en nuestras instituciones al grito de: "eso no es psicoanálisis". Vislumbramos que desde sus orígenes, se trata más bien de la corroboración de los problemas, en general, ligados a quién o a quienes se consideren herederos del psicoanálisis y su transmisión con las consecuentes dificultades que dichos planteos conllevan. En este sentido destacamos que se evidencian por lo menos dos dificultades: La primera, radica en la falta de *una armonía amistosa* entre aquellos empeñados en esa difícil tarea. La segunda dificultad la constituyeron ***"las disputas por la prioridad** a que las condiciones del trabajo en común daban sobrada ocasión"* (las negritas son nuestras) (ibíd. p. 24) Freud dice que las "disputas por la prioridad" habrían sido favorecidas, en parte, porque no se atrevió a *"exponer una técnica todavía **inacabada** y una teoría*

---

4 Freud escribe en 1914 "Contribución a la historia del movimiento psicoanalítico", donde relata las circunstancias que lo llevaron a la invención del psicoanálisis cómo sorteó los obstáculos que dificultaban su difusión en Europa

*en continua formación con la **autoridad** que probablemente habría ahorrado a los demás muchos extravíos y aun desviaciones definitivas"* (las negritas son nuestras) (ibíd. p, 25)

¿En qué sentido habría que entender la idea de "autoridad"?

La señal que nos desliza Freud no está dada tan sólo en las particularidades subjetivas que denotasen firmeza y autoridad sino que consideramos que el acento está puesto en el carácter "inacabado" de la técnica y la "continua formación" de la teoría. Cabe afirmar que la cuestión de la "autoridad" es por lo tanto estructural pues su déficit, responde al carácter "abierto" de la propia transmisión. Todo esto "se hubiese resuelto" si Freud hubiera proclamado un "Saber" para todos igual en una teoría completa y con una técnica específica y cerrada.

Nos permitimos leer en Freud en un movimiento dado por una temporalidad lógica del autor, considerar que lo que escribe en 1914 da cuenta por efecto de retroacción y/o anticipación[5] de un Freud que "ya sabía" de qué se trataba el problema de la transmisión en psicoanálisis. Pues cuando en 1908, en aquel primer congreso en Salzburgo al que hicimos mención, es allí, ante una gran audiencia de interesados por el psicoanálisis, donde tenía la oportunidad de dar a conocer su teoría y su práctica y abrir con una exposición minuciosa de las mismas, en su lugar presenta un caso clínico: el hombre de las ratas. Presentación que le toma casi ocho horas, sumado a que resulta ser un caso que conllevaba algunas contradicciones de muchos de los desarrollos teóricos previos.

---

[5]   Lacan habla de tiempo lógico, tiempo de retroacción, tiempo de anticipación. El abordaje innovador del tiempo se caracterizó, por dos elementos: el concepto de *tiempo lógico,* y el énfasis en la *retroacción* y la *anticipación.* El primero, es "el tiempo intersubjetivo que estructura la acción humana". La *retroacción (la Nachcraglichkeit* freudiana, en francés como a*près coup* y en inglés como *deferred action)* es el modo en que los acontecimientos presentes afectan a posteriori los pasados, ya que el pasado, sólo existe en la psique como un conjunto de recuerdos, que son constantemente reinterpretados a la luz de las experiencias presentes.

La enseñanza de Freud, no es la enseñanza de una teoría o una técnica, sino la enseñanza de los casos. Sobre esto volveremos luego.

En consecuencia, el "fracaso" en la transmisión, que Freud asocia a lo "inacabado", lo incompleto de su técnica o a la "continua formación" de la teoría, remite al hecho de que en psicoanálisis, no hay posibilidad de una transmisión total de un saber que daría cuenta de una operatividad sin resto sobre un determinado objeto.

Herederos de un cambio

*G. S. Viereck: ¿No significa
nada el hecho de que su nombre va a perdurar?*

*S. Freud: Absolutamente nada, es lo mismo que perdure o que nada
sea cierto. Estoy más bien preocupado por el destino de mis hijos.
Espero que sus vidas no sean difíciles. No puedo ayudarlos mucho.
La guerra prácticamente liquidó mis posesiones, lo que había adqui-
rido durante mi vida. Pero me puedo dar por satisfecho.
El trabajo es mi fortuna.*

*(Estábamos subiendo y descendiendo una pequeña elevación de
tierra en el jardín de su casa. Freud acarició tiernamente un arbusto
que florecía).*

*S. Freud: Estoy mucho más interesado en este capullo de lo que me
pueda acontecer después de estar muerto.*[6]

¿Cómo se posibilita la transmisión? ¿Cuándo o cómo se es heredero de un saber y aún tratándose de una profesión imposible?

Lacan en relación a la herencia de Freud dice: *"Del cual nosotros los herederos de Freud somos responsables"* (Lacan, 1988, p.220)

No resulta lo mismo haber sido un contemporáneo de Freud en sus comienzos a ser hoy su contemporáneo. En este interjuego de temporalidades nos preguntamos ¿qué acontecía con aquellos herederos contemporáneos a

---

[6]   https://revistainterrogant.org/sigmund-freud-valor-la-vida/

Freud en sus orígenes? Tal vez una mirada sobre uno de los hijos dilectos ilumine alguna de estas cuestiones.

Nos referiremos a Sándor Ferenczi ((1873-1933), discípulo leal desde los inicios e hijo elegido entre otros. Con el tiempo, la relación devino en un controvertido alejamiento, ocasionando una profunda desilusión en ambos. Tomaremos una frase de la relación epistolar que mantuvieron con Freud, en la que el analista húngaro, afectado por una enfermedad en la sangre que lo llevó hasta su muerte, le hace saber al maestro su deseo de alejarse de sus ideas y la contradicción que esto le supone: *"¿vivir siempre la vida (la voluntad) de otra persona, tiene algún valor - una vida así no es ya casi la muerte? ¿Pierdo demasiado si arriesgo esta vida? ¿Chi lo sa?"* S. Ferenczi (1932, p.12)

En esta frase también se vislumbra su autoritarismo, dado el gran temor que despertaba entre sus discípulos la posibilidad de disentir con él. Casi una dimensión del ser o no ser.

"Ir más allá del padre" resulta ser una frase plagada de sentido cuando de Ferenczi se trata, su participación activa y constante en los inicios del psicoanálisis, sus ideas, su técnica, fueron en muchas ocasiones a contrapelo y promotoras de tensiones. Nos preguntamos si pudo sostener ese más allá o tal vez no resultaba nada fácil ser contemporáneo de un padre y más aún cuando ese padre sostenía: ***nadie puede saber mejor que yo lo que el psicoanálisis es*** *¿Chi lo sa?*, seguiría preguntándose Sándor.

Aunque su testimonio algo revela cuando dice: *"¿Tengo aquí la elección entre morir y "reacomodarme" ["recrearme"] -y esto a la edad de 59 años? ¿Y así como ahora debo reconstituir nuevos glóbulos rojos, debo (si puedo) crearme una nueva base de personalidad y abandonar como falsa y poco confiable la que tenía hasta ahora? Parece subsistir cierta fuerza en mi organización psi-*

cológica de manera que en lugar de caer enfermo psíquicamente, sólo puedo destruirme –o ser destruido- en las profundidades orgánicas". (Ferenczi 1932, p.12) Falleció, efectivamente, a los 59 años.

Este recorte nos sirve para pensarnos a nosotros también como contemporáneos de Freud, herederos de un clásico.

Generar un hijo, ir más allá del padre, matar al autor ¿Serán los modos de situarnos ante el legado freudiano? ¿Cuál será la forma de responsabilizarnos de su herencia?

Podemos pensar la diferencia que hay entre legado y herencia. De ambas cuestiones destacamos, su condición de adquisición y aceptación. No se trata de una herencia de hecho, si no es de un legado, algo que se adquiere. Lo que implica que hay una cierta asunción del legatario, en otras palabras una responsabilidad, un apropiarse de ello. Pensamos que la frase que nos acerca Goethe en el Fausto se direcciona en esta línea pues ninguna herencia es automática, inmediata ni lineal. Exige trabajo.

En esa asunción cada quien, hará su propio recorrido, su propia lectura, tomando de su obra lo no dicho, lo que sugiere, lo que se lee entrelíneas, algo así como un tesoro escondido que promueve una búsqueda propia. Sin que se nos vaya la vida en ello como le sucedió a Ferenczi.

Aunque también es cierto que de la experiencia del análisis no se sale intacto, pues somos tocados, interpelados más allá de lo que fuimos a buscar. Hay una lógica en la transmisión que se da entre dos posiciones, entre lo que nos fue transmitido y lo que fantasmáticamente hicimos con esa transmisión.

Se trata de un efecto de transmisión, pues no es necesario entenderlo o comprenderlo todo, porque siempre estaremos en ese borde de lo inacabado, de lo incompleto. Es una invitación a la experiencia de las *obras incompletas* de Freud para que toda vez, cada vez los psicoanalistas encontremos nuevas lecturas a las ya consagradas en las tradiciones de las escuelas y los editores; lecturas que interpelen el supuesto "canon" freudiano mediante el adjetivo tranquilizador de la completud.

Siempre nos resta o mejor, nos suma, disfrutar de la riqueza que representa la herencia de los clásicos, donde hay mucho que sigue siendo vivo y palpitante. Un campo del saber que no es solo tradición, sino también aventura e innovación.

Tomaremos tan sólo dos ideas, senderos de los muchos que su obra nos ha causado y que desde nuestra perspectiva continúan abiertos, vigentes por ello y solo al modo de pinceladas, intentaremos dejar un trazo para que cada quien haga lo propio.

Pinceladas

"(...) El psicoanálisis vuelve a la vida más simple. Adquirimos una nueva síntesis después del análisis. El psicoanálisis reordena el enmarañado de impulsos dispersos, procura enrollarlos en torno a su carretel. O, modificando la metáfora, el psicoanálisis suministra el hilo que conduce a la persona fuera del laberinto de su propio inconsciente." [7]

Uno de los textos que tomaremos es, El malestar en la cultura de 1930, con un segundo agregado en 1931, del cual Jones subraya que en dicho año se hace evidente la presencia dominante del nazismo. En principio podemos leer el texto y su legado bajo la pregnancia de ese hecho histórico, pero queremos resaltar por lo menos dos legados cruciales para nuestros tiempos y que proponemos tenerlos presentes en el horizonte de nuestra práctica con el desafío de retomarlos en esa condición de inacabado, incompleto.

El primero, surge en función de pensar a la humanidad y a la cultura en un propósito permanente de resolver

---

[7] https://revistainterrogant.org/sigmund-freud-valor-la-vida/

el malestar constante frente a la no satisfacción plena de la pulsión. Sabemos que la pulsión no se rige por un saber programado a diferencia del instinto que sabe cuál es su objeto (sed→agua). En su camino, para satisfacerse, la pulsión se dirige a objetos contingentes y erráticos, intento inútil, un imposible, que no es solo dado por sucesos externos ni por prohibición alguna, es por obstáculo interno. Insistimos que, una parte esencial del legado de este texto es dar cuenta de qué hacemos con ese imposible. En esta dirección, el texto formula que en la experiencia de la cura psicoanalítica, Freud se encontró con diversos problemas que ponían en cuestionamiento los ideales de la época. Frente a dichos ideales de superación y progreso se le contrapone la idea de un "resto pulsional" al que permanecemos fijados y que nunca se supera, nuevamente lo imposible, sobre la idea de "una compulsión de repetición", que con distintos ropajes retorna en las diferentes etapas. Y que, por más que recurramos a constructos auxiliares como las ideologías o las religiones por nombrar algunas, el programa del principio de placer, por tanto, no es realizable. El malestar en la civilización es irreductible. *"Discernir la dicha posible en ese sentido moderado es un problema de la economía libidinal del individuo. Sobre este punto no existe consejo válido para todos; cada quien tiene que ensayar por sí mismo la manera en que puede alcanzar la buenaventuranza"* (Freud. 1986 p. 83). La solución ante este imposible siempre es singular y escasa.

Consideramos como segundo legado de este texto, el lugar de las mujeres, en tanto posición femenina. Sabemos que fue a través de las mujeres que Freud tuvo noticias de la verdad inconsciente, y gracias a su afán denodado por develar el sentido del síntoma histérico, paradigma de un cuerpo hablante en busca de alguien que sepa escucharlo, Freud logró escuchar en el síntoma histérico la emergencia de esa verdad sorpresiva, que se dice a medias y que se resiste a toda definición universal. Es en la voz femenina que el psicoanálisis procura llevar a la teoría el modo en que "ello habla". Esto tuvo sus consecuencias ya que al descentrar *"el falocentrismo" se desjerarquizó la heterosexualidad como valor último de la sexualidad para pasar a ser una práctica más entre otras. Cabe agregar también que las mujeres entran en hostilidad con la exigencia del mandato superyoico de la cultura. Dice Freud que lo que el hombre "usa para fines culturales (aquí superyoico) lo sustrae en buena parte de las mujeres y de la vida sexual: la permanente convivencia con varones, su dependencia de los vínculos con ellos, llegan a enajenarlo de sus tareas de esposo y padre".* (Ibíd p.101.) Lo femenino responde en este punto a la cuestión del padre como modelo de la función, revelando a esta altura lo que formuló en el último capítulo de "Psicología de las masas y análisis del yo", respecto a que el síntoma al igual que el amor a una mujer, tiene un valor disolutivo del efecto masa, y conlleva al más alto valor en la existencia humana, pues traspasa todas las restricciones sean religiosas, políticas, de origen o de cualquier tipo de ideología.

La otra idea que proponemos retomar es la enseñanza del caso y su construcción, como señala Lacan si *"en la reconstitución completa de la historia del sujeto está el elemento esencial, constitutivo, estructural, del progreso analítico".* (Lacan, 1981, p.26) entonces lo que Freud nos lega, antes que una teoría, es un método. Un método permite delimitar la práctica como "una". Abogamos por el valor del caso único, en oposición a la sobrevaloración que la ciencia le da al fundamento estadístico, cuyo objetivo máximo exige medir la eficacia, olvidando la inconsistencia de aquello que se mide. La apuesta es la de intentar hacer surgir la estructura del caso, en su singularidad radical, que lo hace sin igual. Es fundamental que el analista esté incluido en el caso, a su manera y estilo, porque forma parte del concepto de inconsciente.

Al incluirse se muestra como en la supervisión, sin que su presentación se transforme en la supervisión del caso, pero sí que dé cuenta de su posición de analista. Freud así lo transmitió con la escritura de sus cinco casos (que no eran un registro exacto de lo sucedido en todas las sesiones) quiso demostrar la lógica del inconsciente funcionando para que el psicoanálisis fuese aceptado y para que los psicoanalistas aprendieran, como en aquél primer Congreso en Salzburgo. Proponemos proseguir con esa práctica sustentada fundamentalmente en la lógica de que cada caso sea como una herramienta para una elaboración y continuidad del psicoanálisis.

Freud es sin duda, un clásico del pensamiento del siglo veinte y de nuestro tiempo. Pero es mucho más que un clásico de bronce que lega al mundo un corpus literario. Siempre actual, siempre vivo, es un clásico que conmociona en el sentido amplio de la palabra. La receptividad a sus textos lo testimonia: son recogidos por los psicoanalistas y por el público en general como libros de actualidad, no de otro tiempo, sino como productores de discursividad.

Por eso intentamos que este escrito no se inscriba en la línea de un homenaje, pues consideramos que, a diferencia de otros clásicos, no promueve conformidad ni consenso, más aún, todavía genera controversia, no solo en sus detractores sino en aquellos que seguimos su lectura y somos atravesados por la experiencia del análisis.

Hemos partido de lo clásico y finalizando el recorrido volvimos sobre algunas de sus marcas pues consideramos un desafío ineludible actualizar el legado de una revolución y su efecto en el lenguaje, en el discurso de cada época.

La propuesta que ha dado título a este trabajo, es una invitación, una provocación para que el lector, asesino del autor, se enfrente al desafío que aún en lo "ya sabido", aún en lo "ya leído" y consagrado de todas sus obras, logre conmoverse, inquietarse y se atreva a descompletar la propuesta ilusoria y tranquilizadora de que existen obras completas.

Bibliografía

Barthes, R. La muerte del autor. Traducción: C. Fernández Medrano Fuente: http://www.cubaliteraria.cu/revista/laletradelescriba/n51/articulo-4.html

-Borges J.L., (2010). Otras Inquisiciones. En B. J. Luis, *Sobre los clásicos* (3 ed., Vol. 2, págs. 13- 166). Buenos Aires, Argentina: Emecé.

-Dujovne, I. , Pacheco M.A., La novedad de una lectura. Simposium APA, 2018

-Foucault, M. (2010). *¿Qué es un autor?* (S. Mattoni, Trad.) Buenos Aires, Argentina: El cuenco de plata.

-Freud, S., - (1986 [1915]). Contribución a la historia del movimiento psicoanalítico.. En S. Freud, Sigmund Freud. *Obras Completas*. Contribución a la historia del movimiento psicoanalítico Trabajo sobre metapsicología y otras obras (1914-1916). (J. L. Etcheverry, Trad., 1a reimp., 2a ed., Vol. XIV, págs. 1-64). Buenos Aires, Argentina: Amorrortu editores.

- (1986 [1920]). Psicología de las masas y análisis del yo. En S. Freud, Sigmund Freud. *Obras Completas*. Más allá del principio de placer Psicología de las masas y análisis del yo y otras obras (1920-1922). (J. L. Etcheverry, Trad., 1a reimp., 2a ed., Vol. XVIII, págs. 63-127). Buenos Aires, Argentina: Amorrortu editores

(1986) [1930]). El malestar en la cultura. En S. Freud, Sigmund Freud. *Obras Completas*. El porvenir de una ilusión. El malestar en la cultura y otras obras (1927-1931) (J. L. Etcheverry, Trad., 10a reimpr.; 2a ed., Vol. XXI, págs. 57-140). Buenos Aires, Argentina: Amorrortu.

- Lacan, J. -(1981). *Los Escritos Técnicos de Freud* (1a edición, 8a reimpresión ed., Vol. 1). (J. Granica, Ed., & V. M. Rithee Cevasco, Trad.) Buenos Aires, Argentina: Paidós.

- (1988). *La Ética del Psicoanálisis* (1a edición, 5a reimpresión ed., Vol. 7). (J.A.Miller, Ed., & D. Rabinovich, Trad.) Buenos Aires, Argentina: Paidós.

- Viereck, G.S., & Freud,(s.f.).https://revistainterrogant.org/sigmund-freud-valor-la-vida. Recuperado en julio de 2021

- Freud, S., & Ferenczi, S. . (s.f.). -https://www.lacanterafreudiana.com.ar/. Recuperado en agosto de 2021

Lic. Cecilia Moia

Lic. en Psicología. Universidad de Buenos Aires,1981 (M.N.6715),
Psicoanalista
Miembro de la Asociación Psicoanalítica Argentina - APA
Full Member de la Asociación Psicoanalítica Internacional - IPA
Miembro de la Federación Psicoanalítica Latinoamericana - FEPAL
Ex Presidenta del Claustro de Analistas en Formación de APA
Ex Presidenta de la Organización de Candidatos Latinoamericanos
– OCAL
Integrante del Comité Editor de la Revista de Psicoanálisis Latino-
americano: "Caliban"
Integrante de la Subcomisión de Supervisión Didáctica, Instituto
de Formación de Psicoanálisis de la APA (2014-2016)
Integrante de la Secretaría Científica de APA (2019-2020)
Secretaria de la Secretaría Científica de APA (2021- actualidad)
Psicóloga Concurrente del Hospital Psiquiátrico J.T.Borda (1982-
1987)
Ex docente de la unidad hospitalaria de Psiquiatría del Hospital JT
Borda
Docente colaboradora del Instituto de Psicoanálisis Ángel Garma
(APA)
Presentación de trabajos y talleres en congresos nacionales e inter-
nacionales
Autora de diversos artículos en revistas de Psicoanálisis
Co-autora de libros: El encuentro con lo real de una experiencia
clínica (*Cuadernos de psicoanálisis. Tópica. Supervisión en Psi-
coanálisis y Psicoterapia, 2015*) *"On training analysis. Debates"* (
2019. APA Editorial)
Coautora del término : "interpretación-tiempos de la *".Diccionario
de Psicoanálisis Argentino* . Volumen III. Obra realizada por la Asociación Psicoanalítica Argentina
E-mail: ceciliamoia@gmail.com

Lic. María Angélica Pacheco

Lic. en Psicología. Universidad de Buenos Aires, 1997 (MN 26648)
Psicoanalista
Miembro Adherente de la Asociación Psicoanalítica Argentina (APA)
Full Member de la Asociación Psicoanalítica Internacional - IPA
Miembro de la Federación Psicoanalítica Latinoamericana - FEPAL
Especialista en Psicopatología Infanto Juvenil (Hospital de Niños
"Ricardo Gutierrez")
Psicóloga Hospital Belgrano, San Martin (Area Niños) (1998-2000)
Supervisora en el Centro de Atención primaria de salud Diagonal
Salta, Provincia de Buenos Aires (2007-2015).
Integrante de la Comisión para el Interior del país (APA) (2008-
2012)
Integrante de la Subcomisión de Supervisión Didáctica, Instituto
(APA) (2012-2016)
Docente en "Centro de Estudios Psicoanalíticos" de APA
Docente colaboradora en el Instituto de APA
Presentación de trabajos y talleres en congresos nacionales e inter-
nacionales.
Coordinadora de la Comisión de Working Parties de FEPAL (2018-
2020)
Admisora y co-coordinadora de la Plataforma APA-COVID (2020-
2021)
Supervisora en grupos de Supervisión en FEPAL (2021)
Integrante de la Secretaría Científica de APA (2021)
Trabajos escritos: Que Miedo (*Revista La peste de Teba*s, 2020),
El encuentro con lo real de una experiencia clínica (*Cuadernos de
psicoanálisis. Tópica. Supervisión en Psicoanálisis y Psicoterapia,*
2015).
E-mail: pacheco.maria.angelica@gmail.com